主编 ★ 于雷

破解福尔摩斯思维习惯

推理游戏

Sherlock Holmes

吉林科学技术出版社

图书在版编目（CIP）数据

推理游戏／于雷主编. — 长春：吉林科学技术出版社，2014.11（2022.8重印）
（破解福尔摩斯思维习惯）
ISBN 978 – 7 – 5384 – 8534 – 9

Ⅰ.①推… Ⅱ.①于… Ⅲ.①智力游戏 – 青少年读物
Ⅳ.①G898.2

中国版本图书馆CIP数据核字（2014）第263971号

推理游戏

主　　编	于　雷	

编　　委　龚宇华　陈一婧　于艳苓　何正雄　李志新　于艳华　宋蓉珍　宋淑珍
　　　　　代冬聆　陈　靖　叶淑英　何　晶　李方伟

出 版 人　李　梁
策划责任编辑　刘宏伟
执行责任编辑　吕东伦
封面设计　长春美印图文设计有限公司
制　　版　长春美印图文设计有限公司
开　　本　710mm×1000mm　1／16
字　　数　400千字
印　　张　25.00
版　　次　2015年7月第1版
印　　次　2022年8月第3次印刷

出　　版　吉林科学技术出版社
发　　行　吉林科学技术出版社
地　　址　长春市人民大街4646号
邮　　编　130021
发行部电话／传真　0431 – 85677817　85635177　85651759
　　　　　　　　　　85651628　85600311　85670016
储运部电话　0431 – 86059116
编辑部电话　0431 – 85635186
网　　址　www.jlstp.net
印　　刷　北京一鑫印务有限责任公司

书　　号　ISBN 978 – 7 – 5384 – 8534 – 9
定　　价　65.00元

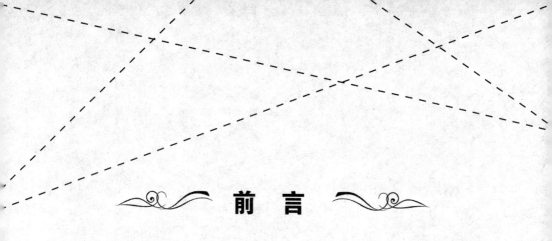

前　言

　　推理游戏是针对青少年的一种寓教于乐的学习方法。众所周知，推理游戏的趣味性很强，同时又能锻炼人的推理能力，还能增强人们知识储备的游戏题目。

　　本书将所收录的推理游戏题，根据一定的形式，进行了归纳分类：既有比较简单容易上手的常识推理章节，也有适合数学能力强悍的形象推理章节，更有为探案迷朋友们准备的线索推理与案件推理。全书以共计596题的超大容量，让读者朋友们尽情享受这餐推理游戏的饕餮盛宴。

　　本书收录的推理游戏本身也大多属于原创精品，悬念层出、高潮迭起；知识性强，趣味性强。让读者开动脑筋推理故事情节的发展或真相的同时，又能放松精神，可谓一举多得。

　　有些人天生就对逻辑推理的理解力不敏锐，因此在学习的开始阶段非常容易受挫折，心生气馁。其实，学习逻辑推理能力并不难，逻辑推理可以用充满乐趣的故事和游戏来表现。轻松地思考一些推理方面的小问题，做一些推理游戏，在一大堆信息中找到最关键的解题线索，提升观察力、训练推理力、增进创新力、拓展想象力，这是最好的训练逻辑推理的方法。

　　现如今，青少年的的学习压力很大，他们已经背负了太大的学习压力，真担心他们会成为死读书，读死书，高分低能的应试教育牺牲品。其实他们更应该具有同龄人应该具备的一些知识量与推理能力，这样才能使他们健康、全面地发展。

前　言

目 录

第一章　常识推理

1. 假药

一个人声称自己发明了一种可以让人长高的药，于是他拿去出售。没过多久，就因为卖假药而被抓了。

警察：有人控告你卖假药，你承认吗？

罪犯：我不这么认为。什么叫假药？假药是相对于真药而言的。而我的药是我自己发明的，最多说它疗效不佳，但不能说它是假的。

请问：罪犯的言论错在哪里？

2. 有错误的数学题

数学老师出了一道数学题："一个人建一间房子需要10天，那么10个人建同样一间房子需要多少天？"答案是1天。可是小明觉得这个数学题有错误。你知道错误在哪里吗？

3. 什么关系？

假设你是一个男人，我的儿子是你儿子的父亲，请问我和你是什么关系？

4. 什么时候去欢乐谷

晚上10点，家住北京的明明，看着外面的滂沱大雨，对爸爸说："如果明天天晴了，你带我去欢乐谷玩吧。"爸爸说："明后两天我都要加班。这样吧，如果再过72个小时，天上出太阳了，我就带你去好不好？"

他们会去欢乐谷玩吗？

5. 通缉犯的公告

某地区的警察张贴了一张一年前发生的抢劫案通缉犯的公告，上面有通缉犯的照片，以及身高、年龄等资料。有一个人看了看公告，却说："这里面有一个信息是错误的。"这个人完全不认识这个通缉犯，但是他怎么知道有一个信息是错误的呢？这个错误信息又是什么呢？

6. 盲人的"眼睛"

维特是一名著名的盲人音乐家，有很多人找他进行演出，因此赚了不少钱。他住在纽约郊区一个富人别墅中。一天晚上，维特正在卧室休息，就听见外面客厅中有动静。他想肯定是小偷，于是拿出抽屉里防身用的手枪走出了卧室。小偷知道维特是个盲人，听力一定特别好，就马上停下来不动，想逃过一劫。没想到"砰"的一声枪响，小偷还是被维特打中了右腿，趴在大座钟上无法动弹。

小偷没有制造任何声响，盲人维特是怎么击中小偷的呢？

7. 福尔摩斯

张三乘飞机去另一座城市会见自己从未谋面的网友李四，下了飞机，他就拉着自己超大的行李箱往外走。在门口习惯性地左右张望了一番后想起来自己只知道李四的名字而不知道他长什么样子，于是准备拿出手机与对方联系。这时，旁边一个年轻人热情地拥抱了一下他。原来他正是李四。

张三有些奇怪，为什么自己认不出李四，李四却可以这么确定自己就是张三呢？

8. 正前方游戏

（1）两个人在一起玩，A说：我在B的正前方；B说：我在A的正前方。这两个人是什么位置关系？

（2）三个人在一起玩，A说：B在我的正前方；B说：C在我的正前方；C说：A在我的正前方。这三个人是什么位置关系？

（3）四个人在一起玩，A说：B在我的正前方；B说：C在我的正前方；C说：D在我的正前方；D说：A在我的正前方。这四个人是什么位置关系？

9. 看报纸

阅览室新订了一份报纸，四个人分着看，小王已经看完了3张，现在拿在手中的这一张上，左面标的是第7页，右面标的是第22页，那么，他还有多少张没有看？

10. 种菜

小刘家住郊区，有一块自己的菜园，他可以自己种菜，也可以去城里买菜。他发现：去城里买菜的成本比自己种菜的成本要低20%，即使是加上路费、运输费，也还是去城里买菜便宜。由此可知（　　）

A. 小刘种菜效率比别人低。

B. 买菜花费的路费低于自己种菜成本的20%。

C. 去城里买菜的路费高于自己种菜成本的20%。

D. 买菜的花费是自己种菜花费的20%。

11. 谁的收音机

李明的父亲爱用收音机，李明爱用MP3；另外我们知道李明既没有兄弟也没有姐妹。有一天他手里拿着一个收音机，有人问他："你手上的收音机是谁的？"他说："收音机的主人的父亲是我父亲的儿子。"你知道收音机是谁的吗？

12. 点餐

小张、小王和小李三人是好朋友，经常一起去餐馆吃饭，一次他们都去同一家餐馆，而且每个人要的不是鱼香肉丝就是宫保鸡丁。

（1）如果小张要的是鱼香肉丝，那么小王要的就是宫保鸡丁。

（2）小张或小李要的是鱼香肉丝，但是不会两人都要鱼香肉丝。

（3）小王和小李不会两人都要宫保鸡丁。

小张和小李分别点了什么菜？

13. 谁去了南非

小李、小王和小张三人都非常喜欢四处旅游，一年，他们每个人都恰好去了三个不同的国家。

（1）两个人去美国，两个人去日本，两个人去荷兰，两个人去泰国，一个人去南非。

（2）对于小李来说，下面的说法是正确的：

A. 如果他去泰国，那么他也去日本

B. 如果他去日本，那么他不是去美国

（3）对于小王来说，下面的说法是正确的：

A. 如果他去泰国，那么他也去美国

B. 如果他去美国，那么他也去日本

（4）对于小张来说，下面的说法是正确的：

A. 如果他去日本，那么他也去荷兰

B. 如果他去荷兰，那么他不是去泰国

谁去了南非？

提示：判定每个人去的国家组合。然后分别假定小李、小王或小张去了南非。只有在一种情况下，不会出现矛盾。

14. 杰克逊之死

杰克逊死了，是中毒死的。警察抓到了两名嫌疑人甲和乙，他们受到了警察的传讯。

甲：如果这是谋杀，那肯定是乙干的。

乙：如果这不是自杀，那就是谋杀。

警察作了如下的假定：

（1）如果甲和乙都没有撒谎，那么这就是一次意外事故；

（2）如果甲和乙两人中有一人撒谎，那么这就不是一次意外事故。

最后的事实表明，这些假定都是正确的。

杰克逊的死究竟是意外事故，还是自杀，或者是谋杀？

提示：根据甲的供词是真是假，判定杰克逊之死的性质；然后判定警察的哪个假定能够适用。

15. 野餐

三个好朋友——小丽、小新、小楠——去野餐，到了地点之后，三人写下几句话：

（1）小丽拿了食物；

（2）有人没有拿吃的；

（3）有人拿了吃的。

如果上面三句话中有一个是真的，由此可知（　　）

A. 小新拿了食物　B. 小新没拿食物

C. 小丽拿了食物　D. 小丽没拿食物但是小楠拿了食物

16. 谁考上了研究生

甲、乙、丙、丁和戊是大四同班同学，都参加了研究生考试。甲说："我们五个人都考上了研究生。"乙说："丁没有考上。"丙说："戊考上了研究生。"丁说："我们五个人有人没有考上研究生。"戊说："乙也没有考上。"

已知只有一个人说假话，则可推出以下判定肯定是真的一项为（　　）

A. 说假话的是甲，乙没有考上研究生　　B. 说假话的是丁，乙没有考上研究生

C. 说假话的是乙，丙没有考上研究生　　D. 说假话的是甲，丙没有考上研究生

17. 到底谁结婚了

大学毕业三年后，某班级第一次举行聚会，有四个老师也被邀请了，四个人讨论道：

张老师：咱们班的同学刚毕业三年，应该没有人结婚；

李老师：不一定吧，以前上学时，我们班就有几对，他们应该已经结婚了；

刘老师：班长应该已经结婚了；

丁老师：如果班长结婚的话，那一定是和学习委员结婚的。

结果发现三个老师只有一个人说对了。由此可以推出以下哪一项肯定为真（　　）

A. 全班所有人都还没有结婚；

B. 班里已经有人结婚了；

C. 班长结婚了；

D. 学习委员结婚了。

18. 是否去游泳

小明说："如果天晴，我明天就去游泳；如果气温低，就不去；如果小红找我玩儿，就不去。"

假如以上说法正确，小明去游泳了，那以下哪些说法是正确的（　　）

（1）天气晴朗；

（2）气温高；

（3）小红来找他玩儿了。

A.（1）

B.（2）

C.（3）

D.（1）和（2）

19. 谁说得对

有个狱警说："我们监狱里的犯人都是男人，有些犯人不是杀人犯。"他的朋友听到他说的话：

甲说："有些男人是杀人犯。"

乙说："有些男人不是杀人犯。"

丙说："有些杀人犯是男人。"

丁说："有些杀人犯不是男人。"

谁说得对？

20. 招聘要求

一家公司的招聘要求是：3年工作经验、性格外向开朗、本科以上学历。一天，王威、吴刚、李强、刘大伟四位男士前来面试，其中有一位符合公司所要求的全部条件被录取了。

现在已知：

（1）四位男士中，有三人有3年工作经验，两名本科以上学历，一人性格外向开朗；

（2）王威和吴刚都是本科以上学历；

（3）刘大伟和李强性格大体相同；

（4）李强和王威并非都是3年工作经验。

请问谁被这家公司录取了？（　　）

A. 刘大伟

B. 李强

C. 吴刚

D. 王威

21. 成绩预测

学校期末考试过后，有三位老师对考试结果进行预测：

赵老师说："考第一名的不是王明，也不是李刚。"

钱老师说："考第一名的不是王明，而是周志。"

孙老师说："考第一名的不是周志，而是王明。"

结果成绩出来以后发现，他们中只有一人的两个判断都对，一人的判断一对一错，另外一人的判断全错了。根据以上情况，可以推断出考第一名的是（　　）

A. 王明

B. 周志

C. 李刚

22. 比身高

三个小朋友王刚、张亮、李明在一起比身高。比较以后得知他们的身高情况如下：

（1）甲的身高比张亮的身高高；

（2）李明的身高比乙的身高矮；

（3）丙承认李明比自己高。

根据以上情况，可知以下哪一项肯定为真（　　）

A. 甲、乙、丙依次为李明、张亮和王刚

B. 李明个子最高，王刚个子第二高，张亮个子最矮

C. 甲、乙、丙依次为李明、王刚和张亮

D. 王刚个子最高，张亮个子第二高，李明个子最矮

23. 电路开关

某电路中有S、T、W、X、Y、Z六个开关，使用这些开关必须满足下面的条件：

（1）如果W接通，则X也要接通；

（2）只有断开S，才能断开T；

（3）T和X不能同时接通，否则W也必须接通。

如果现在同时接通S和Z，则以下哪项一定为真（　　）

A. T是接通状态并且Y是断开状态

B. W和T都是接通状态

C. T和Y都是断开状态

D. X是接通状态并且Y是断开状态

24. 数学成绩

小华的英语成绩是90分，几个人在预测她的数学成绩。甲说："她的数学最少能考70分。"乙说："她的数学一直以来并不比英语差，所以最少也有80分。"丙说："这次数学题挺难的，她最多只能考90分。"丁说："我说个保险的吧，她至少能考10分吧。"实际上他们只有一个人说得对。据此，可以得知（　　）

A. 甲说得对

B. 乙说得对

C. 她连10分都没考到

D. 她的分数在80分到90分之间

E. 她的分数在70分到80分之间

25. 四兄弟吃饭

兄弟四人刚刚在一家餐馆吃完午餐，正在付账。已知：

（1）这四人每人身上所带的硬币总和各为1美元，都是银币，而且枚数相等；

（2）对于25美分的硬币来说，老大有3枚，老二有2枚，老三有1枚，老四一枚也没有；

（3）四人要付的款额相同。其中三人能如数付清，不必找零，但另一个人需要找零。

请问：谁需要找零？

注："银币"是指5美分、10美分、25美分或50美分的硬币。提示：先判定每个人所带硬币的枚数；然后判定什么款额不能使4个人都不用找零。

26. 谁是肇事者

一辆汽车发生交通事故被警察拦了下来，车上下来三个人，警察没有看清谁是司机。甲说："我不是司机。"乙说："甲开的车。"丙说："反正我没开车。"一个过路的人看到了这一幕，他知道是谁开的车，就说了句："你们仨只有一个人说了真话。"那么谁是肇事司机呢？

A. 甲　B. 乙　C. 丙　D. 不知道

27. 疑问的前提

张翔：王辉是苹果电脑公司的高级副总裁之一。

刘丽：怎么可能？他的所有电子产品都是IBM生产的。

对话中，刘丽的陈述隐含的一个前提是（ ）

A. IBM是苹果公司的子公司

B. 王辉在IBM公司做兼职

C. 一般情况下，高级副总裁只用本公司的数码产品。

D. 王辉在苹果电脑公司表现不佳。

28. 决赛

如果某人得到了冠军，那么他一定参加了决赛。由此，我们可以推出（ ）

A. 张三参加了决赛，所以他是冠军。

B. 李四没有参加决赛，所以他不是冠军

C. 王五不是冠军，所以他没有参加比赛。

D. 赵六没有参加决赛，但他是冠军。

29. 前提条件

所有得了A的同学都可以得到一支钢笔，结论是高三（2）班有的同学没有得到钢笔，中间缺少了什么条件？

30. 交通问题

穿越格子城对司机来说简直是噩梦。问题并不在于交通拥堵，而是多得发疯的交通标志牌，它们总是让你不能转向你所希望的方向。最近地方当局把部门搞得更糟了：它们不仅增加了原有交通标志牌上的方向记号，还添了新的标志牌。这使得每一个十字路口都至少有一个方向不能转弯。现在，从城市一端到另一端，可能要兜好些圈子。

你能为这三辆车找到穿越城市的路吗？每一辆车的入口都在左边，出口则都在右边。别忘了遵守交通标志牌的指示。

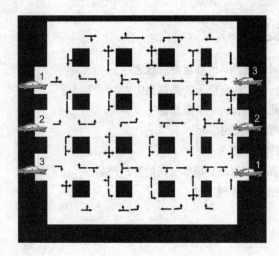

1525

31. 六种颜色

一个正方体的六个面，每个面的颜色各不相同，并且只能是红、黄、绿、蓝、黑、白这六种颜色。如果满足：

（1）红色的对面是黑色；

（2）蓝色和白色相邻；

（3）黄色和蓝色相邻。

那么下面结论错误的是（　　）

A. 红色与蓝色相邻

B. 蓝色的对面是绿色

C. 黄色与白色相邻

D. 黑色与绿色相邻

32. 分发报纸

有一户人家负责帮周围邻居到城里拿报纸，然后这些邻居再来他家里拿。今天张大妈家的双胞胎哥哥和李阿姨家的双胞胎姐姐刚来他家把报纸拿了。这家人的小儿子缠着他爸爸说："爸爸，你带我去迪士尼吧。"爸爸说："张大妈家哥哥和弟弟轮流来拿报纸，三天拿一次；李阿姨家姐姐、妹妹轮流来拿，每两天来一次。今天是周一，等到张大妈家的弟弟和李阿姨家的妹妹同一天来拿报纸的话，我就带你去好不好？"

你知道最早他们什么时候能去迪士尼吗？

33. 零花钱

悦悦每周会从妈妈那里拿到10元钱的零花钱，但是这周不到三天她就把自己的零花钱用完了，只好腆着脸跟妈妈要。妈妈说："那你去隔壁屋里待五分钟再回来。"五分钟后，悦悦看到妈妈面前摆了三个碗，第一个碗上写着："这个碗里没有钱。"第二个碗上写着："钱在第一个碗里。"第三个碗上写着："反正我这里没钱。"妈妈说："我把钱放到其中一个碗里了，你只有一次掀开碗的机会，如果你正好掀开的是有钱的碗，那这些钱就是你的零花钱。提示你一下，我写的三句话中只有一句话是真的。"

如果你是悦悦，会掀开哪个碗呢？

34. 出租车司机

有个出租车司机喜欢到火车站去接刚来这个城市的客人。该城市与A、B两个城市都开通了城际列车，这个火车站也主要是接送城际旅客。A、B两个城市的列车都是每一小时到达一趟。唯一不同的是，A城市的列车首班车是6点30分到达，B城市首班车是6点40分到达。一个月下来，这个司机发现他接的A城市的客人明显比B城市的多得多。你知道这是为什么吗？

35. 比赛的成绩

在一次体育比赛中，甲、乙、丙、丁四名运动员进行了四场比赛，他们每次比赛的成绩各不相同。其中，甲比乙成绩高的有三次；乙比丙成绩高的有三次；丙比丁成绩高的有三次。那么，丁会不会也有三次成绩比甲高？

36. 有几个孩子

甲说："我有一个妹妹和一个哥哥，我们家有几个孩子？我既是姐姐，又是妹妹，我们家有几个男孩，几个女孩？"

乙说："我有两个弟弟和一个姐姐，我是哥哥又是弟弟，我们家有几个男孩，几个女孩？"

丙说："我比甲少一个哥哥，多一个姐姐，我既是姐姐，又是妹妹，我们家有几个男孩，几个女孩？"

37. 血缘关系

甲是乙的哥哥，丙是丁的妹妹，丙是甲的妈妈，那么丁是乙的什么人？

38. 新手表

婧婧买了一块新手表。她与家中的挂钟的时间作了一个对照，发现新手表每天比挂钟慢3分钟。她又将挂钟与电视上的标准时间作了一个对照，刚好挂钟每天比电视快3分钟。于是，他认为新手表的时间是标准的。下面几个对婧婧推断的评价中，哪一个是正确的（ ）

A. 由于新手表比挂钟慢3分钟，而挂钟又比标准时间快3分钟，所以，婧婧的推断是正确的，她的手表上的时间是标准的。

B. 新手表当然是标准的，因此，婧婧的推断也是正确的。

C. 婧婧不应该拿她的手表与挂钟对照，而应该直接与电视上的标准时间对照。所以，婧婧的推断是错误的。

D. 婧婧的新手表比挂钟慢3分钟，是不标准的3分钟；而挂钟比标准时间快3分钟，是标准的3分钟。这两种"3分钟"不是一样的，因此，婧婧的推断是错误的。

E. 无法判断婧婧的推断正确与否。

39. 怎么坐的

一家人在一起吃饭，爷爷先在圆形的餐桌前坐了下来，问其他4个人分别坐在哪儿？

妈妈说："我坐女儿旁边。"

爸爸说："我坐儿子旁边。"

女儿说："妈妈是在弟弟的左边。"

儿子说："那我右边是妈妈或姐姐。"

请问：他们一家人到底是怎么坐的？

40. 三个同学

某大学中，甲、乙、丙三人住同一间宿舍，他们的女朋友A、B、C也都是这所学校的学生。据知情人介绍说："A的男朋友是乙的好朋友，并在三个男生中最年轻；丙的年龄比C的男朋友大。"依据这些信息，你能推出谁和谁是男女朋友吗？

41. 走得慢的闹钟

有一个闹钟每小时总是慢5分钟，在4点的时候，用它和标准的时间对准，当闹钟第一次指向12点时标准时间应是几点？

42. 三张扑克牌

有三张扑克牌牌面朝下放成一排。已知其中：

有一张Q在一张K的右边。

有一张Q在一张Q的左边。

有一张黑桃在一张红心的左边。

有一张黑桃在一张黑桃的右边。

试确定这三张是什么牌？

43. 成绩排名

期中考试结束后，公布成绩。小明不是第一名；小王不是第一名，也不是最后一名；小芳在小明后面一名；小丽不是第二名；小刚在小丽后面两名。那么，你知道这五人的名次各是多少吗？

44. 最少有几个人

教授有10名学生，他们中有6位是北京人，7位年龄超过了20岁，8位是北大毕业的，9位是男性。据估计，这10个人中，出身北京、年龄20岁以上、北大毕业的男性最多有6名，那么最少有多少名？

45. 兄弟姐妹

一户人家有A、B、C、D、E、F、G兄弟姐妹7人。只知道A有3个妹妹，B有1个哥哥，C是女的，她有2个妹妹，D有2个弟弟，E有2个姐姐，F也是女的，但她和G没有妹妹。请你说一说，这7个人中哪个是男的，哪个是女的？

46. 店里是卖什么的

一条街道上有1、2、3、4、5、6六家店，每边各有3家。其中1号店在中间，且和其他店的位置有这样的关系：

（1）1号店的旁边是书店；

（2）书店的对面是花店；

（3）花店的隔壁是面包店；

（4）4号店的对面是6号店；

（5）6号店的隔壁是酒吧；

（6）6号店与文具店在道路的同一边。

那么，想一想1号店是什么店呢？

47. 排座位

领导要来公司视察，有一个局长，一个副局长，一个主任，还有一个秘书共四个人。要吃饭了，陪同的小王就去问自己的老板该怎么排四个人的座位。老板说：让局长在副局长的左边，主任在局长的左边，副局长在秘书的左边。小王被老板的话搞晕了。你能告诉他从左到右四个人的位置是怎样的吗？

48. 猜猜看

有四个人在赌博，游戏的规则是这样的：有一个人负责掷骰子，其他人猜他掷出的点数。在一个人掷完之后，其他人这么猜测：

第一个人说：你掷出的点数不可能是3点。

第二个人说：你掷出来的是4点、5点或者6点。

第三个人说：你掷出来的不是1点就是2点或者是3点。

结果他们之中只有一个人猜对了。那么你能猜出来掷骰子掷出来的到底是几点吗？

49. 现在是几月

一天，7个小朋友在一起讨论现在是几月。

小红：我知道下下个月是3月。

小华：不对，这个月是3月。

小刘：你们错了，下个月是3月。

小童：你们错了，上个月是3月。

小明：我确信上上个月是3月。

小芳：不对，今天既不是1月、2月、也不是3月。

小美：不管怎么样，上个月不是10月。

他们之中只有一个人讲对了，是哪一个呢?今天到底是几月?

50. 出门踏青

有四个同事商量着周末出去踏青。甲说："乙不会去颐和园的。"乙说："丙会去圆明园。"丙说："丁是不会去玉渊潭的。"丁说："我周六早上8点就出门。"可是结果表明，他们中只有一个人说的是对的，不过他们中确实有人去了颐和园，有人去了圆明园，有人去了玉渊潭，而且我们知道去玉渊潭的人说的是错的。那么，谁去了玉渊潭?

51. 鞋店

兄弟两人每人开了个鞋店，正好对门开着。哥哥的招牌上写着："与对面鞋店老板手艺相比，我是他手艺的1000倍。"弟弟的招牌上写着："我的手艺是对面鞋店老板手艺的10000倍。"有个人看了两家的招牌，就选择了弟弟的店做鞋，谁知道做出来的一塌糊涂，这人一怒之下，将弟弟告到县衙，县长听了之后直摇头说："既然人家已经明明白白写了，给你做成这样，你也只能接受了。"到底是怎么回事呢?

52. 坐座位

A～F六个人围着一张六边形的桌子而坐（如下图）。图中已经填好了A和B的位置，请根据下面的提示依次把其他的空位填满。

（1）A坐在B右手边隔一个空位的位子；

（2）C坐在D的正对面；

（3）E坐在F左手边隔一个空位的位子。

那么，如果F不是坐在D的隔壁，A的右边会是谁呢?

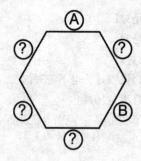

53. 学生籍贯

有一个学校有2000名学生和180名教职工。

如果以下关于学生的判断只有1个是真的

（1）有学生是广东人；

（2）有学生不是广东人；

（3）会计系大一班长不是广东人。

（4）有教职工不是广东人；

（5）校长不是广东人。

问以下哪项为真？（　　）

A. 2000名学生都是广东人

B. 2000名学生都不是广东人

C. 只有1名学生不是广东人

D. 只有1名学生是广东人

54. 时晴时雨

放寒假的时候，红红来到住在海南的外婆家度假，这几天假期的天气时晴时雨，具体来说：

（1）上午或下午下雨的情况有7次；

（2）凡是下午下雨的那天上午总是晴天；

（3）有5个下午是晴天；

（4）有6个上午是晴天。

想一想，红红在外婆家一共住了几天？

55. 猜数字

老师在一张纸上写了四个数字，对甲、乙、丙、丁四位同学说："你们四位是班上最聪明，最会推理、演算的学生。今天，我出一道题考考你们。我手中的纸条上写了四个数字，这四个数字是1、2、3、4、5、6、7、8中的任意四个。你们先猜猜各是哪四个数字？"

甲说：2、3、4、5。

乙说：1、3、4、8。

丙说：1、2、7、8。

丁说：1、4、6、7。

听了四人猜的结果后，老师说："甲和丙两同学猜对了2个数字，乙和丁同学只猜对了1个数字。"你能推导出纸条上写了哪几个数吗？

56. 谁做对了

王英、李红、张燕三个人在讨论一道数学题，当她们都把自己的解法说出来以后，王英说："我做错了。"李红说："王英做对了。"张燕说："我做错了。"老师看过她们的答案并听了她们的上述意见后说："你们三个人有一个做对了，有一个说对了。"那么，谁做对了呢？（　　）

A. 李红

B. 王英

C. 张燕

D. 不能确定

57. 猜明星的年龄

甲、乙、丙、丁四个人在议论一位明星的年龄。

甲说：她不会超过25岁；

乙说：她不超过30岁；

丙说：她绝对在35岁以上；

丁说：她的岁数在40岁以下。

实际上只有一个人说对了。

那么下列正确的是（　　）

A. 甲说得对

B. 她的年龄在40岁以上

C. 她的岁数在35～40岁之间

D. 丁说得对

58. 猜颜色

有五个外表一样的药瓶，里边分别装有红、黄、蓝、绿、黑五色的药丸，现在由甲、乙、丙、丁、戊五个人来猜药丸的颜色。

甲说：第二瓶是蓝色，第三瓶是黑色；

乙说：第二瓶是绿色，第四瓶是红色；

丙说：第一瓶是红色，第五瓶是黄色；

丁说：第三瓶是绿色，第四瓶是黄色；

戊说：第二瓶是黑色，第五瓶是蓝色。

事实上，五个人都只猜对了一瓶，并且每人猜对的颜色都不同。请问，每瓶分别装了什么颜色的药丸？

59. 谁被录用了

A、B、C、D、E、F六人去一家公司参加面试，但公司只招一个人。究竟谁被录用了呢？

公司的四位领导作了如下预测：

甲：我看A或者B有希望。

乙：不对，应该是A、C中的一个。

丙：是E或者F有希望。

丁：不可能是A。

而结果证明，四个人只有一个人的预测是正确的。

请问：谁被录用了？

60. 各自的体重

甲、乙、丙、丁四人特别注意各自的体重。一天，她们根据最近称量的结果说了以下的一些话：

甲：乙比丁轻；

乙：甲比丙重；

丙：我比丁重；

丁：丙比乙重。

很有趣的是，他们说的这些话中，只有一个人说的是真实的，而这个人正是她们四个人中体重最轻的一个（四个人的体重各不相同）。

请将甲、乙、丙、丁按各人的体重由轻到重排列。

61. 北美五大湖

中国有五大湖，北美也有五大湖，它们分别是：苏必利尔湖、休伦湖、密歇根湖、伊利湖和安大略湖。吉姆拿出五大湖的图片，标上数字1～5，让甲、乙、丙、丁、戊五人来辨认。

甲说：2号是苏必利尔湖，3号是休伦湖；

乙说：4号是密歇根湖，2号是伊利湖；

丙说：1号是密歇根湖，5号是安大略湖；

丁说：4号是安大略湖，3号是伊利湖；

戊说：2号是休伦湖，5号是苏必利尔湖。

核对答案后，发现每个人都只说对了一个，那么正确的结果是怎样的呢?

62. 汽车的颜色

听说娜娜买了一辆新的跑车，她的三个好朋友在一起猜测新车的颜色。

甲说："一定不会是红色的。"

乙说："不是银色的就是黑色的。"

丙说："那一定是黑色的。"

以上三句话，至少有一句是对的，至少有一句是错的。

根据以上提示，你能猜出娜娜买的车是什么颜色吗?

63. 谁是间谍

国际警察在某飞机场的候机厅发现了三个可疑的人。这三个人中有一个是国际间谍，讲的全是假话；一个是从犯，说起话来真真假假；还有一个是好人，句句话都是真的。在问及他们来自哪里时，得到如下回答：

甲：我来自阿拉伯，乙来自刚果，丙来自墨西哥；

乙：我来自南非，丙来自荷兰，甲呀，你要问他，他肯定说他来自阿拉伯；

丙：我来自荷兰，甲来自墨西哥，乙来自刚果。

请问，谁是永远说假话的国际间谍？

64. 争论

小王、小李、小张准备去爬山。天气预报说，今天可能下雨。围绕天气预报，三个人争论起来。

小王："今天可能下雨，那并不排斥今天也可能不下雨，我们还是去爬山吧。"

小李："今天可能下雨，那就表明今天要下雨，我们还是不去爬山了吧。"

小张："今天可能下雨，只是表明今天不下雨不具有必然性，去不去爬山由你们决定。"

对天气预报的理解，三个人中（　　）

A. 小王和小张正确，小李不正确

B. 小王正确，小李和小张不正确

C. 小李正确，小王和小张不正确

D. 小张正确，小王和小李不正确

E. 小李和小张正确，小王不正确

65. 炸碉堡

抗日战争期间，八路军某连接到一个任务：炸掉拦在路上的一个碉堡。经过一番战斗后，碉堡被炸掉了，连长得意扬扬地说：

第一，炸掉碉堡的不是一排，就是二排，必然是这两个排的一个完成的任务。

第二，炸掉碉堡用的不是炸药包就是迫击炮。

第三，完成任务的时间不是晚上10点，就是凌晨3点。

如果连长说的都是真话，那么下面哪项也一定是对的（　　）

（1）碉堡是一排在凌晨3点用迫击炮炸掉的，所以，碉堡不可能是二排在凌晨4点用迫击炮炸掉的。

（2）碉堡不是一排在晚上10点用迫击炮炸掉的，那么，碉堡一定是二排在凌晨3点用炸药包炸掉的。

（3）碉堡被炸掉的时间是夜里10点，但不是一排用炸药包炸掉的，所以，一定是二排用迫击炮炸掉的。

A. 仅（1）

B. 仅（2）

C. 仅（3）

D.（1）（2）（3）

E.（2）（3）

66. 家庭住址

我家住在小明和小红两家之间的某个地方。小明的家在小红和小亮家之间。以下哪个判断是正确的（ ）

A. 小明到我家的距离比到小亮家要近。

B. 我住在小明和小亮家之间。

C. 我家的位置到小明家比到小亮家要近。

67. 收入高低

爸爸比妈妈的收入高；爷爷比奶奶的收入高；奶奶没有姑姑的收入高；姑姑和妈妈的收入正好一样。

由此可以判断（ ）

A. 爷爷的收入比姑姑高；

B. 妈妈的收入比爷爷高；

C. 奶奶的收入比妈妈高；

D. 爸爸的收入比奶奶高。

68. 喝酒与疾病

以前有几项研究表明，喝酒会增加患心脑血管疾病的风险。而一项最新的、更为可靠的研究得出的结论是：喝酒与心脑血管疾病的发病率无关。估计这项研究成果公布以后，可以放心喝酒的人将会大大增加。

上述推论基于以下哪项假设（ ）

A. 尽管有些人知道喝酒会增加患心脑血管疾病的可能性，却照样大喝特喝

B. 人们从来也不相信喝酒会更容易患心脑血管疾病的说法

C. 现在许多人喝酒是因为他们没有听说过喝酒会导致心脑血管疾病的说法

D. 现在许多人不敢喝酒完全是因为他们相信喝酒会诱发心脑血管疾病

69. 防护墙

为保护海边建筑物免遭海洋风暴的袭击，海洋度假地在海滩和建筑物之间建起了巨大的防护墙。这些防护墙不仅遮住了一些建筑物的海景，而且使海岸本身也变窄了。这是因为在风暴从水的一边对沙子进行侵蚀的时候，沙子不再向内陆扩展。上述信息最支持的一项论断是（　　）

A. 为后代保留下海滩应该是海岸管理的首要目标

B. 防护墙最终不会被风暴破坏，也不需要昂贵的维修和更新

C. 由于海洋风暴的猛烈程度不断加深，必须在海滩和海边建筑物之间建立更多的高大的防护墙

D. 通过建筑防护墙来保护海边建筑的努力，从长远来看作用是适得其反的

70. 苹果

如果所有的学生都有苹果，那么三年级的女学生会有（　　）

A. 比一年级学生大的苹果　B. 比男生红的苹果　C. 苹果　　D. 甜的苹果

71. 考试成绩

考完试后，甲说："我知道乙和丙的成绩，我比他们俩的都高。"丁说："我比丙的成绩高，但是比戊的成绩差。"由这个，可以知道（　　）

A. 戊的成绩比甲的好。

B. 乙的成绩比丙的好。

C. 甲的成绩比丁的好。

D. 在五个人的成绩中，丙最多排到第四。

72. 吃药

一个病房里住着四个人，得了同样的病。有一天，护士发放完药物后，由于走神，忘了谁吃了，谁没吃，就又回来问四个人，四人因为和护士关系不错，就想逗逗她，分别说了下面一句话：

A：所有的人都没吃药；

B：D没有吃药；

C：不都没有吃药；

D：有人没有吃药。

如果四人中只有一个断定属实，则以下哪项是真的？（　　）

A.A断定属实，D没有吃药

B.C断定属实，D吃了药

C.C断定属实，但D没有吃药；

D.D断定属实，D没有吃药。

73. 选举权

我国《选举法》规定：中华人民共和国年满18周岁的公民，不分民族、种族、性别、职业、家庭出身、宗教信仰、财产状况和居住期限，都有选举权和被选举权；依照法律剥夺政治权利的人除外。根据这一法律（　　）

A. 罪犯都不具有选举权和被选举权。

B. 学生也都具有选举权和被选举权。

C. 拥有选举权和被选举权的必须是18周岁以上的中国公民。

D. 选举权是不受任何限制的。

74. 班长选举

一次班级要重新选班长，采取全班同学对候选人投票的方式。结果显示，有人投了所有候选人的赞成票。如果统计是真实的，那么下列哪项也必定是真实的？（　　）

A. 对每个候选人来说，都有人投了他的赞成票

B. 对所有候选人都投赞成票的不止一人

C. 有人没有投所有候选人的赞成票

D. 不可能所有的候选人都当选

E. 所有的候选人都可以当选

75. 顺序推理

苹果树是植物，植物的细胞有细胞壁，所以，苹果树的细胞有细胞壁。这个推理正确吗？（　　）

A. 是　　B. 否

76. 正确推理

我的同伴现在是花季年龄，我的同伴穿了件漂亮的白裙子。所以，我的同伴是个16岁的姑娘。这个推理正确吗（　　）

A. 是　B. 否

77. 是相同的吗

所有的A都有5只胳膊，这个B有五只胳膊，所以，这个B与A是相同的。这个推理正确吗？（　　）

A. 是　B. 否

78. 关于上课的决定

小王、小马、小周三个人是大学生，周一一大早他们来到课堂上，发现黑板上写着一行字：我可能不会来上课。署名是：逻辑学教授。围绕这行字，三人争论起来：

小王：老师可能不会来上课，那并不排除他来上课的可能，我们还是要等等他的。

小马：老师可能不会来上课，那就表明他不会来上课了，所以，我们还是走吧。

小周：老师可能不来上课，只是表明可能性，并没有说明必然性，走与不走每个人自己决定。

对黑板上的字的理解，三个人中（　　）

A. 小王和小周正确，小马不正确。

B. 小王正确，小周、小马不正确。

C. 小马正确，小王和小周不正确。

D. 小周正确，小王和小马不正确。

79. 黑帮火并

两个黑帮之间发生了矛盾，约定在第二天于某处决斗。其中一个黑帮求助于第三方，这方的一个小兵——阿丁说："如果我们老大——老黑去，那我和小赵、小孙也一定一起去。"如果他的这句话是真的，那么，以下哪项也是真的？（　　）

A. 如果老黑没去，那么阿丁、小赵、小孙三人中至少有一人没去

B. 如果老黑没去，那么阿丁、小孙、小赵三人都没去

C. 如果阿丁、小孙、小赵都去，那么老黑也去

D. 如果阿丁没去，那么小赵和小孙不会都去

E. 如果阿丁没去，那么老黑和小赵不会都去

80. 川菜还是粤菜

在某餐馆中，所有的菜或者属于川菜系或者属于粤菜系，张先生点的菜中有川菜，因此，张先生点的菜中没有粤菜。

以下哪项最能增强上述论证？（　　）

A. 餐馆规定，点粤菜就不能点川菜，反之亦然

B. 餐馆规定，如果点了川菜，可以不点粤菜，但点了粤菜，一定也要点川菜

C. 张先生是四川人，只喜欢川菜

D. 张先生是广东人，但不喜欢粤菜

E. 张先生是四川人，最不喜欢粤菜

81. 无知者无畏

关于"无知者无畏"这一原则包含的含义，有三种观点：

甲：无知者无畏，意味着有畏者可以是无知者。

乙：无知者无畏，意味着有畏的人都是有知者。

丙：无知者无畏，意味着有畏者可能是有知者。

以下哪项结论是正确的？（　　）

A. 甲的意见正确，乙和丙的意见不正确

B. 乙和丙的意见正确，甲的意见不正确

C. 甲和丙的意见正确，乙的意见不正确

D. 乙的意见正确，甲和丙的意见不正确

E. 丙的意见正确，甲和乙的意见不正确

82. 高明的骗子

美国前总统林肯说："最高明的骗子，可能在某个时刻欺骗所有的人，也可能在所有的时刻欺骗某些人，但不可能在所有时刻欺骗所有的人。"如果林肯的上述断定是真的，那么下述哪项断定是假的？（　　）

A. 林肯可能在任何时刻都不受骗

B. 不存在某一时刻有人可能不受骗

C. 林肯可能在某个时刻受骗

D. 不存在某一时刻所有的人都必然不受骗

83. 申请基金

八名学者赵教授、钱教授、孙教授、李教授、王所长、陈博士、周博士和沈局长在争取一项科研基金。按规定只有一人能获得该基金。由学校评委投票决定。已知：如果钱教授获得的票数比周博士多，那么李教授将获得该项基金；如果沈局长获得的票数比孙教授多，或者李教授获得的票数比王所长多，那么陈博士将获得该基金；如果孙教授获得的票数比沈局长多，同时周博士获得的票数比钱教授多，那么赵教授将获得该项基金。

问题1. 如果陈博士获得了该项基金，那么下面哪个结论一定是正确的?（　　）

A. 孙教授获得的票数比沈局长多　　B. 沈局长获得的票数比孙教授多

C. 李教授获得的票数比王所长多　　D. 钱教授获得的票数不比周博士多

问题2. 如果周博士获得的票数比钱教授多，但赵教授没有获得该基金。那么下面哪一个结论必然正确?（　　）

A. 李教授获得了该项基金

B. 陈博士获得了该项基金

C. 李教授获得的票数比王所长多

D. 孙教授获得的票数不比沈局长多

84. 考试及格

如果李佳考试及格了，那么李华、孙涛和赵林肯定也及格了。由此可知（　　）

A. 如果李佳考试没及格，那么李华、孙涛和赵林中至少有一个没及格

B. 如果李华、孙涛和赵林都及格了，那么李佳的成绩肯定也及格了

C. 如果赵林的成绩没有及格，那么李华和孙涛不会都考及格

D. 如果孙涛的成绩没有及格，那么李佳和赵林不会都考及格

85. 语言逻辑

某地有一名热心的理发师，他只给村子里的所有不给自己理发的人理发，而村子

里所有不为自己理发的人都来找这位理发师理发，则这位理发师（　　）

    A. 给自己理发　　　　B. 叫人为他理发

    C. 从不理发　　　　　D. 不存在这样的人

86. 说谎检测

当一个人被怀疑说谎时，观察他的表情比用测谎仪检测得到的结论可靠性更高。如果这句话正确，能最好地支持上述观点的一项是（　　）

    A. 通过观察一个人的表情来断定他是否说了谎，这对于每个观察者来说是不一样的。

    B. 广泛推行测谎仪还不具有现实条件，测谎仪的成本高、操作难。

    C. 有些人说谎时，面部表情丰富。

    D. 微表情研究得到了重大突破，测谎仪却被越来越多的研究证明不是不可靠的。

87. 辩论

甲：儿童吃糖多会导致蛀牙。

乙：我不同意，蛀牙和吃糖的关系应该是来自于下面的事实：那些牙齿不好的孩子，倾向于选择吃软的以及可以在嘴里融化的东西，糖块儿恰好符合这个条件。请问：乙对甲是通过什么方法反驳的（　　）

    A. 运用类比来说明甲推理中的错误

    B. 指出甲的声明是自相矛盾的

    C. 说明如果接受甲的声明，会导致荒谬的结论

    D. 论证甲的声明中某一现象的原因实际上是该现象的结果

88. 推论

如果公司拿到项目A，则B产品就可以按期投放市场；只有B产品按期投放市场，公司资金才能正常周转；若公司资金不能正常周转，则C产品的研发就不能如期进行。而事实是C产品的研发正如期进行。由此可见（　　）

    A. 公司拿到了项目A并且B产品按期投放市场

    B. 公司既没有拿到项目A，B产品也没能按期投放市场

    C. B产品按期投放市场并且公司资金周转正常

    D. B产品既没有按期投放市场，公司资金周转也极不正常

89. 大鼻子

有些俄罗斯人不是大鼻子。有些爱喝酒的人不是大鼻子。以下哪项能保证上述推理成立（   ）

A. 所有俄罗斯人都不是大鼻子　　B. 有些俄罗斯人爱喝酒

C. 所有爱喝酒的人都是大鼻子　　D. 所有俄罗斯人都爱喝酒

90. 血型问题

在美国，献血者所献血液中的45%是O型血，O型血在紧急情况下是必不可少的，因为在紧急情况下根本没有时间去检验受血者的血型，而O型血可供任何人使用。O型血的独特性在于：它和一切类型的血都相合，因而不论哪一种血型的人都可以接受它，但是正因为它的这种特性，O型血长期短缺。由此可知（   ）

A. 血型为O型的献血者越来越受欢迎

B. O型血的特殊用途在于它与大多数人的血型是一样的

C. 输非O型血给受血者必须知道受血者的血型

D. 在美国，45%的人的血型为O型，O型是大多数人共同的血型

91. 减肥

减肥的时候，有人请你吃蛋糕。如果你吃了蛋糕，你会感觉后悔；如果你没有吃蛋糕，那你会感觉发馋。但是要么吃蛋糕，要么就不吃蛋糕。由此可以知道（   ）

A. 有人请你吃蛋糕的时候，要么让你感觉后悔，要么让你觉得馋嘴

B. 吃蛋糕对你没有好处

C. 以上皆是

D. 以上皆非

92. 判断水果

苹果是甜的水果，这个水果不甜，由此可以得出（   ）

A. 这个水果是榴莲

B. 无确切的结论

C. 这个水果不是苹果

93. 地点

小明在中心小学上学，爸爸在贸易公司上班，他们家住在幸福小区。已知：贸易公司在幸福小区的西北，中心小学在幸福小区的西北，所以（　）

（1）中心小学比幸福小区更靠近贸易公司；

（2）幸福小区在贸易公司的东南；

（3）幸福小区离中心小学不远；

（4）贸易公司离中心小学不远。

A.（1）　B.（2）　C.（3）　D.（4）　E.（2）、（3）和（4）　F.（1）、（3）和（4）　G.（1）、（2）、（3）和（4）

94. 菜的味道

辣味重时，甜味就淡。苦味淡时，咸味就合适。淡时要么辣味重要么苦味淡，所以可以知道（　）

A.甜味淡　B.苦味重　C.甜味淡，或者咸味合适　D.以上皆非

95. 位置关系

我住在乔的农场和城市之间的那个地方。乔的农场位于城市和机场之间，所以（　）

（1）乔的农场到我住处的距离比到机场要近；

（2）我住在乔的农场和机场之间；

（3）我的住处到乔的农场的距离比到机场要近。

A.（1）　B.（2）　C.（3）　D.（1），（2）　E.（1），（3）　F.（2），（3）　G.（1），（2）和（3）

96. 有才华的律师

有才华的律师只接谋杀案，聪明的律师只接盗窃案。这个律师有时候接案子，所以（　）

（1）他不是个有才华的律师，就是个聪明的律师；

（2）他可能是个有才华的律师，也可能不是个聪明的律师；

（3）他既不是个有才华的律师，也不是个聪明的律师。

A.（1）　B.（2）　C.（3）　D.（1），（2）　E.（1），（3）　F.（2），
（3）　G. 以上皆非

97. 职业

只要x是医生，y就一定是律师；只要y不是律师，z就一定是会计。但是，当x是医生的时候，z绝对不是会计，由此可以知道（　）

（1）只要z是会计，y就可能是律师；

（2）只要y不是医生，z就不可能是律师；

（3）只要y不是律师，x就不可能是医生。

A.（1）　B.（2）　C.（3）　D.（1），（2）　E.（1），（3）　F.（2），
（3）　G.（1），（2）和（3）

98. 打麻将

有的矿工是满族人，有的满族人打麻将，所以可以知道（　）

（1）有的矿工不见得一定是打麻将的满族人；

（2）矿工不可能是打麻将的满族人。

A.（1）　B.（2）　C.（1），（2）　D. 以上皆非

99. 潜水艇

潜水艇上有一个手柄，有4个按钮，手柄有两个挡位："上升""下降"，按钮有"开""关"两个状态。潜水艇有下面几个规则：

（1）如果把手柄推到"上升"位置，那么必须同时打开1号按钮并且关上4号按钮；

（2）如果开启了1号按钮或者4号按钮，就必须关上3号按钮；

（3）不能同时关上2号和3号按钮。

现在要把手柄推到"上升"位置，同时要打开的是哪两个按钮（　）

A. 1号按钮和3号按钮

B. 1号按钮和2号按钮

C. 2号按钮和4号按钮

D. 3号按钮和4号按钮

100. 逻辑错误

所有得了肾炎的病人都会浮肿，张天身体浮肿，所以，张天一定得了肾炎。

以下哪项充分揭示了上述推理形式的错误（ ）

A. 所有大学生都穿T恤，江华穿了T恤，所以，他是大学生。

B. 所有的螃蟹都横着走，这个动物直着走，所以它不是螃蟹。

C. 所有的素数都是自然数，17是自然数，所以17是素数。

D. 我是个笨蛋，因为所有的聪明人都是近视眼，而我的视力相当好。

101. 比重问题

比重比水小的东西会浮在水面上，比重比水大的物体则会沉入水底。木头与铁块绑在一起后沉到了水底，由此可知（ ）

A. 木头与铁块的比重都比水大

B. 木头与铁块的平均密度比水大

C. 木头的比重比水小

D. 铁的比重比水大

102. 高明的伪造者

真正高明的伪造家制造的钞票从不会被发现，所以一旦他的作品被认出是伪造的，则伪造者不是位高明的伪造者，真正的伪造家从不会被抓到。下列哪种推理方式与这段话类似?（ ）

A. 田壮是一个玩魔术专家，他的魔术总能掩人耳目，从未被揭穿，所以他是一个高明的魔术师

B. 王伟是一个玩魔术的人，他的魔术一般不会被揭穿，偶尔有一两次被人看穿，但这不妨碍他是一个优秀魔术师

C. 岗村是一个玩魔术的人，他的魔术一般不会被人看穿，偶尔有一两次被人看穿，说明他并不是一个高明的魔术师，因为高明的魔术师不会被人看穿

D. 小马的魔术很好，从不会被揭穿，所以他是一个优秀魔术师

103. 生命的条件

生命在另外一个行星上发展，必须至少具备两个条件：（1）适宜的温度，这是与热源保持适当距离的结果。（2）至少在37亿年的时间内保持一个相对稳定的温度变化幅度。这样的条件在宇宙中很难找到，这使得地球很可能是唯一存在生命的地方。上述结论成立的前提是（　　）

A. 某一个温度变化范围是生命在行星上发展的唯一必要条件

B. 生命不在地球以外的地方生存

C. 在其他行星上的生命形态需要的条件与地球上的生命形态相似

D. 灭绝的生命形态的迹象有可能在有极端温度的行星上被发现

104. 继承权问题

教授：在长子继承权的原则下，男人的第一个妻子生下的第一个男性婴儿总是首先有继承家庭财产的权利。

学生：那不正确。休斯敦夫人是其父唯一妻子所生唯一活着的孩子，她继承了他的所有遗产。

学生误解了教授的意思，他理解为（　　）

A. 男人可以是孩子的父亲

B. 女儿不能算第一个出生的孩子

C. 只有儿子才能继承财产

D. 私生子不能继承财产

105. 水够吗

缸比桶要大，我有一盆水，装不满两个桶。所以（　　）

A. 一盆水装不满一个缸。

B. 一盆水可能够，也可能不够装满一缸。

C. 以上皆非。

106. 萝卜与茄子

萝卜比茄子便宜，我的钱不够买两斤萝卜，所以（　　）

A. 我的钱不够买一斤茄子

B. 我的钱可能够，也可能不够买一斤茄子

C. 以上皆非

107. 台球运动员

高水平的台球运动员都在打斯诺克，而要成为高水平的台球运动员就必须要练习击球。所以，学会打斯诺克比学会打美式落袋需要更多地击球练习（　　）

A. 是　B. 否

108. 推论

前进不见得死得光荣，但是后退没死也不见得是耻辱，所以可得出（　　）

A. 后退意为死得光荣

B. 前进可意为不死就是耻辱

C. 前进可意为死得光荣

D. 以上皆非

109. 反省自己

曾子说："吾日三省吾身。"

下面哪一个选项与这句话的意思最不接近（　　）

A. 未经反省的人生是没有价值的。

B. 糊涂一世，快活一生

C. 人应该活得明白一点

D. 自省出真知。

110. 己所不欲

孔子说："己所不欲，勿施于人。"

下面哪一个选项不是上面这句话的逻辑推论（　　）

A. 只有己所欲，才能施于人

B. 若己所欲，则施于人

C. 除非己所欲，否则不施于人

D. 凡施于人的都应该是己所欲的

111. 计算机与人

人的日常思维和行动，哪怕是极其微小的，都包含着有意识的主动行为，包含着某种创造性，而计算机的一切行为都是由预先编制的程序控制的，因此计算机不可能拥有人所具有的主动性和创造性。

补充下面哪一项，将最强有力地支持题干中的推理（　　）

A. 计算机能够像人一样具有学习功能

B. 计算机程序不能模拟人的主动性和创造性

C. 在未来社会，人控制计算机还是计算机控制人，是很难说的一件事

D. 人能够编出模拟人的主动性和创造性的计算机程序

112. 推理结论

只有老姜才辣。

下面哪个选项不是上面这句话的推理结论（　　）

A. 老姜要比嫩姜辣；

B. 不辣的姜都是嫩姜；

C. 所有老姜都辣；

D. 所有嫩姜都不辣。

113. 错误推论

东北人都是活雷锋，翠花是活雷锋，所以，翠花是东北人。

以下哪个选项最明确地显示了上述推理的荒谬（　　）

A. 中国人爱打乒乓球，李雷是中国人，所以，李雷爱打乒乓球。

B. 雷锋爱帮助老人，老人走得比较慢，所以，雷锋走路很慢。

C. 所有鸟儿就会唱歌，所以，会唱歌的都是鸟。

D. 所有的电暖气都能发热，火炉会发热，所以火炉是电暖气。

114. 对比

男孩对父亲，正如女孩对（　　）

A.妇女 　B.太太 　C.夫人 　D.姑娘 　E.母亲

115. 相对关系

如果MP3相对于听音乐，那么手机相对于（ ）

A.娱乐 　B.阅读 　C.打电话 　D.计算

116. 大小关系

当B大于C时，X小于C；但是C决不会大于B，由此可得出（ ）

A. X决不会大于B

B. X决不会小于B

C. X决不会小于C

117. 涨价事件

新年过后，由于受雪灾影响，粮油蛋奶等食品纷纷开始涨价。下面是三位家庭主妇的对话：

主妇甲："如果大米涨价的话，食用油也会涨价。"

主妇乙："如果食用油涨价的话，鸡蛋也会涨价。"

主妇丙："如果鸡蛋涨价的话，牛奶也会涨价。"

从结果看来，三位家庭主妇的说法都是正确的，但大米、食用油、鸡蛋、牛奶这四种商品中只有两种涨了价，你知道是哪两种商品吗？

118. 对比规律

梨子之于苹果，正如土豆之于什么？（ ）

A.香蕉

B.萝卜

C.豌豆

D.白菜

119. 区别

找出下面区别于其他几项的选项（　　）

A. 绘画

B. 雕塑

C. 诗歌

D. 鲜花

120. 意义相近

下面哪句话与"物以类聚，人以群分"的意义最相近？（　　）

A. 一鸟在手强于二鸟在林

B. 不能从一本书的封面判断其内容

C. 视其交友，知其为人

D. 狗改不了吃屎

121. 句子的含义

下面句子中与"小鸡未孵出，千万别点数"意思最接近的是哪句？（　　）

A. 鸡蛋有双黄的，所以孵出来的小鸡可能和鸡蛋数不同。

B. 鸡蛋容易被打碎，所以无法计算未来孵出小鸡的数量。

C. 寄希望于没有发生的事情是不明智的。

122. 不同类

从下面四个物品中选出不同类的一个（　　）

A. 电视机

B. 电话机

C. 电吹风

D. 洗衣机

123. 数字之门

找出一定的规律，第二个房门上应该填上什么数字？

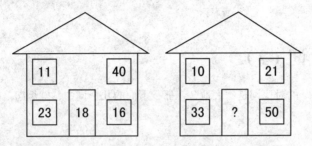

124. 与众不同（2）

下面动物中，最与众不同的是哪个？为什么？

猫，狗，袋鼠，兔子，牛

125. 找不同（1）

从以下选项中，找出一个与其他各项不同的选项（　　）

A. 黄瓜

B. 葡萄

C. 茄子

D. 豌豆

126. 找不同（2）

从以下选项中，找出一个与其他各项不同的选项（　　）

A. 作家

B. 画家

C. 播音员

D. 化妆师

127. 对比词（1）

如果"矿泉水"的对比词是"瓶子"，那么下面的几个词中，"信"的最佳对比

词是什么？（　　）

    A. 邮票

    B. 钢笔

    C. 信封

    D. 邮箱

128. 对比词（2）

如果"树"的对比词是"大地"，那么下面的几个词中，"烟囱"的最佳对比词是什么？（　　）

    A. 烟

    B. 天空

    C. 砖头

    D. 房子

129. 差别（1）

下面四个词中，与其他的词差别最大的一个是哪个？（　　）

    A. 看

    B. 听

    C. 尝

    D. 笑

130. 差别（2）

下面四个词中，与其他的词差别最大的一个是哪个？（　　）

    A. 衣服

    B. 袜子

    C. 鞋子

    D. 钱包

131. 重新组合

由A、E、G、O、N、R这几个字母重新排列组合，可以得到一个什么事物的名称？（　　）

A. 国家

B. 水果

C. 动物

D. 城市

132. 三个家庭

有三个家庭，每个家庭共有3名成员，参加一场游戏。这9个人中，有3个成年妇女R、S、T，两个成年男人U、V和四个孩子W、X、Y、Z。

已知：

（1）同性别的成年人不是出自同一个家庭

（2）W与R不在同一个家庭

（3）X与S或U一家，或者同时与S、U一家

问题1：如果R是某家的唯一的大人，那么她家里的其他两个成员一定是（　　）

A. W和X

B. W和Y

C. X和Y

D. X和Z

E. Y和Z

问题2：如果R和U是其中一个家庭的两个成员，那么谁将分别是第二个家庭和第三个家庭的成员？（　　）

A. S，T，W；V，Y，Z

B. S，W，Z；T，V，X

C. S，X，Y；T，W，Z

D. T，V，W；S，Y，Z

E. W，X，Y；S，V，Z

问题3：下列哪两个人与W在同一家庭？（　　）

A. R和Y　　B. S和U　　C. S和V　　D. U和V　　E. X和Z

问题4：下列哪一个判断一定是对的？（　　）

A. 有一个成年妇女跟两个孩子在同一家庭

B. 有一个成年男人跟W在同一家庭

C. R和一个成年男人在同一家庭

D. T一家只有一个孩子

E. 有一个家庭没有孩子

问题5：如果T、Y和Z是同一家庭，那么下列哪些人是另一家庭的成员？（　　）

A. R，S，V

B. R，U，W

C. S，U，W

D. S，V，W

E. U，V，X

133. 社团成员

A、B、C、D、E、F和G7名同学在大学里住在同一个宿舍，他们分别加入了学校的两个社团，围棋社和曲艺社，此外，我们还知道以下几点信息：

（1）每个人必须在围棋社或曲艺社工作

（2）没有人能够既服务于围棋社又服务于曲艺社

（3）A不能与B或E在同一个社团工作

（4）C不能与D在同一个社团工作

问题1：如果C在围棋社，下列哪一条必定是正确的？（　　）

A. A在围棋社

B. B在曲艺社

C. D在曲艺社

D. F在围棋社

E. G在曲艺社

问题2：如果围棋社只有两个人，下列人员当中谁有可能是其中之一？（　　）

A. B　　B. C　　C. E　　D. F　　E. G

问题3：如果G与F或D不在同一个社团，下列哪一条是错的？（　　）

A. A与D在一起

B. B与C在一起

C. C与F在一起

D. D与F在一起

E. E与G在一起

问题4：原先的条件再加上下列哪一条限制，可以使社团的成员分配只有一种可能？（　　）

A. A和G必须在围棋社，而C必须在曲艺社

B. E必须在围棋社，而F和G必须在曲艺社

C. B和G必须在围棋社

D. C和另外4个人必须在围棋社

E. D和其他3个人必须在曲艺社

134. 销售果汁

一家饮料公司销售果汁，为了促销，他们将3瓶果汁装成一箱打包出售。已知：果汁共有葡萄、橘子、草莓、桃子、苹果5种口味，并且必须按照以下条件装箱：

（1）每箱必须包含两种或3种不同的口味

（2）含有橘子果汁的箱里必定至少装有一瓶葡萄果汁

（3）含有葡萄果汁的箱里必定至少装有一瓶橘子果汁

（4）桃子果汁与苹果果汁不能装在同一箱内

（5）含有草莓果汁的箱里必定至少有一瓶苹果果汁，但是，含有苹果果汁的箱里并不一定有草莓果汁

问题1：下列哪一箱果汁是符合题设条件的呢？（　　）

A. 一瓶桃子果汁、一瓶草莓果汁和一瓶橘子果汁

B. 一瓶橘子果汁、一瓶草莓果汁和一瓶葡萄果汁

C. 两瓶草莓果汁和一瓶苹果果汁

D. 三瓶桃子果汁

E. 三瓶橘子果汁

问题2：除了一种情况外，下列各个装箱均符合题设条件。这种情况是（　　）

A. 葡萄果汁和桃子果汁

B. 桃子果汁和苹果果汁

C. 橘子果汁和桃子果汁

D. 草莓果汁和苹果果汁

问题3：下面哪一箱加上一瓶草莓果汁后便可符合题设条件？（　　）

A. 一瓶桃子果汁和一瓶橘子果汁

B. 一瓶葡萄果汁和一瓶橘子果汁

C. 两瓶苹果果汁

D. 两瓶橘子果汁

E. 两瓶葡萄果汁

问题4：一瓶橘子果汁、一瓶桃子果汁，再加上一瓶什么果汁，便可装成一箱？（　　）

A. 葡萄果汁　B. 橘子果汁　C. 草莓果汁　D. 桃子果汁　E. 苹果果汁

问题5：一瓶橘子果汁再加上下列哪两瓶果汁即可装成一箱？（　　）

A. 一瓶橘子果汁与一瓶草莓果汁

B. 一瓶葡萄果汁与一瓶草莓果汁

C. 两瓶橘子果汁

D. 两瓶葡萄果汁

E. 两瓶草莓果汁

问题6：一箱符合条件的果汁，不能含有下列哪两瓶果汁？（　　）

A. 一瓶草莓果汁和一瓶桃子果汁

B. 一瓶葡萄果汁和一瓶橘子果汁

C. 两瓶橘子果汁

D. 两瓶葡萄果汁

E. 两瓶草莓果汁

问题7：一箱符合条件的果汁，不能含有下列两瓶什么果汁？（　　）

A. 橘子果汁　　B. 葡萄果汁　　C. 苹果果汁　　D. 草莓果汁　　E. 桃子果汁

135. 成绩高低

期末考试的成绩已经出来了，在八名同学之中，他们的语文和数学成绩有以下关系：

（1）A比B数学成绩差；

（2）C比D语文成绩好；

（3）E比F语文成绩差；

（4）F比G数学成绩好；

（5）H比D数学成绩好。

问题1：如果G比H数学成绩好，那么可以推出（　　）

A. F比D数学成绩差　　B. F比D数学成绩好　　C. F比E数学成绩差

D. F比E数学成绩好　　E. C比F数学成绩好

问题2：如果D和F语文成绩一样好，那么下列哪一组判断是错误的？（　　）

A. C130分，D125分

B. F130分，H120分

C. E130分，C125分

D. B130分，A130分

E. G130分，A130分

问题3：下列哪一种条件可以保证A与F数学成绩同样好？（　　）

A. D和B数学成绩一样好

B. G和H数学成绩一样好，D和B数学成绩一样好

C. G、H、B和D数学成绩一样好

D. 以上没有一条是对的

问题4：下列哪一条推论是对的?（　　）

A. D至少不比其中三人数学成绩差或语文成绩差

B. F至少比其中一人数学成绩好或语文成绩好

C. 如果再加入一个人——X，他比H数学成绩好，比A数学成绩差，那么B比D数学成绩好

D. 如果附加人员Y比G数学成绩好，那么他也比F数学成绩好

E. 以上均为错

136. 公司取名

据说一个好的公司名要由三个单词组成，而且组成一个公司名的这三个单词必须符合以下四个条件：

（1）每个单词必须含有3个、5个或7个字母；

（2）字母R、T、X不能在一个公司名中出现两次或两次以上；

（3）一个公司名中，第三个单词要比第二个单词包含的字母多；

（4）每个单词的头一个字母不能相同。

问题1：如果BOXER是某个公司名中的第二个单词，那么下列哪两个单词可能分别为这个公司名的第一个和第三个单词?（　　）

A. ARM、RUNNING

B. BID、TAMES

C. CAMPS、TRAINER

D. DID、STEAMED

E. FOX、RENTED

问题2：MOTHS、VEX、MAR三个单词不符合公司名的次序，下列哪一种改进方法可以使它们成为一个好的公司名字?（　　）

A. 颠倒某个单词的字母，并将最长单词中的某个字母抽出来

B. 颠倒某个单词的字母，并把三个单词的词序倒过来

C. 颠倒某个单词的字母

D. 颠倒三个单词的词序

E. 将最长单词中的某个字母换个位置

问题3：一个公司名中第二个单词可能由几个字母组成?（　　）

A. 3个，不可能是5个或7个

B. 5个，不可能是3个或7个

C. 7个，不可能是3个或5个

D. 3个或5个，不可能是7个

E. 5个或7个，不可能是3个

137. 选修课程

某大学的同一个宿舍中有I、J、K、L、M、N和O七个人，他们选修了三种课程。这三种课程分别是：经济学、心理学和博弈论。为了便于分组讨论，学校要求：经济学课程一个宿舍中必须有3至4人一起选修；心理学必须有4人或6人一起选修；博弈论课程必须2人以上才能选修。

选修这三门课程还有以下条件限制：

（1）每人必须参加3种课程中的两种；

（2）I必须选修经济学课程；

（3）K必须选修博弈论课程；

（4）N必须选心理学；

（5）M必须选修I选的两种课程；

（6）O必须选修L选的两种课程。

问题1：如果K和N选修的两种课程相同，下列哪一个判断是错误的?（　　）

A. I选修经济学课程

B. N选修经济学课程

C. K选修博弈论课程

D. N选修博弈论课程

E. K选修心理学课程

问题2：如果I和N选修博弈论课程，且有4个人选修经济学课程，除了I和M外，还有谁选修经济学课程?（　　）

A. J和K

B. J和N

C. K和N

D. K和O

E. L和N

问题3：如果N是唯一既选修经济学又选修心理学的人，那么，下列哪个判断肯定是对的（　　）

A. L选修经济学课程

B. M选修心理学课程

C. K选修心理学课程

D. N选修博弈论课程

E. I选修博弈论课程

138. 成绩排名

一个班级前七名同学的学习成绩相差不大，很难排出名次。但是，在一次期末考试中，这七个人P、Q、R、S、T、U和V的分数各不相同，老师给出了如下信息：

（1）V的分数比P高；

（2）P的分数比Q高；

（3）或者R是第一名，T是最后一名；或者S是第一名，U或Q是最后一名。

问题1：在这次考试中，如果V是第五名，下列哪一条一定是对的？（　　）

A. S第一名

B. R第二名

C. T第三名

D. Q第四名

E. U最后一名

问题2：在这次考试中，如果R是第一名，V最差是第几名？（　　）

A. 第二名

B. 第三名

C. 第四名

D. 第五名

E. 第六名

问题3：在这次考试中，如果S是第二名，下列哪一条有可能是对的？（　　）

A. P在R之前

B. V在S之前

C. P在V之前

D. T在Q之前

E. U在V之前

问题4：在这次考试中，如果S是第六名，Q是第五名，下列哪一条有可能是对的？（　　）

A. V是第一名或第四名

B. R是第二名或第三名

C. P是第二名或第五名

D. U是第三名或第四名

E. T是第四名或第五名

问题5：在这次考试中，如果R是第二名，Q是第五名，下列哪一条必定是对的？
（　　）

A. S是第三名

B. P是第三名

C. V是第四名

D. T是第六名

E. U是第六名

139. 星光大道

在歌唱比赛星光大道上采取的是淘汰制，一次比赛中，有H、J、K、L、M、N和O七位评委，针对1号、2号、3号三名选手进行表决。按比赛规定，至少有四位评委通过，一名选手才能晋级。每个评委都必须对这三名选手做出表决，不能弃权。

已知：

（1）H淘汰了这三名选手；

（2）其他每位评委至少通过一名选手，也至少淘汰一名选手；

（3）J淘汰1号选手；

（4）O淘汰2号和3号选手；

（5）L和K持同样态度；

（6）N和O持同样态度。

问题1：下列哪位评委一定通过了1号选手？（　　）

A. J

B. K

C. L

D. M

E. O

问题2：通过了2号选手的最多人数是（　　）人？

A. 2

B. 3

C. 4

D. 5

E. 6

问题3：下面的断定中，哪一个是错的？（ ）

A. J和K通过了同一选手

B. J和O通过了同一选手

C. J一票通过，两票淘汰

D. K两票通过，一票淘汰

E. N一票通过，两票淘汰

问题4：如果3个选手中某一个选手晋级，下列哪一位评委肯定通过呢？（ ）

A. J

B. K

C. M

D. N

E. O

问题5：如果M的意见跟O一样，那么，我们可以确定（ ）

A. 1号选手将晋级

B. 1号选手将被淘汰

C. 2号选手将晋级

D. 2号选手将被淘汰

E. 3号选手将晋级

问题6：如果K通过2号和3号选手，那么，我们可以确定（ ）

A. 1号选手将晋级

B. 1号选手将被淘汰

C. 2号选手将晋级

D. 2号选手将被淘汰

E. 3号选手将晋级

140. 杂技演员

5个成人杂技演员M、N、O、P、Q和5个儿童杂技演员V、W、X、Y、Z，按以下规则在进行四层叠罗汉表演。

（1）第一层，即最底层有4个人，第二层有3个人，第三层有2个人，第四层，即最高的一层只有1个人；

（2）除了第一层的演员站在地上，其他人都站在下一层相邻两人肩上；

（3）任何一个杂技演员摔倒时，站在他肩上的其他两个杂技演员同时摔倒；

（4）儿童杂技演员既不能站在底层，也不能站在双肩都被其他杂技演员踩的位置上。

问题1：如果X站在V的肩上，且M和W肩并肩地站在同一层，那么下面哪种排列可能是第二层的排列？（　）

A.V，M，W　B.V，W，M　C.X，M，W　D.Y，N，Z　E.Y，O，V

问题2：如果Q和W站在N的肩上，这时M跌倒了，M跌倒后会造成其他人的跌倒，那么不跌倒的还剩下哪些人？（　）

A.N，O，P，Q，V和W

B.N，O，P，V，X和Y

C.N，P，V，W，X和Y

D.O，P，Q，V，X和Y

E.O，P，Q，W，X和Y

问题3：如果V和W站在不同的层次上，且X和Z站在同一层，那么Y可以站在哪一层？（　）

A.第二层　B.第三层　C.第四层　D.第二层、第三层　E.第三层、第四层

问题4：如果V和W站在O的肩上，且M、N和P站在同一层，同时M是N和P之间唯一的一个演员，那么下列哪一判断肯定正确？（　）

A. 如果M跌倒，那么所有的5个儿童演员也一定跌倒

B. 如果N跌倒，那么肯定有4个儿童演员也同时跌倒

C. 如果O跌倒，那么肯定有2个儿童演员也同时跌倒

D. 如果P跌倒，那么肯定有3个儿童演员也同时跌倒

E. 如果Q跌倒，那么肯定有3个儿童演员也同时跌倒

问题5：如果W站在V的肩上，V站在M的肩上，那么下列哪一推断不可能正确？（　）

A. N和V肩并肩地站在同一层上

B. W和X肩并肩地站在同一层上

C. X和Y肩并肩地站在同一层上

D. M站在N和P那一层，而且是唯一站在他们之间的杂技演员

E. M站在Y和Z那一层，而且是唯一站在他们之间的杂技演员

问题6：如果W站在N和P的肩膀上，X站在M和V的肩膀上，那么下列哪一推断肯定正确？（　）

A. M站在V和W那一层，并且是唯一站在他们之间的杂技演员

B. N站在P和Q那一层，并且是唯一站在他们之间的杂技演员

C. O站在P和Q那一层，并且是唯一站在他们之间的杂技演员

D. Q站在N和O那一层，并且是唯一站在他们之间的杂技演员

E. P站在N和O那一层，并且是唯一站在他们之间的杂技演员

问题7：如果N和Y站在M的肩上，Z站在P和O的肩上，那么下列哪一对演员肯定肩并肩地站在同一层上?（ ）

A. M和O　B. M和P　C. N和Z　D. P和Q　E. W和X

141. 十张扑克牌

在一副扑克牌中抽出10张，其中1张J、2张Q、3张K、4张A。将这10张牌排成一个三角形：第一排1张扑克牌，第二排两张扑克牌，第三排3张扑克牌，第四排4张扑克牌。它们的排列还须满足下列条件：

（1）第四排没有A；

（2）每排相同内容的扑克牌不得超过两张；

（3）A不能与K放在同一排。

问题1：下列哪一种排列符合以上条件?（ ）

A. 每排有1张A

B. 第一、第二、第三排各有1张K

C. 所有的A和Q都放在前三排

D. 所有的A放在第二排和第三排

E. 第三排内有两张K

问题2：第二排必须由下列哪几张扑克牌组成?（ ）

A. 两张A

B. 两张K

C. 1张A和1张K

D. 1张K和1张J

E. 1张J和1张Q

问题3：下列哪几张扑克牌可以组成第三排?（ ）

A. 1张K和两张A

B. 1张K和两张Q

C. 1张Q和两张A

D. 1张Q和两张K

E. 1张J和1张A和1张Q

问题4：在所有的排列中，两张Q在哪几种排列中可以排在一行内?（ ）

A. 第二排　B. 第三排　C. 第四排

D. 第二排，第四排

E. 第三排，第四排

问题5：如果所有的A被排在第二排和第三排，那么，下列哪一判断必定是正确的？（　　）

A. 在两张A中间夹着一张J

B. 第一排是1张K

C. 当1张K放在第四排时，1张Q在同一排内毗邻于它

D. 第三排中有1张J

E. 第三排中有1张Q

问题6：如果有1张A排在第三排中，那么下列哪一判断是错误的？（　　）

A. 当一张Q放在第三排时，同排有1张A毗邻于它

B. 第三排中间那1张是A

C. 第一排是1张A

D. 第二排的两张扑克牌都是A

E. 第三排中间那张是J

问题7：任何一种排列都肯定有下列哪种情况出现？（　　）

A. 1张A在第一排

B. J在第三排

C. 有1张Q在第三排

D. 两张Q都放在第四排

E. 有两张K在第四排

142. 打扫卫生

一间宿舍里有六名学生A、B、C、D、E和F。他们约定，在一个星期中，六个人轮流打扫卫生，这样除了星期日大家一起休息外，其余每天都由一个人打扫卫生。打扫卫生的顺序按以下条件排列：

（1）B在星期二或者在星期六打扫卫生；

（2）如果A在星期一打扫卫生，那么C就在星期四打扫卫生；若A不在星期一打扫卫生，F也不在星期五打扫卫生；

（3）如果E不在星期三打扫卫生，那么A在星期三打扫卫生；

（4）如果A在星期四打扫卫生，那么D在星期五打扫卫生；

（5）如果B在星期二打扫卫生，那么E在星期五打扫卫生；

（6）如果F在星期六打扫卫生，那么D在星期四打扫卫生。

问题1：下列哪一个打扫卫生的顺序符合从星期一到星期六的打扫卫生条件？（　　）

A. D、B、A、E、C、F

B. B、A、F、C、E、D

C. F、E、B、C、D、A

D. C、B、A、D、E、F

E. A、B、D、C、E、F

问题2：如果D在星期六打扫卫生，那么C在哪一天打扫卫生？（　　）

A. 星期一

B. 星期二

C. 星期三

D. 星期四

E. 星期五

问题3：如果A在星期一打扫卫生，那么下列哪个人在星期二打扫卫生？（　　）

A. B

B. C

C. D

D. E

E. F

问题4：如果B在星期二打扫卫生，那么F可能在哪一天打扫卫生？（　　）

A. 星期一

B. 星期四

C. 星期一或星期四

D. 星期四或星期六

E. 星期一或星期四或星期六

143. 两卷胶卷

在一次选举中，一家报纸的摄影师交给报社两卷胶卷，其中一卷彩色胶卷，一卷黑白胶卷。这两卷胶卷拍的是关于某一个候选人的情况。

（1）如果这个候选人在选举中获胜，那么这家报社的编辑们将用X卷；

（2）如果这个候选人落选，编辑们将采用Y卷；

（3）Y卷中的底片只有X卷的一半；

（4）X卷是彩色片；

（5）X卷中大部分的底片已报废无用。

问题1：如果这家报社没有刊登候选人的彩色照片，那么下列哪个判断必定正确？（　　）

A. 编辑们用了X胶卷

B. 这个候选人在选举中没有获胜

C. Y卷中没有1张有用的底片

D. 这个候选人在选举中获胜

E. Y卷中大部分底片没有用

问题2：如果Y卷中所有的底片都有用，那么下列哪一陈述肯定正确？（　　）

A. Y卷中有用的底片比X卷中有用的底片多

B. Y卷中有用的底片只是X卷中有用的底片的一半

C. Y卷中有用的底片比X卷中有用的底片少

D. Y卷中的底片与X卷中的底片一样多

E. Y卷中有用的底片是X卷中有用的底片的两倍

问题3：如果这个候选人在选举中获胜，那么下列哪一陈述为真？（　　）

1.彩色胶卷将被采用；

2.如果这个候选人落选，那么这家报社所用的彩色照片与黑白照片一样多；

3.不采用黑白照片。

A. 只有1是对的

B. 只有3是对的

C. 只有1和2是对的

D. 只有1和3是对的

E. 只有2和3是对的

144. 出国考察

为了学习西方的教育方法，某校组织了一个5人考察团，准备出国考察。考察团成员必须由两名老师代表、两名学生代表和1名校领导组成。

已知：

（1）老师代表必须在M、N和O三人中产生；

（2）学生代表必须在P、R和S三人中产生；

（3）或者J，或者K必须作为校领导带队；

（4）P不能和S一同选入考察团；

（5）O不能和P一同选入考察团；

（6）除非K选入考察团，否则N就不能选入考察团。

问题1：下列哪个名单中的人员可以一同选入考察团？（　　）

A. J，M，N，R，S

B. J，N，O，R，S

C. K, M, N, P, R

D. K, M, N, P, S

E. K, N, O, P, R

问题2：下列人员中，谁必定会被选入考察团?（　　）

A. J

B. M

C. N

D. P

E. R

问题3：设P和R被选为学生代表。此时，X、Y、Z三人各作了一个判断。那么，谁的判断和分析肯定正确?（　　）

X：K被选入考察团

Y：M和N被选为老师代表

Z：J被选入考察团

A. 只有X对

B. 只有Y对

C. 只有Z对

D. 只有X和Y对

E. 只有Y和Z对

问题4：如果J已被选入考察团，下列名单中哪四个人可同时被选入考察团？

（　　）

A. M, N, P, R

B. M, N, R, S

C. M, O, P, R

D. M, O, R, S

E. N, O, R, S

问题5：如果N，R和S三人已被确定为考察团成员，下列哪一条关于其余两名考察团成员的判断是准确的?（　　）

A. M和O是可以补齐考察团成员的两个人

B. K和O是可以补齐考察团成员的两个人

C. K和M是可以补齐考察团成员的两个人

D. 或者M和O，或者K和O有可能补上考察团的空缺

E. 或者K和M，或者K和O有可能补上考察团的空缺

问题6：如果J必须被选入考察团，那么下列名单中哪一个不可能入选？（　）

A. M

B. O

C. P

D. R

E. S

145. 操场上的彩旗

在操场上有6根旗杆，排列在同一条直线上，从左至右分别编号1～6。现在有5面旗子——一面黄的、一面绿的、一面红的、一面白的、一面蓝的，需挂在这些旗杆上。一根旗杆上只能挂一面旗子，这样不管怎样安排，都会留下一根空余的旗杆。

而且，旗子必须按以下条件挂在旗杆上：

1.绿旗子必须离红旗子近离蓝旗子远；

2.黄旗子必须挂在紧挨在蓝旗子左边的旗杆上；

3.白旗子不能与蓝旗子毗邻；

4.红旗子不能挂在1号旗杆上。

问题1：下列各组从左至右的旗子安排除了一组之外，均符合以上条件，请指出不符合条件的那一组（　）

A. 绿旗子、红旗子、白旗子、空旗杆、黄旗子、蓝旗子

B. 绿旗子、红旗子、空旗杆、黄旗子、蓝旗子、白旗子

C. 绿旗子、白旗子、红旗子、黄旗子、蓝旗子、空旗杆

D. 白旗子、空旗杆、黄旗子、蓝旗子、红旗子、绿旗子

E. 空旗杆、绿旗子、白旗子、红旗子、黄旗子、蓝旗子

问题2：如果绿旗子必须挂在紧邻黄旗子左边的旗杆上，那么下列哪种从左至右的安排是符合条件的？（　）

A. 红旗子、绿旗子、黄旗子、蓝旗子、空旗杆、白旗子

B. 白旗子、红旗子、空旗杆、绿旗子、黄旗子、蓝旗子

C. 空旗杆、红旗子、绿旗子、黄旗子、蓝旗子、白旗子

D. 空旗杆、白旗子、红旗子、绿旗子、黄旗子、蓝旗子

E. 空旗杆、红旗子、白旗子、绿旗子、黄旗子、蓝旗子

问题3：如果改变已知条件，使红旗子挂在1号旗杆上。如果只有一种可能，这种可能是（　）

A. 绿旗子、白旗子、黄旗子、蓝旗子

B. 绿旗子、黄旗子、蓝旗子、白旗子

C. 绿旗子、蓝旗子、黄旗子、白旗子

D. 白旗子、黄旗子、蓝旗子、绿旗子

E. 白旗子、绿旗子、黄旗子、蓝旗子

146. 乘出租车

罗伯特家与吉姆家是好朋友，两家经常一起聚餐。一次他们准备去一家离住处比较远的地方聚餐，于是一同乘出租车。这两家的家庭成员共9人，他们是——

罗伯特（父）、玛丽（母），以及他们的3个儿子：托米、丹、威廉；吉姆（父）、埃伦（母），以及他们的两个女儿：珍妮、苏珊。

此外，我们还已知：

（1）他们打了3辆出租车，每辆出租车上可以坐3个人；

（2）每辆出租车上至少要有1个父母辈的人；

（3）每辆出租车上不能全是同1个家庭的成员。

问题1：如果两个母亲（玛丽与埃伦）在同一辆出租车上，而罗伯特的3个儿子分别坐在不同的出租车上，下面的哪一个断定一定是正确的呢？（　　）

A. 每辆出租车上都有男也有女

B. 有一辆出租车上只有女的

C. 有一辆出租车上只有男的

D. 珍妮和苏珊两姐妹坐在同一辆出租车上

E. 罗伯特与吉姆这两个父亲坐在同一辆出租车上

问题2：如果埃伦和苏珊乘坐同一辆出租车，下面哪一组人可以同乘另一辆出租车呢？（　　）

A. 丹、吉姆、珍妮

B. 丹、吉姆、威廉

C. 丹、珍妮、托米

D. 吉姆、珍妮、玛丽

E. 玛丽、罗伯特、托米

问题3：如果吉姆和玛丽在同一辆出租车上，下列的5种情况中，只有1种情况是不可能存在的。到底是哪一种情况呢？（　　）

A. 丹、埃伦和苏珊同乘一辆出租车

B. 埃伦、罗伯特和托米同乘一辆出租车

C. 埃伦、苏珊和威廉同乘一辆出租车

D.埃伦、托米和威廉同乘一辆出租车

E.珍妮、罗伯特和苏珊同乘一辆出租车

问题4：罗伯特家的3个儿子乘坐不同的出租车。对此，P、Q、R三人做出3种断定：

P断定：吉姆家的两个女儿不在同一辆出租车上；

Q断定：吉姆和埃伦夫妻俩不在同一辆出租车上；

R断定：罗伯特和玛丽夫妻俩不在同一辆出租车上。

问哪一种判断肯定是正确的呢？（　　）

A.只有P的断定对

B.只有Q的断定对

C.P和Q的断定对，R的断定错

D.P和R的断定对，Q的断定错

E.P、Q、R的断定都对

问题5：途中，吉姆和两个男孩子下了车，准备去买点东西，而剩下的6个人则乘坐两辆出租车继续去餐馆。如果题设的其他已知条件不变，下面哪一组的孩子可能直接到餐馆？（　　）

A.丹、珍妮、苏珊

B.丹、苏珊、威廉

C.丹、托米、威廉

D.丹、托米、苏珊

E.苏珊、托米、威廉

147. 生病的人

已知：

1.一个得了G病的病人，会表现出发皮疹和发高烧，或者喉咙痛，或者头痛等症状，但不会同时有后两种症状；

2.一个得了L病的病人，会表现出发皮疹和发高烧等症状，但既不会喉咙痛，也不会头痛；

3.一个得了T病的病人，至少会表现出喉咙痛、头痛和其他可能产生的症状中的某种症状；

4.一个得了Z病的病人，至少会表现出头痛和其他可能产生的症状中的某种症状，但决不会发皮疹；

5.没有人会同时患上所列G，L，T，Z四种疾病之中的两种以上。

问题1：如果一个病人既喉咙痛又发烧，那么这个病人肯定（　　）

A. 得了Z病

B. 得的不是G病

C. 得的不是L病

D. 发了皮疹

E. 头也痛

问题2：如果有一个病人，患了以上某种不发皮疹的疾病，那么他肯定（　　）

A. 发烧　　B. 头痛　　C. 喉咙痛　　D. 得了T病　　E. 得了Z病

问题3：如果病人米勒没有喉咙痛的症状，那么他肯定（　　）

A. 得了L病

B. 得了Z病

C. 得的不是G病

D. 得的不是Z病

E. 得的不是T病

问题4：如果病人罗莎患上了以上某种疾病，但她既不发烧又不喉咙痛，那么，下列哪个判断肯定是对的?（　　）

（1）她头痛；

（2）她得了Z病；

（3）她发了皮疹。

A. 只有1是对的

B. 只有2是对的

C. 只有3是对的

D. 只有1和2是对的

E. 只有2和3是对的

问题5：如果病人哈里斯患了以上某种疾病，但他没有发烧，那么，他肯定会有下列哪种症状?（　　）

（1）头痛；

（2）发皮疹；

（3）喉咙痛。

A. 只有1是对的

B. 只有2是对的

C. 只有3是对的

D. 只有1和2是对的

E. 只有2和3是对的

问题6：如果某个病人患了以上某种疾病，只表现出发烧和头痛两种症状，那么他得的肯定是（　　）

A. G病

B. L病

C. T病

D. Z病

E. 可能是G病，也可能是T病

148. 密码的学问

一种密码只由字母K、L、M、N、O组成。密码的字母由左至右写成。符合下列条件才能组成密码文字。这组字母是：

1. 密码文字最短为两个字母，可以重复；

2. K不能为首；

3. 如果在某一密码文字中有L，则L就得出现两次以上；

4. M不可为最后一个字母，也不可为倒数第二个字母；

5. 如果这个密码文字中有K，那么一定有N；

6. 除非这个密码文字中有L，否则O不可能是最后一个字母。

问题1：下列哪一个字母可以放在L、O后面形成一个由3个字母组成的密码文字？（　　）

A. K　B. L　C. M　D. N　E. O

问题2：如果某一种密码只有字母K、L、M可用，且每个字只能用两个字母组成，那么可组成密码文字的总数是几？（　　）

A. 1　B. 3　C. 6　D. 9　E. 12

问题3：下列哪一组是一个密码文字？（　　）

A. KLLN　B. LOML　C. MLLO　D. NMKO　E. ONKM

问题4：K、L、M、N、O五个字母能组成几个由三个相同字母组成的密码文字？（　　）

A. 1　B. 2　C. 3　D. 4　E. 5

问题5：只有一种情况除外，以下其他4种方法可以使密码文字MMLLOKN变成另一个密码文字。这种例外情况是（　　）

A. 用N替换每个L

B. 用O替换第一个M

C. 用O替换N

D. 把O移至N右边

E. 把第二个M移至K的左边

问题6：下列五组字母中，有一组不是密码文字，但是只要改变字母的顺序，它也可以变成一个密码文字。这组字母是（　　）

A. LLMNO

B. LLLKN

C. MKNON

D. NKLML

E. OMMLL

问题7：下列哪一组密码能用其中的某个字母来替换这个密码中的字母X，从而组成一个符合规则的密码文字？（　　）

A. MKXNO

B. MXKMN

C. XMMKO

D. XMOLK

E. XOKLLN

149. 两对三胞胎

M、N、O、P、Q和R是两对三胞胎。此外，我们还知道以下条件：

（1）同胞兄弟姐妹不能婚配；

（2）同性不能婚配；

（3）六人中，四人是男性，二人是女性；

（4）没有一对三胞胎是同性兄弟或姐妹；

（5）M与P结为夫妇；

（6）N是Q的唯一的兄弟。

问题1：下列哪一对人中，谁和谁不可能是兄弟姐妹关系？（　　）

A. M和Q　　B. O和R　　C. P和Q　　D. P和R　　E. R和Q

问题2：在下列何种条件下，R肯定为女性？（　　）

A. M和Q是同胞兄弟姐妹

B. Q和R是同胞兄弟姐妹

C. P和Q是同胞兄弟姐妹

D. O是P的小姑

E. O是P的小叔

问题3：下列哪个判断肯定错？（　　）

A. O是P的小姑

B. Q是P的小姑

C. N是P的小叔

D. O是P的小叔

E. Q是P的小叔

问题4：如果Q和R结为夫妇，下列哪一判断肯定正确？（　　）

A. O是男的　　B. R是男的　　C. M是女的　　D. N是女的　　E. P是女的

问题5：如果P和R是兄弟关系，那么下列哪一判断肯定正确？（　　）

A. M和O是同胞兄弟姐妹

B. N和P是同胞兄弟姐妹

C. M是男的

D. O是女的

E. Q是女的

150. 展厅之间的通道

　　某博物馆的负责人正走进一个临时分为七个房间——R、S、T、U、X、Y和Z的画展的预展厅。这个展厅只有一个入口（也是出口），从入口大门进去之后，他们首先到达房间R，并且只能通过R出入展览馆。但是，一旦在展览馆内，他们即可自由地选择从一个房间到另一个房间去。所有连接七个房间的通道是：R和S之间有一条通道；R和T之间有一条通道；R和X之间有一条通道；S和T之间有一条通道；X和U之间有一条通道；X和Y之间有一条通道；Y和Z之间有一条通道。

　　问题1：下面哪间房间，是博物馆负责人不可能从入口进去的第三间房间？（　　）

A. S

B. T

C. U

D. Y

E. Z

　　问题2：如果有一条两个房间之间的通道被关掉，而所有的房间仍能让人们进去参观，那么，被关掉的通道是可以通向下列哪一间房间的？（　　）

A. S

B. U

C. X

D. Y

E. Z

问题3：假如有一位参观者觉得没有必要重复走来走去，而只想参观完所有的房间后就离开，这在目前条件下当然是不可能的。那么，请问这位参观者下列哪一间房间必须进去两次？（　　）

A. U

B. S

C. T

D. Z

E. Y

问题4：有人建议开出一条新的通道，然后在Z房间设一个出口，使参观者可以从R开始参观一直到Z结束，不重复走任何一间房间。那么新开的通道应该在哪两个房间之间？（　　）

A. R–U

B. S–Z

C. T–U

D. U–Y

E. U–Z

151. 被偷的答案

一天，在迪姆威特教授讲授的一节物理课上，他的物理测验的答案被人偷走了。有机会窃取这份答案的，只有阿莫斯、伯特和科布这三名学生。

（1）那天，这个教室里总共上了五节物理课。

（2）阿莫斯只上了其中的两节课。

（3）伯特只上了其中的三节课。

（4）科布只上了其中的四节课。

（5）迪姆威特教授只讲授了其中的三节课。

（6）这三名学生都只上了两节迪姆威特教授讲授的课。

（7）这三名被怀疑的学生出现在这五节课的每节课上的组合各不相同。

（8）在迪姆威特教授讲授的一节课上，这三名学生中有两名来上了，另一名没有来上。事实证明来上这节课的那两名学生没有偷取答案。

这三名学生中谁偷了答案？

152. 倒班制度

某大学要求学生毕业前都要去公司实习。

一个寝室有三名学生，碰巧的是，他们在同一时间去了同一家公司实习。

这个公司会轮流上班和休息，具体哪天上班，哪天休假都是已经安排好的。

现在已知：

（1）一星期中只有一天三位实习员工同时值班；

（2）没有一位实习员工连续三天值班；

（3）任意两位实习员工在一个星期中同一天休假的情况不超过一次；

（4）第一位实习员工在星期日、星期二和星期四休假；

（5）第二位实习员工在星期四和星期六休假；

（6）第三位实习员工在星期日休假。

请问：这三位实习员工在星期几可以同时值班？

提示：先判定星期日、星期二和星期四是谁值班；然后判定在题目中没有提到的三天中分别是谁休假。

153. 三位授课老师

在一所高中里有甲、乙、丙三位老师，他们在同一个年级里，并且相互之间都是好朋友。

甲、乙、丙三位老师分别讲授数学、物理、化学、生物、语文和历史六门课程，但不知道哪个老师分别教什么课程。现在只知道：其中每位老师分别教两门课。

除此之外，我们还知道以下信息：

（1）化学老师和数学老师住在一起；

（2）甲老师是三位老师中最年轻的；

（3）数学老师和丙老师是一对优秀的象棋国手；

（4）物理老师比生物老师年长，比乙老师又年轻。

（5）三人中最年长的老师的家比其他两位老师远。

请问，哪位老师教哪两门课？

154. 英语竞赛

小王、小张、小李、小刘和小赵每人都参加了两次英语竞赛。

（1）每次竞赛只进行了4场比赛：小王对小张，小王对小赵，小李对小刘，小李对小赵；

（2）只有一场比赛在两次竞赛中胜负情况保持不变；

（3）小王是第一次竞赛的冠军；

（4）在每一次竞赛中，输一场即被淘汰，只有冠军一场都没输。

谁是第二次竞赛的冠军？

注：每场比赛都不会有平局的情况。

提示：从一个人必定胜的比赛场数，判定在第一次竞赛中每一场的胜负情况；然后判定哪一位选手在两场竞赛中输给了同一个人。

155. 大有作为

鲁道夫、菲利普、罗伯特三位青年，一个当了歌手，一个考上大学，一个加入美军陆战队，个个未来都大有作为。现已知：

（1）罗伯特的年龄比战士的大；

（2）大学生的年龄比菲利普小；

（3）鲁道夫的年龄和大学生的年龄不一样。

请问：三个人中谁是歌手？谁是大学生？谁是士兵？

156. 买工艺品

五个艺术品收藏家S、T、U、V和W，去拍卖会买工艺品。此次拍卖共有7个工艺品，编为分别为1~7号。五人购买的工艺品符合以下特点：

（1）没有一个工艺品可以分给多个人同时购买，没有一个买者可以买3个以上工艺品；

（2）谁买了2号工艺品，就不能买其他工艺品；

（3）没有一个买者可以既买3号工艺品，又买4号工艺品；

（4）如果S买了1个工艺品或数个工艺品，那么U就不能买；

（5）如果S买2号工艺品，那么T必须买4号工艺品；

（6）W必须买6号工艺品，而不能买3号工艺品。

问题1：如果S买了2号工艺品，那么谁必须买3号工艺品？（　　）

A. S

B. T

C. U

D. V

E. W

问题2：如果S买了2号工艺品，其他三位买者各买两个工艺品，那么三人当中没人能同时买下列哪两个工艺品？（　　）

A. 1号工艺品和3号工艺品

B. 1号工艺品和6号工艺品

C. 1号工艺品和7号工艺品

D. 4号工艺品和5号工艺品

E. 6号工艺品和7号工艺品

问题3：如果U和V都没有买工艺品，谁一定买了3个工艺品？（　　）

A. 只有S买了3个工艺品

B. 只有T买了3个工艺品

C. 只有W买了3个工艺品

D. S和T每人都买了3个工艺品

E. S和W每人都买了3个工艺品

157. 左邻右舍

张先生、李太太和陈小姐三人住在一幢公寓的同一层上。一人的房间居中，另外两人分别在两旁。

（1）他们每人都只养了一只宠物：不是狗就是猫；每人都只喝一种饮料：不是茶就是咖啡；每人都有一种体育爱好：不是网球就是篮球；

（2）张先生住在打网球者的隔壁；

（3）李太太住在养狗者的隔壁；

（4）陈小姐住在喝茶者的隔壁；

（5）没有一个打篮球者喝茶；

（6）至少有一个养猫者打篮球；

（7）至少有一个喝咖啡者住在一个养狗者的隔壁；

（8）任何两人的相同嗜好不超过一种。

谁的房间居中？

提示：判定哪些嗜好组合可以符合这三人的情况，然后判定哪一个组合与住在中间的人相符合。

第二章　形象推理

158. 五本参考书

甲、乙、丙、丁、戊5人是好朋友，快高考了，他们需要5本参考书，但是都买回来有些浪费，于是他们决定每人买一本，读完后相互交换。这5本书的厚度和他们的阅读速度都差不多，因此5人总是同时换书。经数次交换后，5人每人都读完了这5本参考书。

现已知：

（1）甲最后读的书是乙读的第二本书；

（2）丙最后读的书是乙读的第四本书；

（3）丙读的第二本书甲在一开始就读了；

（4）丁最后读的书是丙读的第三本书；

（5）乙读的第四本书是戊读的第三本书；

（6）丁第三次读的书是丙一开始读的那一本。

根据以上情况，按甲读书的顺序是1、2、3、4、5，推出其他人的读书次序。

159. 谁得了大奖

公司年底联欢会上有个抽奖环节，经理把得大奖人的名字抽出来后，对离他最近的一桌上五个人说："大奖就出在你们五个人中。"

甲：我猜是丙得了大奖。

乙：肯定不是我，我的运气一直不好。

丙：我觉得也不是我。

丁：肯定是戊。

戊：肯定是甲，他运气一直很好。

经理听了他们的话说："你们五个人只有一个人猜对了，其他四个人都猜错了。"

五个人听了之后，马上意识到是谁得了大奖了。

你知道了吗？

160. 几个人去

公司组织周末外出游玩，让每个部门报出去的人数，好订车。营销部秘书就问他们部门几个人的意见，把意见汇总后如下：

小杜：我可能会去。

小刘：小杜去的话，我就不去了；他不去的话，我再去。

小黄：我看小刘，他去我也去，他不去，我也不去。

小冯：小杜去的话，我就去。

小郭：小黄和小冯都不去我才去。

营销部会有几个人去呢?

161. 避暑山庄

甲、乙、丙和丁四个人分别在上个月不同时间入住到避暑山庄，又在不同的时间分别退了房。现在只知道：

（1）滞留时间（比如从7日入住，8日离开，滞留时间为2天）最短的是甲，最长的是丁。乙和丙滞留的时间相同。

（2）丁不是8日离开的。

（3）丁入住的那天，丙已经住在那里了。

入住时间是：1日、2日、3日、4日。

离开时间是：5日、6日、7日、8日。

根据以上条件，你知道他们四人分别的入住时间和离开时间吗?

162. 名字与职业

张三，李四，王五，赵二，孙六在上大学时住在同一个宿舍，大家关系很好。他们毕业以后，分别当上了老板、理发师、医生、教师和公司职员（名字和职业不是相互对应的）。

现在知道：

（1）老板不是王五，也不是赵二；

（2）教师不是赵二，也不是张三；

（3）王五和孙六住在同一栋公寓，对面是公司职员的家；

（4）李四、王五和理发师经常一起出去旅游；

（5）张三和王五有空时，就和医生、老板一起打牌；

（6）而且，每隔十天，赵二和孙六一定要到理发店修个脸；

（7）但是，公司职员则一向自己刮胡子，从来不到理发店去。

问题：请将这五个人的名字和职业对应起来。

163. 谁养鱼

此题源于1981年柏林的德国逻辑思考学院，98%的测验者无法解答此题。

有五间房屋排成一列；所有房屋的外表颜色都不一样；所有的屋主都来自不同的国家；所有的屋主都养不同的宠物，喝不同的饮料，抽不同牌子的香烟。

（1）英国人住在红色房屋里；

（2）瑞典人养了一只狗；

（3）丹麦人喝茶；

（4）绿色的房子在白色的房子的左边；

（5）绿色房屋的屋主喝咖啡；

（6）吸PallMall香烟的屋主养鸟；

（7）黄色屋主吸Dunhill香烟；

（8）位于最中间的屋主喝牛奶；

（9）挪威人住在第一间房屋里；

（10）吸Blend香烟的人住在养猫人家的隔壁；

（11）养马的屋主在吸Dunhill香烟的人家的隔壁；

（12）吸BlueMaster香烟的屋主喝啤酒；

（13）德国人吸Prince香烟；

（14）挪威人住在蓝色房子隔壁；

（15）只喝开水的人住在吸Blend香烟的人的隔壁。

问：谁养鱼？

164. 谁偷了考卷

高三（2）班期末考试的试卷在考试前两天的时候被偷了，老师根据调查和一些线索找到了三个可能的嫌疑人。对三名嫌疑人来说，下列事实成立：

（1）A、B、C三人中至少一人偷了考卷；

（2）A偷考卷时，B、C肯定会与之同案；

（3）C偷考卷时，A、B肯定会与之同案；

（4）B偷考卷时，没有同案者；

（5）A、C中至少一人无罪。

根据以上信息，请问是谁偷了考卷？

165. 写信

已知：

（1）教室里标有日期的信都是用粉色纸写的；

（2）小王写的信都是以"亲爱的"开头的；

（3）除了小赵外没有人用黑墨水写信；

（4）小李没有收藏他可以看到的信；

（5）只有一页信纸的信中，都标明了日期；

（6）未作标识的信都是用黑墨水写的；

（7）用粉色纸写的信都收藏起来了；

（8）一页以上的信纸的信中，没有一封是作标记的；

（9）小赵没有写一封以"亲爱的"开头的信。

根据以上信息，判断小李是否可以看到小王写的信？

166. 副经理姓什么

一家公司有3名职员：老张、老陈和老孙。公司的经理、副经理和秘书恰好和这3名职员的姓氏一样。现在已知：

（1）职员老陈是天津人；

（2）职员老张已经工作了20年；

（3）副经理家住在北京和天津之间；

（4）领导老孙常和秘书下棋；

（5）其中一名职员和副经理是邻居，他也是一个老职工，工龄正好是副经理的3倍；

（6）与副经理同姓的职员家住北京。

根据上面的资料，你能知道副经理姓什么吗？

167. 小王的老乡

小王寝室有5位室友，他们分别姓赵、钱、孙、李、周，其中一位是他的同乡。

（1）5位室友分为两个年龄档：3位是80后，2位是90后；

（2）2位在学校工作，另外3位在工厂工作；

（3）赵和孙属于相同年龄档；

（4）李和周不属于相同年龄档；

（5）钱和周的职业相同；

（6）孙和李的职业不同；

（7）小王的同乡是一位在学校工作的90后。

请问：谁是小王同乡？

168. 排队

课间操时，小王、小张、小赵、小李、小吴、小孙6个人排成一排。他们的前后顺序如下：

（1）小孙没有排在最后，而且他和最后一个人之间还有两个人；

（2）小吴不是最后一个人；

（3）在小王的前面至少还有四个人，但他没有排在最后；

（4）小李没有排在第一位，但他前后至少都有两个人；

（5）小赵没有排在最前面，也没有排在最后。

请问：他们6个人的前后顺序是怎么排的？

169. 四兄弟

一家有四兄弟，老大、老二、老三、老四，大学毕业后，他们各自成了家，而且一个成了教师，一个成了编辑，一个成了记者，一个成了律师。

请你根据下面的情况判断每个人的职业：

（1）老大和老二是邻居，每天一起骑车去上班；

（2）老大比老三长得高；

（3）老大和老四业余一同练武术；

（4）教师每天步行上班；

（5）编辑的邻居不是律师；

（6）律师和记者互不相识；

（7）律师比编辑和记者长得高。

170. 逛商场

甲、乙、丙、丁四个姐妹一起去逛商场。她们四人今天刚好分别要买童装、男装、女装、内衣。而且在这座商场里恰好有四层，分别卖童装、男装、女装、内衣。于是四人分头行动。

已知：

（1）甲去了一层，童装店在四层；

（2）乙去男装店；

（3）丙去了二层；

（4）丁去的不是内衣店。

那么，你能判断她们分别在几层逛什么店吗？

171. 满分成绩

初三（2）班有三名同学，他们的成绩都非常好，在一次考试中，他们的成绩有如下特点：

（1）恰有两位数学满分，恰有两位语文满分，恰有两位英语满分，恰有两位物理满分；

（2）每名同学至多只有3科得了满分；

（3）对于小明来说，下面的说法是正确的：如果他数学满分，那么他物理也满分；

（4）对于小华和小刚来说，下面的说法是正确的：如果他语文满分，那么他英语也满分；

（5）对于小明和小刚来说，下面的说法是正确的：如果他物理满分，那么他英语也满分。

哪一位同学的物理没有满分？

提示：先判定哪几位同学的英语得了满分。

172. 夏日的午后

夏日的午后，一家四口人分别在做不同的事情。他们当中有一个人在乘凉，一个人在洗澡，一个人在打电话，还有一个人在看书。

（1）爸爸没有在乘凉，也没有在看书；

（2）妈妈没有在打电话，也没有在乘凉；

（3）如果爸爸没有在打电话，那么弟弟没有在乘凉；

（4）姐姐既没有在看书，也没有在乘凉；

（5）弟弟没有在看书，也没有在打电话。

他们各自在做什么呢？

173. 谁中了状元

古代科举考试考明经和进士两科。张三、李四和王五3人中，有一人中了状元。

张三如实地说：

（1）如果我没有中状元，我的明经成绩就没有满分；

（2）如果我得了状元，我的进士成绩就是满分。

李四如实地说：

（3）如果我没有中状元，我的进士成绩就不是满分；

（4）如果我得了状元，我的明经成绩就是满分。

王五如实地说：

（5）如果我没有中状元，我的明经成绩就没有满分；

（6）如果我得了状元，我的明经成绩就是满分。

同时

（7）那位中了状元的人是唯一某一科考试考满分的人；

（8）那位中了状元的人也是唯一某一科考试没有考满分的人。

这三人中谁中了状元？

174. 排名次

A、B、C、D、E、F、G按比赛结果的名次排列情况如下（其中没有相同名次）：

（1）E得第二名或第三名；

（2）C没有比E高4个名次；

（3）A比B低；

（4）B不比G低两个名次；

（5）B不是第一名；

（6）D没有比E低3个名次；

（7）A不比F高6个名次。

上述说明只有两句是真实的，是哪两句呢？

试列出7人的名次顺序。

175. 谁偷了珠宝

一件价值连城的珠宝在展厅里被盗，甲、乙、丙、丁四名国际大盗都有嫌疑。经过核实，发现是四人中的两个人合伙作案。在盗窃案发生的那段时间，四个人的行动是有规律的：

（1）甲、乙两人中有且只有一个人去过展厅；

（2）乙和丁不会同时去展厅；

（3）丙若去展厅，丁一定会同去；

（4）丁若没去展厅，则甲也没去。

根据这些情况，你可以判断是哪两个人作的案吗？

176. 什么关系

有A、B、C、D、E五个亲戚，其中四人每人讲了一个真实情况，如下：

（1）B是我父亲的兄弟；

（2）E是我的岳母；

（3）C是我女婿的兄弟；

（4）A是我兄弟的妻子。

上面提到的每个人都是这五个人中的一个（例如，（1）中"我父亲"和"我父亲的兄弟"都是A、B、C、D、E五人中的一个），则由此可以推出（　　）

A. B和D是兄弟关系

B. A是B的妻子

C. E是C的岳母

D. D是B的子女

177. 政府要员

在一列国际列车的某节车厢内，有A、B、C、D四名不同国籍的旅客，他们身穿不同颜色的西装，坐在同一张桌子的两个对面，其中两人靠边坐。已经知道，他们中有一位身穿蓝色西装的旅客是政府要员，并且又知道：

（1）英国旅客坐在B先生的左侧；

（2）A先生穿褐色西装；

（3）穿黑色西装者坐在德国旅客的右侧；

（4）D先生的对面坐着美国旅客；

（5）俄国旅客身穿灰色西装；

（6）英国旅客把头转向左边，望着窗外。

那么，请找出谁是穿蓝色西装的政府要员。

178. 考试成绩

期末考试后，老师透露了一些同学的成绩，其中A、B、C、D、E、F、G、H八个人的名次关系如下：

（1）B、C、D三人中B最高，D最低，但不是第八名；

（2）F的名次为A、C名次的平均数；

（3）F比E高四个名次；

（4）G是第四名；

（5）A比C的名次高。

根据以上信息，你可以判断出他们分别是第几名吗？

179. 最后一名

在一场百米赛跑中，明明得了倒数第一名，他告诉妈妈这样的情形：

（1）丙没有获得第一名；

（2）戊比丁高了两个名次，但戊不是第二名；

（3）甲不是第一名也不是最后一名；

（4）丙比乙高了一个名次。

你能判断出，在甲、乙、丙、丁和戊中谁是明明吗？

180. 谁被雇用了

又到了毕业找工作的时节，甲、乙、丙、丁四人竞争应聘同一个职务，此职务的要求条件是：

研究生毕业；

至少两年的工作经验；

会用OFFICE软件；

具有英语六级证书；

谁满足的条件最多，谁就被雇用。

又知道以下情况：

（1）把上面4个要求条件两两配对，可配成6对。每对条件都恰有1人符合；

（2）甲和乙具有同样的学历；

（3）丙和丁具有同样的工作年限；

（4）乙和丙都会用OFFICE软件；

（5）丁具有六级证书。

你知道这四个人当中谁被雇用了？

181. 电话线路

直到现在，在一些偏远的地区还没有普及电话。有的镇与镇之间只能靠人传递信息，西北的某个地区就是这样。该地区的6个小镇之间的电话线路还很不完备。A镇同其他5个小镇之间都有电话线路；但是B镇、C镇却只与其他4个小镇有电话线路；D、E、F三个镇则只同其他3个小镇有电话线路。而且，这些镇之间的电话线路都是直通的，也就是无法中转。如果在A镇装个电话交换系统，A、B、C、D、E、F六个小镇都可以互相通话。但是，电话交换系统要等半年之后才能建成。在此之前，两个小镇之间必须装上直通线路才能互相通话。我们还知道D镇可以打电话到F镇。

请问：E镇可以打电话给哪3个小镇呢？

182. 教职员工

某大学的一名教职员工说："我们系里的教职员工中，包括我在内，总共有16名教授和讲师。下面讲到的人员情况，无论是否把我计算在内，都不会有任何变化。"

在这些教职员工中：

（1）讲师多于教授；

（2）男教授多于男讲师；

（3）男讲师多于女讲师；

（4）至少有一位女教授。

这位说话的人是什么性别和职务？

提示：确定一种不与题目中任何陈述相违背的关于男讲师、女讲师、男教授和女教授的人员分布情况。

183. 六名运动员

要从编号为A、B、C、D、E、F的六名运动员中挑选若干人去参加运动会，但是人员的配备是有要求的，具体要求如下：

（1）A、B中至少去一人；

（2）A、D不能一起去；

（3）A、E、F中要派两人去；

（4）B、C都去或都不去；

（5）C、D中去一人；

（6）若D不去，则E也不去。

由此可见，被挑去的人是哪几个？

184. 相识纪念日

汤姆和杰瑞是1对情侣，他们是在一家健身俱乐部首次相遇并相互认识的。一天，杰瑞问汤姆他们相识的纪念日是哪一天，可汤姆并没有记住确切的日期，他只知道以下这些信息。

（1）汤姆是在1月份的第一个星期一那天开始去健身俱乐部的。此后，汤姆每隔四天（即第五天）去一次；

（2）杰瑞是在一月份的第一个星期二那天开始去健身俱乐部的。此后，杰瑞每隔三天（即第四天）去一次；

（3）在1月份的31天中，只有一天汤姆和杰瑞都去了健身俱乐部，正是那一天他们首次相遇。

你能帮助汤姆算出他们的相识纪念日是1月份的哪一天吗？

185. 点餐

赵、钱、孙、李、周、吴6个好朋友去餐馆吃饭。他们坐在一张长方形的桌子的两边，一边坐了3个人。这6个人点了6种不同的菜。其中一位点了红烧牛肉，服务员忘记是谁了，她只记得以下这些信息：

（1）钱坐在孙旁边；

（2）孙坐在与周相邻的男孩的对面；

（3）李坐在赵对面，李点了鱼香肉丝；

（4）点了肉丸子的男孩坐在周的对面；

（5）坐在李和吴中间的女孩点了炒洋葱；

（6）吴没有点宫保鸡丁；

（7）点了宫保鸡丁的女孩坐在李的对面；

（8）坐在钱旁边的女孩点了土豆丝。

你能帮帮这个服务员，判断一下谁点了红烧牛肉吗？

186. 参加舞会

在一次舞会上，尚未订婚的A先生看到一位女士B单独一人站在酒柜旁边。他很想知道这位女士是独身、订婚还是结婚。现在知道以下信息：

（1）参加舞会的总共有19人；

（2）有7人是单独一人来的，其余的都是一男一女成对来的；

（3）那些成对来的，要么已经结婚了，要么已相互订婚；

（4）凡单独前来的女士都是单身；

（5）凡单独前来的男士都不处于订婚阶段；

（6）参加舞会的男士中，处于订婚阶段的人数等于已经结婚的人数；

（7）单独前来的已婚男士的人数，等于单独来的独身男士的人数；

（8）在参加舞会的已经结婚、处于订婚阶段和独身这三种类型的女士中，B女士属于人数最多的那种类型。

请问，你知道B女士属于哪一种类型吗？

187. 分别是哪国人

6个不同国籍的人是好朋友，他们的名字分别为A、B、C、D、E和F；他们的国籍分别是美国、德国、英国、法国、俄罗斯和意大利（名字顺序与国籍顺序不一定一致）。

现在已知：

（1）A和美国人是医生；

（2）E和俄罗斯人是教师；

（3）C和德国人是技师；

（4）B和F曾经当过兵，而德国人从没当过兵；

（5）法国人比A年龄大，意大利人比C年龄大；

（6）B同美国人下周要到英国去旅行，C同法国人下周要到瑞士去度假。

请判断A、B、C、D、E、F分别是哪国人？

188. 杀手的外号

国际刑警历经千辛万苦，总算掌握了世界排名前五的杀手A、B、C、D、E的部分情报。其资料如下：

（1）杀手飞鹰的体型比杀手E壮硕；

（2）杀手D是杀手白猴、杀手黑狗的前辈；

（3）杀手B总是和杀手白猴一起犯案；

（4）杀手丁香和杀手飞鹰是杀手A的徒弟；

（5）杀手白猴的枪法远比杀手A、杀手E的准；

（6）杀手雪豹和杀手丁香都曾与杀手E有过过节。

请问，杀手B的外号是什么？

189. 兄弟姐妹

一个大家庭中有7个孩子，分别为老大、老二、老三、老四、老五、老六、老七。现在知道这7个人的情况如下：

（1）老大有3个妹妹；

（2）老二有1个哥哥；

（3）老三是女的，她有2个妹妹；

（4）老四有2个弟弟；

（5）老五有2个姐姐；

（6）老六也是女的，但她和老七没有妹妹。

请问，这7个人中谁是男性谁是女性？

190. 春游

一个寝室有6个人，分别是小赵、小钱、小孙、小李、小周、小吴。他们打算去春游，但是对于谁去谁不去，他们有一些奇怪的要求。

已知：

（1）小赵、小钱两人至少有一个人会去；

（2）小赵、小周、小吴三人中有两个人会去；

（3）小钱和小孙两人是好朋友，总是形影不离，要么两人都去，要么两人都不去；

（4）小赵、小李两人最近在闹矛盾，他们不想一起去；

（5）小孙、小李两人中也只有一人去；

（6）如果小李不去，那么小周也决定不去。

根据以上要求，你能判断出最后究竟有哪几个人去春游了吗？

191. 分别教什么课

三位老师，李老师、向老师、崔老师，他们分别担任生物、物理、英语、体育、历史和数学六科中两门课程的教学工作。我们已经知道：

（1）物理老师和体育老师是邻居；

（2）李老师在三人中年龄最小；

（3）崔老师、生物老师和体育老师三个人经常一起从学校回家；

（4）生物老师比数学老师年龄要大些；

（5）假日里，英语老师、数学老师与李老师喜欢一起打排球。

你知道三位老师各担任哪两门课程的教学工作吗？

192. 彩旗的排列

路边插着一排彩旗，白色旗子和紫色旗子分别位于两端。红色旗子在黑色旗子的旁边，并且与蓝色旗子之间隔了两面旗子；黄色旗子在蓝色旗子旁边，并且与紫色旗子的距离比与白色旗子之间的距离更近；银色旗子在红色旗子旁边；绿色旗子与蓝色旗子之间隔着4面旗子；黑色旗子在绿色旗子旁边。

（1）银色旗子和红色旗子中，哪面旗子离紫色旗子较近？

（2）哪种颜色的旗子与白色旗子之间隔着两面旗子？

（3）哪种颜色的旗子在紫色旗子旁边？

（4）哪种颜色的旗子位于银色旗子和蓝色旗子之间？

193. 谁拿了我的雨伞

一天，甲、乙、丙、丁、戊5个人参加一个聚会。由于下雨，5个人各带了一把伞。聚会结束时，由于走得匆忙，大家到家以后才发现，自己拿的并不是自己的伞。

现在已知：

（1）甲拿走的伞不是乙的，也不是丁的；

（2）乙拿走的伞不是丙的，也不是丁的；

（3）丙拿走的伞不是乙的，也不是戊的；

（4）丁拿走的伞不是丙的，也不是戊的；

（5）戊拿走的伞不是甲的，也不是丁的。

另外，还发现没有两个人相互拿错了雨伞。

请问：这5个人拿走的雨伞分别是谁的？

194. 亲戚关系

过节的时候，甲、乙、丙、丁、戊5位亲戚聚到了一起，他们开始谈论他们和其他人的关系，他们所谈论到的人，都在这5个人中间。有4个人分别说：

（1）乙是我父亲的兄弟；

（2）戊是我的岳父；

（3）丙是我女婿的兄弟；

（4）甲是我兄弟的妻子。

那么，你知道那些话分别是谁说的吗？并且各人之间的关系又如何呢？

195. 选修课程

一个寝室有3名大学生，他们每个人都分别选修了6门课程中的4门。总的来说，有两个人选修了数学，两个人选修了语文，两个人选修了英语，两个人选修了物理，两个人选修了化学，两个人选修了历史。

已知：

如果甲选修了数学，那么他也会选修历史；如果他选修了历史，那么他不会选修英语；如果他选修了英语，那么他不会选修语文。

如果乙选修了英语，那么他也会选修语文；如果他选修了语文，那么他不会选修数学；如果他选修了数学，那么他不会选修化学。

如果丙选修了化学，那么他不会选修数学；如果他不选修数学，那么他会选修语文；如果他选修了语文，那么他不会选修英语。

请问，三人分别选修了哪几门课程？

196. 卖肉

一家肉铺卖鸡肉、猪肉和牛肉。这天的生意不错，来了一群顾客。已知：

（1）只买猪肉的人数是只买牛肉的人数的2倍；

（2）只买鸡肉的人数比只买猪肉的人数多3人；

（3）既买了鸡肉又买了猪肉的人数比只买牛肉的人数多1人；

（4）只买牛肉的人数是同时买了猪肉和牛肉的人数的2倍；

（5）有18个人没有买猪肉，14个人没有买鸡肉；

（6）买了猪肉和牛肉，没有买鸡肉的人数，与三样都买的人数一样多；

（7）有5个人买了鸡肉和猪肉，而没有买牛肉。

请问：

1. 有多少人只买了猪肉？

2. 多少人三样都买了？

3. 一共有多少顾客？

4. 多少人只买了两样？

5. 多少人买了鸡肉？

197. 袋子里的货物

　　小明去超市买了7件商品，先后放在一个袋子里。最后放进去的是一盒蛋糕；放完牛奶放的饼干；放完苹果放的果汁；放完薯片放的牛奶；面包和饼干之间有两件商品；薯片和苹果之间也有两件商品；面包后面是蛋糕。

　　请问：7件商品放入袋子的先后顺序是什么？

198. 出差补助

　　一个公司给员工发出差补助比较奇怪，是按照员工出差到达目的地的日期计算补助的。比如，一名员工8号出差去外地，那么他这次出差能够领到的出差补助就为8元。8月份的时候，一名员工出差。他4号星期六到达北京，然后又相继出差4次，即在接下来的四个星期中，每个星期出差一次。到达目的地的具体时间他不记得了，只知道有一次是星期三，一次是星期四，两次是星期五。你能根据这些资料，算出这名员工这个月可能领到多少出差补助吗？

199. 连续自然数

　　有四个连续的自然数相乘等于3024，你能推理出这四个自然数分别是什么吗？

200. 公交路线

某市有两个火车站，分别是东站和西站。两个火车站之间有一条公交线路，每天以相同的时间间隔分别向另一车站发出车次。一天，小明从东站坐车前往西站，他发现路上每隔3分钟就能看到一辆从西站发往东站的公交车。假设每一辆公交车的速度都相同，你知道这条公交路线每隔多长时间会发出一辆车吗？

201. 沙漏计时

现在有一个10分钟的沙漏，还有一个7分钟的沙漏，如何用这两个沙漏计时18分钟？你知道怎么做吗？

202. 奇怪的等式

根据给出图形与等式的关系，填好下面的空白圆圈。你知道该怎么填吗？

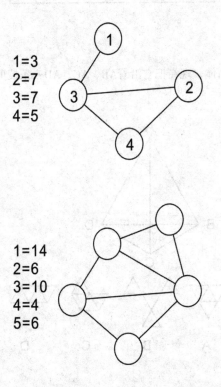

1=3
2=7
3=7
4=5

1=14
2=6
3=10
4=4
5=6

203. 分成六份

把下面图形沿虚线分成六份，要求每份的形状各不相同，而且都要含有A、B、C、D、E、F六个不同的字母。你知道该怎么分吗？

A	B	C	D	A	E
E	F	A	E	C	D
B	A	E	B	D	F
C	E	B	F	B	C
A	D	C	D	F	D
F	A	E	B	C	F

204. 展开图

下图是一个正四面体，现在把它沿着AB、AC、AD三条棱剪开，所得到的展开图是什么样子的？

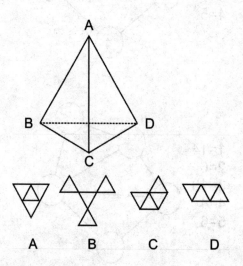

205. 拼正方形（1）

把下面图形切成三份，然后组合在一起拼成一个正方形，你知道怎么切吗？

206. 拼正方形（2）

把下面图形切成若干份，然后组合在一起拼成一个正方形，你知道怎么切吗？

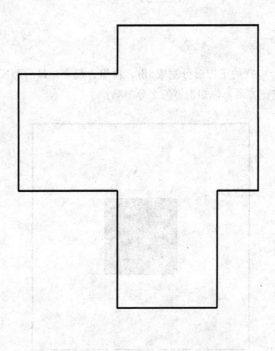

207. 拼正方形（3）

把下面图形4刀切成9份，然后组合在一起拼成一个正方形，你知道怎么切吗？

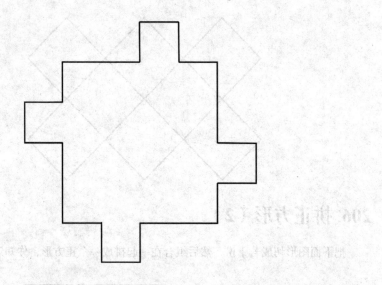

208. 一变二

把下面的这个中空的正方形分割成5份，再组合起来，最后形成两个大小相等、样子相同的小中空正方形。你知道该怎么分割吗？

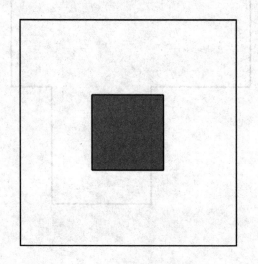

209. 展开图

下面是一个正四面体的展开图，你知道它是四个选项当中哪个四面体展开的吗？

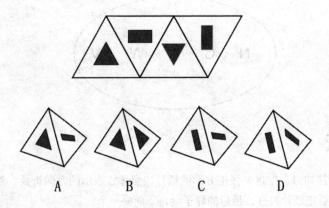

A B C D

210. 多米诺骨牌

下面是一个不规则的网格图，现在要求你用1×2的多米诺骨牌把这些网格覆盖满，你知道怎么覆盖吗？

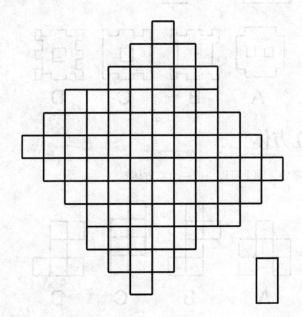

211. 找不同

仔细观察下面圆圈中的5个字母，有一个与其他4个有很大不同，请把它找出来。

212. 剪纸

剪纸大家都知道，先将一张正方形的纸片按照虚线表示的方向折叠，然后剪去相应的部分。然后把纸片打开，最后的样子会是下面哪一个？

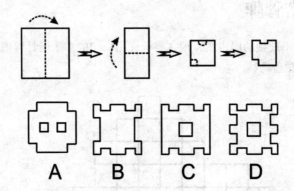

213. 拼成立方体

下面几个图形中，哪个可以拼成一个立方体？

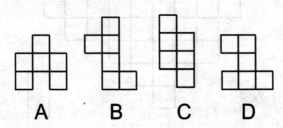

214. 足球

下面是一个标准足球的图形，它是由黑白两种皮子缝制而成的。其中黑色皮子是正五边形，白色皮子是正六边形。已知，一个足球用了12块黑色皮子，那么白色皮子会用多少块？

215. 铺人行道

下图是用来铺人行道的正六边形地砖。按照下图中的要求拼接，下一个图形中白色地砖会用到多少个？

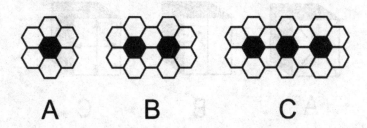

A   B   C

216. 划去字母

下图中一共有36个字母a，现在请你划掉其中的12个，使得剩下的字母a在每行、每列中的数目相同。你知道要划去哪些字母吗？

a	a	a	a	a	a
a	a	a	a	a	a
a	a	a	a	a	a
a	a	a	a	a	a
a	a	a	a	a	a
a	a	a	a	a	a

217. 错误的图形

下面的三个图形是同一个立方体从不同角度看去的样子，其中有一个图形画错了，你知道是哪个吗？

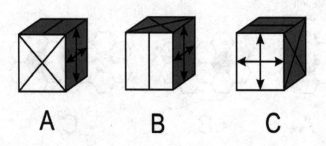

A   B   C

218. 折叠立方体

请观察一下下面的图形，这个展开图可以折叠成哪一个立方体？

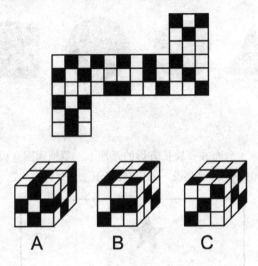

A　　　　B　　　　C

219. 消防设备

下面有9座仓库，为了防火需要在其中的两座仓库里分别放置一套防火设备，这样凡是与该仓库直接相连的仓库也可以就近使用。请问，这两套防火设备需要放在哪里？

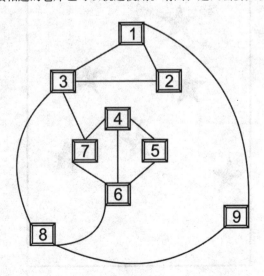

220. 不同的图形

下面有四幅图，其中有一个在对称性上与其他三个有较大区别，请把它找出来。

221. 圈羊

小明家有10只羊，分布在一块长方形的草地上，草地周围有栅栏。现在想增设3块栅栏，可以把这10只羊分隔成5份，每份有2只羊，你知道怎么划分吗？

222. 面积大小

请观察下面的4幅图，每幅图中的灰色部分和白色部分的面积相等吗？

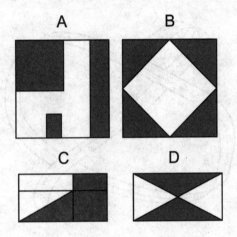

223. 逻辑关系

找出下图如此排列的逻辑关系，写出问号处所代表的字母是什么？

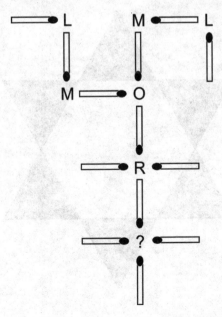

224. 剪纸带

把下面的这个纸带沿着虚线剪开，会成为什么样子，你知道吗？

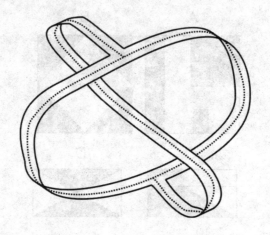

225. 六角形

下图中问号处应该填什么？

226. 取出 "B"

如下图所示，三个字母模型被用细线连在了一起，现在不能剪开线，如何才能把字母 "B" 取下来？

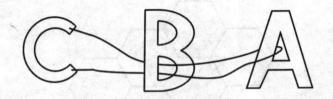

227. 剪纸

剪纸大家都知道，现在按照下图所示的顺序折叠一张正方形的纸片，然后剪掉一部分，请问最后剩下的部分是什么形状的？

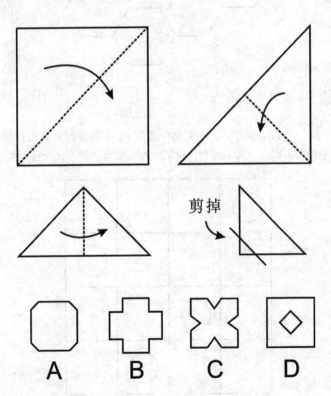

228. 排列数字

请把1~14这14个数字填入到下面的空格中，要求相邻的两个数字不能连续，也不能整除（1除外）。你知道该怎么填吗？

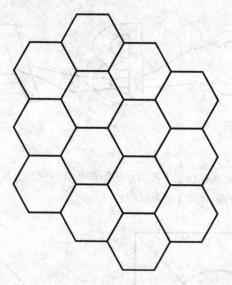

229. 挪球

下面图中是一个4×4的方格，在方格中放有4个小球。现在要求你挪动其中的两个，使得这4个球各不同行、各不同列，也不同在一条对角线上。你知道该怎么挪吗？

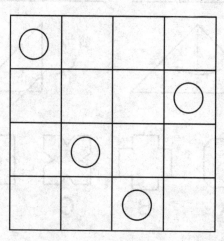

230. 正十二面体

下面是一个正十二面体的图形。现在要求你从其中的一个顶点出发，沿着它的棱，寻找出一条路径，恰好经过所有的顶点一次，最后回到出发点。你能找出这样的路径吗？

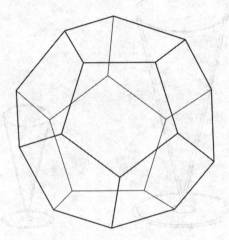

231. 聚会地点

7个好朋友分别住在下图中的7个不同的位置（用圆圈表示，直线为路），他们想找一个离大家都最近的地方聚会。请问该把聚会地点定在哪里？

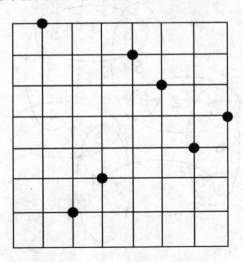

232. 玻璃杯

下面是两只一样的圆锥形玻璃杯，只不过大玻璃杯比小玻璃杯高一倍。请问一大杯饮料可以倒满多少小杯?

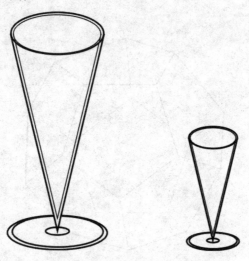

233. 数字圆圈

下面的圆圈中的数字都是有规律的，请找出其中的规律，并确定问号处应该填几?

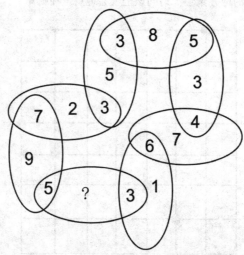

234. 内接正方形

一个直角三角形中，可以做出几种内接正方形？哪个正方形的面积最大？

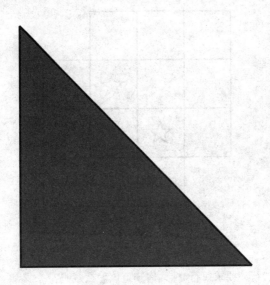

235. 移到一端

在一个U形管中，灌入水丙并入两个乒乓球，现在想把两个乒乓球都移到一端去，又不能接触球或者把球取出来，你知道怎么做吗？

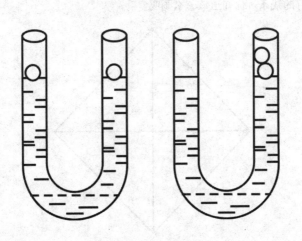

236. 含星星的正方形

数一数下图中含有星星的正方形一共有多少个?

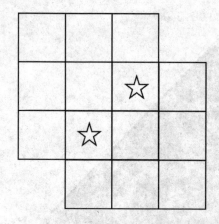

237. 栽树

把12棵树栽成7行，要求每行4棵，你知道该怎么栽吗?

238. 笔不离纸

桌上有一张A4的白纸，请你在笔不离开纸的情况下，把下面这个图形画出来，要求不能重复已有的线条。你知道该怎么画吗?

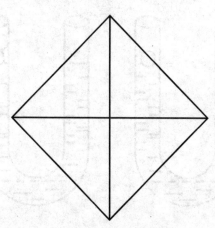

239. 折纸

下面这个图形是由一张纸折叠成的，你知道是如何做到的吗？你也可以亲自试试。

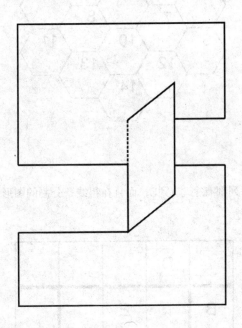

240. 按要求填字母

下面有14个小六边形，请把字母A~N填入到空格中，使其满足下面的要求。

（1）A在F的右下角，且紧挨着F，并在M的左上方；

（2）1中的字母是A、B、C、D、E中的一个；

（3）H在D的右上方，且这两个字母周围没有元音字母；

（4）N与I在垂直线上，N在较高的位置；

（5）7中的字母是K；

（6）9中的字母在字母表中的序号比4中字母的序号少2；

（7）14中是元音字母，在字母表中，它排在5中的字母前面；

（8）G与L相邻，且L更靠右边。

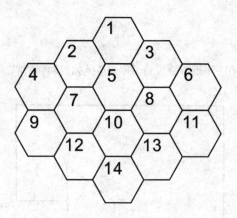

241. 填空

下图中，每行每列都有字母A到E，而且在粗线条分割的图形中，也要有字母A到E。你知道怎么填吗？

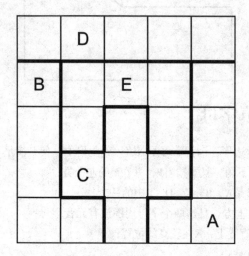

242. 路径

从开始处到结束处连出一条路径，路径只能沿着横向或者纵向前进，而且每一行每一列中路径经过的格数已经在旁边标明了。你能根据这些数字找出这条完整的路径吗？

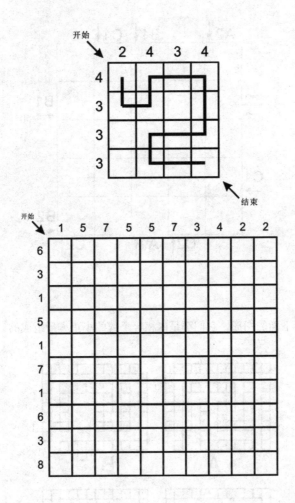

243. 填字母

填下面的表格，使每行每列都包含字母A、B、C及两个空格。表格外的字母和数字代表该行或者该列某个字母的位置。例如左上角的A2↓代表这一列从上往下数第2个字母是A。根据这些提示信息，你能把这个格子填满吗？

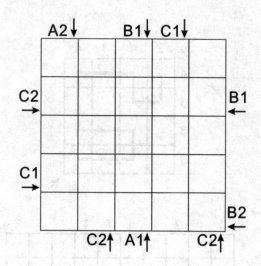

244. 周长

请仔细观察下面的图形，它们都是由相等个数的小正方形组成的，请问周长最长的图形是哪个?

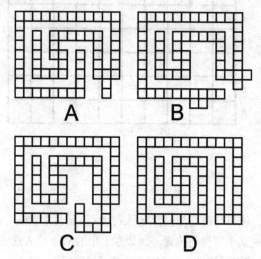

A

B

C

D

245. 栽树（1）

把27棵树栽成9行，每行有6棵，且要使其中的3棵树单独栽在三个远离其他树木的地方。你知道该怎么栽吗？

246. 栽树（2）

把27棵树栽成9行，每行有6棵，而且要保证这些树构成三个小树林，你知道该怎么栽吗？

247. 叠纸片

仔细观察下面的图形，最少需要多少张纸片叠在一起才能构成这个样子？

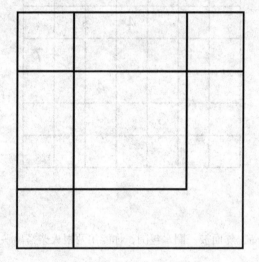

248. 找圆心

下面有一个圆，以及一块比这个圆大一些的正方形纸板，你能用最简单的办法找出这个圆的圆心吗？

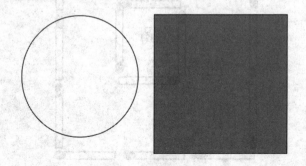

249. 填数字

请在下面的空格中填入1~7七个数字，使得每行每列中都含有1~7七个数字，且标有不等号的两个格子里的数字符合其不等关系。你知道怎么填吗？

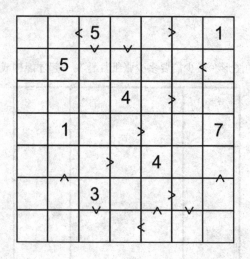

250. 搭桥

下面是一座小岛，外面被一圈水包围，你能用两根火柴搭出一座小桥，使小岛与外界相连吗？

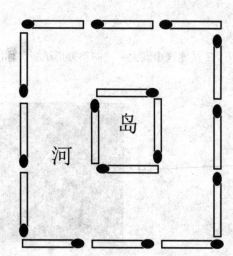

251. 没有正方形

下图中有很多正方形，请问你至少需要拿走多少根火柴，才能让图中没有正方形呢？

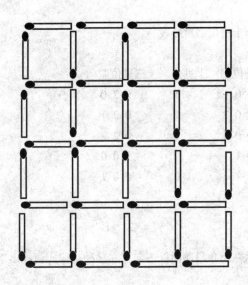

252. 中尉身上的密码

事情发生在20世纪70年代。Q国的一艘巡洋舰"马格德堡"号在波罗的海触礁沉没。G国得到情报后，立刻派出潜艇前去搜索。从这只沉船中，G国的潜水员打捞出许多死难者的尸体，其中的一具，从军装上可以辨认出是一个中尉。这具尸体的胸前放着一只装有绝密文件的铅盒子。

打开铅盒子，发现3个密码本——一本是Q国海军用的战略密码；一本是Q国海军用的战术密码；一本是Q国的商用密码。这一发现使G国欣喜若狂。于是，他们立即组织了一个由G国海军情报局局长雷金纳德·霍尔少将主持的、直属于海军总部的密码分析机构，代号为"04邮局"。这个密码分析机构集中了数十名称得上权威的语言学家、数学家和电脑技术专家。经过几个月的紧张工作，终于把大部分密码破译出来了。

依靠这3个密码本，G国源源不断地截获了许多宝贵的情报，其中包括Q国在各大洋上舰队的战斗序列、火力分布以及Q国派遣在世界各地的间谍的活动。而对于这一切，Q国还一直蒙在鼓里，他们还在继续使用这些密码。

下面是G国截获的一组密码："101 100 102 210 001 112"。这是Q国派驻在E国的间谍拍发给本国情报总部的一份情报。这份情报的内容是以下三者之一："盼归"、"寄款"、"买书"。特别有趣的是，这组密码运用了汉语拼音的规律，而且这组密码运用的是三进位制。

请问这组密码是什么意思？并请说明理由。

附：三进位制与十进位制对照表

十进位制	三进位制	十进位制	三进位制
1	0 0 1	6	0 2 0
2	0 0 2	7	0 2 1
3	0 0 3	8	0 2 2
4	0 1 1	9	1 0 0
5	0 1 2	1 0	1 0 1

253. 找规律

下图中的数字从左上角沿顺时针方向存在某种规律，请找出来，并确定问号处应该填几。

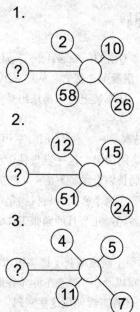

1.

2.

3.

254. 接铁链

有6条长短不一的铁链，现在想把它们连在一起，组成一个29环的长链。请问最少需要切开几个铁环？

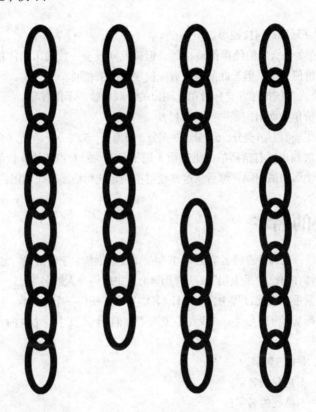

255. 圈出的款额

两位女士和两位男士走进一家自助餐厅，每人从机器上取下一张如下图所示的标价单。

50，95

45，90

40，85

35，80

30，75

25，70

20，65

15，60

10，55

（1）4个人要的是同样的食品，因此他们的标价单被圈出了同样的款额（以美分为单位）。

（2）每人都只带有4枚硬币。

（3）两位女士所带的硬币价值相等，但彼此间没有一枚硬币面值相同；两位男士所带的硬币价值相等，但彼此间也没有一枚硬币面值相同。

（4）每个人都能按照各自标价单上圈出的款额付款，不用找零。

在每张标价单中圈出的是哪一个数目？

注： "硬币"可以是1美分、5美分、10美分、25美分、50美分或1美元（合100美分）。

提示：设法找出所有这样的两组硬币（硬币组对）：每组四枚，价值相等，但彼此间没有一枚硬币面值相同。然后从这些组对中判定能付清账目而不用找零的款额。

256. 手心的名字

春游的时候，老师带着四名学生A、B、C、D一起做猜名字的游戏。游戏很简单：

首先，老师在自己的手上用圆珠笔写了4个人中的一个人的名字。

然后他握紧手，在此过程中，不要让4名学生中的任何一个人看到。

最后，老师对他们4人说： "我在手上写了你们4个人其中一个人的名字，猜猜我写了谁的名字？"

A回答说：是C的名字；

B回答说：不是我的名字；

C回答说：不是我的名字；

D回答说：是A的名字。

4名学生猜完之后，老师说： "你们4人中只有一个人猜对了，其他3个人都猜错了。"

4人听了以后，都很快猜出老师手中写的是谁的名字了。

你知道老师手中写的是谁的名字吗？

257. 合租的三家人

有3户人家合租了一个复式别墅。这3户人家都是三口之家：丈夫、妻子和孩子。

他们的名字已在下表中列出来了：

丈夫	老张、老王、老李
妻子	丁香、李平、杜丽
孩子	美美（女）、丹丹（女）、壮壮（男）

现在只知道老张和李平家的孩子都参加了学校的女子篮球队训练；老王的女儿不叫丹丹；老李和杜丽不是一家的。

你能根据上面的条件说出每家分别是哪3个人吗？

258. 每个人的课程

一个大学生宿舍住了5个人，这5个人要按照学校的规定去上课。学校对音乐、体育和美术课有下面的规定：每个人每周三门课最少要各上1个小时，但最多不能超过5个小时。等5个人选完课时，发现没有任何两个人选的课的课时总数是相同的，并且就连每种课的课时大家也是各不相同。惊讶之余：

甲说：我的音乐课每周2个小时，三门课总课时数我排第三；

乙说：我的体育课时最多，一周有5个小时，丙有3个小时的体育课，不过他的音乐和美术课时更多。

丁说：我的音乐课和美术课的课时要比戊的音乐课和美术课时都多。

问题：每个人分别各选了几个课时的哪门课？

259. 首饰的价值

小李有A、B、C、D、E五件首饰，其价值各不相同。已知：

A的价值是B的两倍；

B的价值是C的四倍；

C的价值是D的一半；

D的价值是E的一半。

请问：这5件首饰的价值由大到小是怎么排列的？

260. 谁的工资最高

小王、小李、小赵、小刘四个人同时进入公司，由于公司实行"信封式"工资发放方式，谁都不知道别人的工资是多少。小王心里痒痒就问人事经理每个人工资是多少。人事经理说："我不能告诉你。但是我能告诉你下面三句话：小王、小李工资和大于小赵、小刘工资和；小王、小赵工资和大于小李、小刘工资和；但是小赵、小李工资和小于、小王、小刘工资和。"

你能帮小王分析一下，谁的工资最高吗？

261. 血亲

这天，一位朋友拿着一幅照片来考阿凡提："这幅照片是我和我的亲人、朋友合拍的。我的祖母生了两个孩子，而这两个孩子亦各自生了两个孩子；至于外婆，同样有两个孩子，而孩子又各自有两个孩子，那么，阿凡提，请你猜猜看，我共有多少个表兄妹呢？"

阿凡提考虑了一会儿，就递给朋友一张经纬分明的血亲表。

聪明的朋友，请你想一下，这位朋友共有几位表兄妹呢？

262. 谁是犯人

今天，法院开庭审理一个诈骗案，有3个犯罪嫌疑人被起诉，小明因为工作原因没有去看审理过程，不过他的四个同事都去了。小明只知道3个犯罪嫌疑人分别是亚洲人、非洲人和美洲人，并且只有一个人是真正的犯人。等4个同事回来时，小明问他们结果怎么样。

甲说："罪犯不是亚洲人，也不是非洲人。"

乙说："罪犯不是亚洲人，是美洲人。"

丙说："罪犯不是美洲人，而是亚洲人。"

丁说："他们三人中，有一个人的两个判断都对，另一个人的两个判断都错，还有一个人的判断是一对一错。"那么这个罪犯到底是谁？

263. 汽车的牌子

罗伯特、欧文、叶赛宁都新买了汽车，汽车的牌子是奔驰、本田、皇冠。他们一起来到朋友汤姆家里，让汤姆猜猜他们三人各买的是什么牌子的车。汤姆猜道："罗伯特买的是奔驰车，叶赛宁买的肯定不是皇冠车，欧文自然不会是奔驰车。"很可惜，汤姆的这种猜法，只猜对了一个。据此可以推知（　　）

A. 罗伯特买的是本田车，欧文买的是奔驰车，叶赛宁买的是皇冠车。

B. 罗伯特买的是奔驰车，欧文买的是皇冠车，叶赛宁买的是本田车。

C. 罗伯特买的是奔驰车，欧文买的是本田车，叶赛宁买的是皇冠车。

D. 罗伯特买的是皇冠车，欧文买的是奔驰车，叶赛宁买的是本田车。

264. 消失的扑克牌

计算机课上，老师说："今天我给你们做一个测验，你们打开电脑桌面上的附件，背景上浮现出大卫·科波菲尔的脸。然后，出现了6张扑克牌，都是不同花色的J到K，每张都不一样。然后——你在心里默想其中的一张。不要用鼠标点中它，只是在心里默想。看着我的眼睛，默想你的卡片。默想你的卡片，然后击空格键。"

我选了红桃Q，一切都是按步骤来的，最后，我轻轻一击空格键，画面哗地一变，原来的6张牌不见了，然后出现了一行字：看！我取走了你想的那张卡片！我急忙去看，天哪！扑克牌只剩下5张，红桃Q不见了！真的不见了！

大吃一惊的我，马上再来一遍，这次选了黑桃K，几个步骤下来，黑桃K又不见了！

百思不得其解，其他的同学看来也同样惊讶，看来他们也被这神奇的魔术震慑住了。这时，老师说："你们是不是觉得很神奇呢？其实答案很简单。"他说出了谜底。他的回答令我再次失声惊呼：竟然是这样简单！

你知道这个魔术是怎么变的吗？

265. 谁是罪犯

某仓库被窃。经过侦破，查明作案的人是甲、乙、丙、丁4个人中的一个人。审讯中，4个人的口供如下：

甲："仓库被窃的那一天，我在别的城市，因此我是不可能作案的。"

乙："丁就是罪犯。"

丙："乙是盗窃仓库的罪犯，因为我亲眼看见他那一天进过仓库。"

丁："乙是有意陷害我。"

问题1：现假定这4个人的口供中，只有一个人讲的是真话。那么（　　）

A. 甲是盗窃仓库的罪犯

B. 乙是盗窃仓库的罪犯

C. 丙是盗窃仓库的罪犯

D. 丁是盗窃仓库的罪犯

E. 甲、乙、丙、丁都不是盗窃仓库的罪犯

问题2：现假定这四个人的口供中，只有一个人讲的是假话。那么（　　）

A. 甲是盗窃仓库的罪犯

B. 乙是盗窃仓库的罪犯

C. 丙是盗窃仓库的罪犯

D. 丁是盗窃仓库的罪犯

E. 甲、乙、丙、丁都不是盗窃仓库的罪犯

266. 谁是盗窃犯

有个法院开庭审理一起盗窃案件，某地的A、B、C三人被押上法庭。负责审理这个案件的法官是这样想的：肯提供真实情况的不可能是盗窃犯；与此相反，真正的盗窃犯为了掩盖罪行，是一定会编造口供的。因此，他得出了这样的结论：说真话的肯定不是盗窃犯，说假话的肯定就是盗窃犯。审判的结果也证明了法官的这个想法是正确的。

审问开始了。

法官先问A："你是怎样进行盗窃的?从实招来！"A回答了法官的问题："叽里咕噜，叽里咕噜……"A讲的是某地的方言，法官根本听不懂他讲的是什么意思。

法官又问B和C："刚才A是怎样回答我的提问的?叽里咕噜，叽里咕噜，是什么意思?"

B说："禀告法官老爷，A的意思是说，他不是盗窃犯。"

C说："禀告法官老爷，A刚才已经招供了，他承认自己就是盗窃犯。"

B和C说的话法官是能听懂的。听了B和C的话之后，这位法官马上断定：B无罪，C是盗窃犯。

请问：这位聪明的法官为什么能根据B和C的回答，做出这样的判断?A是不是盗窃犯?

267. 女朋友

3个男生、3个女生一起出去玩儿，回来之后3个男生——汤姆、托尼、罗斯对他们的好朋友李雷说："这次收获真大，我们凑成了3对。"李雷也认识那3个女生——蕾切尔、莉莉和莫妮卡，他就说："那我猜猜。汤姆的女朋友是蕾切尔，托尼肯定找

的不是莉莉，罗斯自然不是蕾切尔的男朋友了。"很可惜，李雷只说对了一个。由此可以知道（　）

A. 汤姆的女朋友是蕾切尔，罗斯的女朋友是莉莉，托尼的女朋友是莫妮卡。

B. 汤姆的女朋友是蕾切尔，罗斯的女朋友是莫妮卡，托尼的女朋友是莉莉。

C. 汤姆的女朋友是莫妮卡，罗斯的女朋友是蕾切尔，托尼的女朋友是莉莉。

D. 汤姆的女朋友是莉莉，罗斯的女朋友是蕾切尔，托尼的女朋友是莫妮卡。

268. 自杀还是谋杀

麦当娜死了，因为溺水死亡，警察抓到了3名嫌疑人甲、乙和丙，警探对他们进行了讯问。

（1）甲说：如果这是谋杀，那肯定是乙干的；

（2）乙说：如果这是谋杀，那可不是我干的；

（3）丙说：如果这不是谋杀，那就是自杀；

警探如实地说：如果这些人中只有一个人说谎，那么麦当娜是自杀。

麦当娜是死于意外事故，还是自杀，甚至是谋杀？

提示：在分别假定陈述（1）、陈述（2）和陈述（3）为谎言的情况下，推断麦当娜的死亡原因；然后判定这些陈述中有几条能同时为谎言。

269. 女子比赛结果

全国运动会举行女子5000米比赛，辽宁、山东、河北各派了3名运动员参加。比赛前，4名体育爱好者在一起预测比赛结果。甲说："辽宁队训练就是有一套，这次的前三名非她们莫属。"乙说："今年与去年可不同了，金银铜牌辽宁队顶多拿一块。"丙说："据我估计，山东队或者河北队会拿牌的。"丁说："第一名如果不是辽宁队，就是山东队了。"比赛结束后，发现4个人只有一人言中。

以下哪项最可能是该项比赛的结果？（　）

A. 第一名辽宁队，第二名辽宁队，第三名辽宁队

B. 第一名辽宁队，第二名河北队，第三名山东队

C. 第一名山东队，第二名辽宁队，第三名河北队

D. 第一名河北队，第二名辽宁队，第三名辽宁队

270. 篮球比赛

学校篮球联赛中，有4个班级在同一组进行单循环赛，成绩排在最后的一个班级被淘汰。如果排在最后的几个班的负场数相等，则他们之间再进行附加赛。初一（1）班在单循环赛中至少能胜一场，这个班是否可以确保在附加赛之前不被淘汰？是否一定能出线？为什么？请写出解题步骤，并简单说明。

271. 怀疑丈夫

赵丽丽、李师师、王美美和孙香香这4位女士去参加一次聚会。

（1）晚上8点，赵丽丽和她的丈夫已经到达，这时参加聚会的人数不到100人，正好分成5人一组进行交谈；

（2）到晚上9点，由于8点后只来了李师师和她的丈夫，人们已改为4人一组在进行交谈；

（3）到晚上10点，由于9点后只来了王美美和她的丈夫，人们已改为3人一组在进行交谈；

（4）到晚上11点，由于10点后只来了孙香香和她的丈夫，人们已改为两人一组在进行交谈；

（5）上述4位女士中的一位，对自己丈夫的忠诚有所怀疑，本来打算先让她丈夫单独一人前来，而她自己则过一个小时再到。但是她后来放弃了这个打算；

（6）如果那位对丈夫的忠诚有所怀疑的女士按本来的打算行事，那么当她丈夫已到而自己还未到时，参加聚会的人们就无法分成人数相等的各个小组进行交谈。这4位女士中哪一位对自己丈夫的忠诚有所怀疑？

272. 三项全能

校运动会上，老师统计了班上四个人的成绩。

（1）有优秀、良好、及格三个等级的评分。

（2）有一人三项比赛的成绩都是优秀。

（3）有一人某项比赛的成绩是优秀，某项比赛的成绩是良好，某项比赛的成绩是及格。

（4）有两人两项相同比赛的成绩都是优秀。

（5）跳远成绩中没有良好。

（6）长江和雷雷的跳远成绩相同。

（7）一婧的跳高成绩和雷雷的铅球成绩相同。

（8）宇华成绩中有一项是及格。

（9）长江的铅球成绩和宇华的跳高成绩相同。

请列出四人的成绩表。

273. 谁买的礼物

教师节到了，6位同学约好一起去看老师，他们拿了一大束花作为礼物，老师看了之后，感动之余责怪他们花钱太多了，要把钱给他们，就问是谁花钱买的。6个人说的话如下：

老大：是老六买的；

老二：老大说得对；

老三：反正老大、老二和我都没去买；

老四：反正不是我；

老五：是老大买的，所以不是老二或老三；

老六：你们都别争了，是我买的，不是老二。老师，我还欠您的钱，您就别还我了。

6个人不想让老师知道是谁买的，就都说了谎话，那么你知道是谁买的吗？（不一定是一个人）

274. 找出死者和凶手

甲的妹妹是丙和戊；他女友是己。己的哥哥是乙和丁。

他们的职业分别是：

甲：医生

乙：医生

丙：医生

丁：律师

戊：律师

己：律师

这6人本来是一家人，但却突然发生了冲突，其中的一人杀了其余5人中的一人。

警察经过询问得到以下6条口供：

（1）如果凶手与受害者有亲缘关系，则凶手是男性；

（2）如果凶手与受害者没有亲缘关系，则凶手是个医生；

（3）如果凶手与受害者职业相同，则受害者是男性；

（4）如果凶手与受害者职业不同，则受害者是女性；

（5）如果凶手与受害者性别相同，则凶手是个律师；

（6）如果凶手与受害者性别不同，则受害者是个医生。

经过核实，这6条口供中，只有3条是真实的。

你能推断出谁是凶手，谁是死者吗？

提示：根据陈述中的假设与结论，判定哪3个陈述组合在一起不会产生矛盾。

275. 担任什么职务

甲、乙、丙3人是同班同学，其中一个是班长，一个是学习委员，一个是体育委员。现在可以知道丙比体育委员年龄大，学习委员比乙年龄小，甲和学习委员不同岁。你知道他们3个人，分别担任什么职务吗？

276. 猜年龄

张大妈问3位青年工人的年龄，得到如下回答：

小刘说："我22岁，比小陈小两岁，比小李大1岁。"

小陈说："我不是年龄最小的，小李和我相差3岁，小李是25岁。"

小李说："我比小刘年龄小，小刘23岁，小陈比小刘大3岁。"

这3位青年工人爱开玩笑，在他们每人说的三句话中，都有一句是假的，请帮助张大妈分析他们3人的年龄。

277. 住在哪里

一位女士在伦敦机场，看见五位先生正在候机室里聊天，他们身旁各放着自己的手提箱。一只箱子上面写着法国巴黎的地址，另一只上面标的是印度新德里，其余3只箱子上面的地名分别为美国的芝加哥、纽约和巴西的巴西利亚。她开始不知道他们各住何处，听了下面的对话才明白。

A先生："我外出旅行频繁，到过北美洲多次，可未去过南美洲，下个月打算去巴黎。"

B先生："到时我从南美洲动身与你在那儿会面，去年我到芝加哥旅行了一趟。"

C先生："去年我到过美国芝加哥。"

D先生："我从未到过那儿，从护照上看你们四位都来自不同的国家。"

E先生："是啊，我们住在四大洲的5个地方。"

你知道他们每一个人住在哪里吗？

278. 谁吃了苹果

小明、小红、小黄、小丽、小婷、小刘6个人在一个办公室，桌子上放了个苹果，但是不知道被谁吃了，据3位目击者描述：

第一位：不是小明吃的，就是小红吃的。

第二位：吃苹果的人可能是小黄或者小丽。

第三位：小丽、小婷、小刘3个人绝对没吃。

经理笑着说：他们3个目击者只有一个人说了真话。那么谁吃了苹果呢？（　　）

A. 小明

B. 小红

C. 小黄

D. 小丽

279. 聪明的俘虏

在一个集中营里，关了11个俘虏，有一天，集中营的负责人说："现在集中营里人满为患，我们想释放一名俘虏。我会把你们捆在广场的柱子上，在你们头上系上一条丝巾，如果你们谁能知道自己脑袋上系的是什么颜色的丝巾，我就释放了他。如果你们谁也不知道自己脑袋上的丝巾是什么颜色的，我就让你们都在广场上饿死。"11名俘虏被蒙上眼睛带到广场上，当扯掉他们眼上的黑布时，他们发现：有一个人被捆在正中央，还被蒙着眼，其他10个人围成一个圈，由于中间那个人的阻挡，每个人只能看到另外9个人，而这9个人有的人戴的是红丝巾，有的人戴的是蓝丝巾。集中营那个负责人说："我可以告诉你们，一共有6个人戴红丝巾，5个人戴蓝丝巾。"这些人还是大眼瞪小眼，没有人敢说自己头上的是什么颜色的丝巾。那个负责人说："如果你们还说不出来的话，我就把你们都饿死。"这时，中间那个一直被蒙着眼的人说："我猜到了。"

问：中央那个被蒙住眼的俘虏戴的是什么颜色的丝巾？他是怎么猜到的？

280. 玻璃球游戏

几个男孩在一起玩玻璃球。每个人要先从盒子里拿12个玻璃球。盒子中绿色的玻璃球比蓝色的少，而蓝色的玻璃球又比红色的少。因此，每个人红的要拿得最多，绿的要拿得最少，并且每种颜色的玻璃球都要拿。小明先拿了12个玻璃球，其他的男孩子也都照着做。盒子中只有三种颜色的玻璃球，且数量也刚好够大家拿。

几个男孩子最后把球看了一下，发现拿法全都不一样，而且只有小强有4个蓝色球。

小明对小刚说："我的红球比你的多。"

小刚突然说："咦，我发现我们三个人的绿色球一样多啊！"

"嗯，是啊！"小华附和说，"咦，我怎么掉了一个球！"说着把脚边的一个绿球捡了起来。

几个男孩手里总共有26颗红色的玻璃球。请问这里有多少个男孩？各种颜色的球各有多少个？

281. 猜职业

一次聚会上，你遇到了甲、乙和丙3个人，你想知道他们3人分别是干什么的，但3人只提供了以下信息：3人中一位是律师、一位是推销员、一位是医生；丙比医生年龄大，甲和推销员不同岁，推销员比乙年龄小。根据上述信息可以推出的结论是（　　）

    A. 甲是律师，乙是推销员，丙是医生

    B. 甲是推销员，乙是医生，丙是律师

    C. 甲是医生，乙是律师，丙是推销员

    D. 甲是医生，乙是推销员，丙是律师

282. 逻辑比赛

电视台举行逻辑能力大赛，有5个小组进入了决赛（每组有两名成员）。决赛时，进行4项比赛，每项比赛各组分别出一名成员参赛，第一项比赛的参赛者是吴、孙、赵、李、王，第二项比赛的参赛者的是郑、孙、吴、李、周，第三项比赛的参赛者是赵、张、吴、钱、郑，第四项比赛的参赛者是周、吴、孙、张、王，另外，刘某因故四项均未参赛。

请问：谁和谁是同一个小组的？

283. 拆炸弹

犯罪分子在一栋大厦中安装了一枚定时炸弹，幸好被警察及时发现，派来了拆弹专家来拆除炸弹。这个炸弹很特别，上面有一排6个按钮，只有按A、B、C、D、E、F的顺序按下这些按钮才能拆除炸弹。但是不知道哪个按钮代表A、B、C、D、E、F。

拆弹专家通过检查得出以下信息："A在B的左边；B是C右边的第三个；C在D的右边；D紧靠着E；E和A中间隔一个按钮。"

通过这些信息，你能帮他找出每个按钮的位置吗?

284. 逻辑顺序

下面一排遮住的图形与上面一排顺序不同，但遵循如下规则：

十字形和圆都不和六边形相邻。

十字形和圆都不和三角形相邻。

圆和六边形都不和正方形相邻。

正方形的右边是三角形。

你能找出它们的顺序吗?

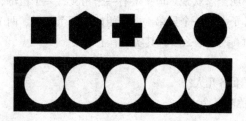

285. 男孩吃苹果

4只男孩手中拿着苹果，每个男孩的苹果的数量各不相同，在4个到7个之间。然后，4只男孩都吃掉了1个或2个苹果，结果剩下的苹果数量还是各不相同。

4只男孩吃过苹果以后，说了如下的话。其中，吃了2个苹果的男孩说了谎话，吃了1个苹果的男孩说了实话。

男孩甲："我吃过绿色的苹果。"

男孩乙："男孩甲现在手里有4个苹果。"

男孩丙："我和男孩丁共吃了3个苹果。"

男孩丁："男孩乙吃了2个苹果，男孩丙现在拿着的苹果数量不是3个。"

请问最初每个男孩有几个苹果，吃了几个，剩下了几个呢？

286. 买酒之谜

有4个不同专业的同学住在一个宿舍中。这天他们一起逛街，各自买了一瓶酒。现在知道：甲是学文秘的；学管理的买了一瓶白酒；学建筑的床铺在乙的右边；乙的床铺在甲的右边；丙买了瓶葡萄酒；丁的床铺在学医学的左面；买葡萄酒的床铺在买啤酒的右面。那么，你知道是谁买了果酒吗？

287. 都是做什么的

孙鹏、程菲（女）、刘国梁和张宁（女）4人围成一桌在聊天，他们都是运动员。孙鹏坐在体操运动员对面，羽毛球运动员在程菲右边，刘国梁在张宁对面，乒乓球运动员在网球运动员右边，刘国梁右边是女的。问：这4人分别是什么运动员？

288. 团圆的中秋节

中秋节之夜，小明全家欢聚。饭桌上有一个祖父、一个祖母、两个父亲、两个母亲、4个子女、3个孙子女、一个兄弟、两个姐妹、两个儿子、两个女儿、一个公公、一个婆婆和一个媳妇。说了这么多，其实只有七个人。

请问：

（1）7人中男、女各几人？

（2）小明如何称呼其余六人？

289. 录取研究生

下面是甲、乙、丙三位面试老师关于录取研究生的意见。

甲：如果不录取小方，那么不录取小王；

乙：如果不录取小王，那么录取小方；

丙：如果录取小方，那么不录取小王。

应该选择何种录取方案，使甲、乙、丙三位面试老师的要求同时得到满足呢？（　　）

A. 只录取小王

B. 只录取小方

C. 小王、小方都录取

D. 小王、小方都不录取

290. 谁是冠军

田径场上正在进行100米决赛。参加决赛的是A、B、C、D、E、F六个人。小李、小张、小王对谁会取得冠军谈了自己的看法：小张认为，冠军不是A就是B；小王坚信，冠军绝不是C；小李则认为，D、F都不可能取得冠军。比赛结束后，人们发现3个人中只有一个人的看法是正确的。

问：谁是100米决赛的冠军？（　　）

A. 冠军是A

B. 冠军是B

C. 冠军是C

D. 冠军是E

291. 扑克牌

桌上放着红桃、黑桃和梅花三种牌，共20张。

（1）桌上至少有一种花色的牌少于6张；

（2）桌上至少有一种花色的牌多于6张；

（3）桌上任意两种牌的总数将不超过19张。

上述论述中正确的是（　　）

A.（1）、（2）

B.（1）、（3）

C.（2）、（3）

D.（1）、（2）和（3）

292. 辨认图片

中国有三山五岳，其中五岳指：东岳泰山，南岳衡山，西岳华山，北岳恒山，中岳嵩山。小明拿出五岳的图片，标上数字1～5，让甲、乙、丙、丁、戊五人来辨认。

甲说：2号是泰山，3号是华山；

乙说：4号是衡山，2号是嵩山；

丙说：1号是衡山，5号是恒山；

推理游戏

丁说：4号是恒山，3号是嵩山；

戊说：2号是华山，5号是泰山。

核对后，发现每个人都只说对了一个，那么正确的结果是怎样的？

293. 六个兄弟

一家中有6个兄弟，他们的排行从上到下分别是老大、老二、老三、老四、老五和老六，每个人都和与他年龄最近的人关系不好。例如，老三与老二、老四关系不好。他们围着一张圆形的桌子吃饭，他们一定不会和自己关系不好的人相邻而坐。现在又出了点儿事情，老三和老五因为一点儿小事吵了起来，这回排座位就更难了。你能帮助他们排一下座位吗？

294. 谋杀案

某餐馆发生一起谋杀案，经调查：

第一，谋杀或者用的是叉，或者用的是刀，二者必居其一。

第二，谋杀时间或者在午夜12点，或者在凌晨4点。

第三，谋杀者或者是甲，或者是乙，二者必居其一。

如果以上断定是真的，那么以下哪项也一定是真的?（　　）

（1）死者不是甲用叉在午夜12点谋杀的，因此，死者是乙用刀子在凌晨4点谋杀的。

（2）死者是甲用叉在凌晨4点谋杀的，因此，死者不是乙用叉在凌晨4点谋杀的。

（3）谋杀的时间是午夜12点，但不是甲用叉子谋杀的，因此，一定是乙用刀子谋杀的。

A. 仅（1）

B. 仅（2）

C. 仅（3）

D.（1）（2）（3）

E.（2）和（3）

295. 拿错了书

4个小学生经常一起写作业，一天晚上，他们写完作业突然停电了，4个人无法分清书是谁的，于是每个人分别拿了一本数学书和一本语文书就回家了。第二天他们才发现原来大家都拿错了。

甲拿走了一个家伙的数学书，而那个家伙的语文书又被乙拿走了；

乙的数学书是被另一个人拿走的，而那个人又拿走了甲的语文书；

丙把丁的语文书拿走了。

试问，甲和乙拿走了谁的数学书和语文书？

296. 公寓的房客

一幢三层的公寓刚刚落成，每层只有一套房间。沃伦夫妇最先搬进来，住进了顶层。莫顿夫妇和刘易斯夫妇则根据抽签的结果，分别住进了下面两层。莫顿夫妇对公寓环境和邻居都非常满意。整幢楼里唯一有点儿意见的是珀西，他希望住在他家楼上的那对夫妇不要每天早上就开始大声放音乐，这会影响他的睡眠。除此之外，这3家邻居之间的关系都很融洽。罗杰每天早上下楼路过吉姆家时，总要进去坐一会儿，然后两个人一起去上班。到了11点，凯瑟琳总要上楼去和刘易斯夫人一起喝茶。丢三落四的诺玛觉得住这种公寓非常方便，因为每当她忘了从商店买回什么东西的话，她可以下楼向多丽丝去借。

这3对夫妇分别叫什么名字？姓什么？住哪一层？

297. 分别在哪个科室

在一所医院里，甲、乙、丙3位医生分别负责内科、外科、骨科、皮肤科、泌尿科和妇产科。每位医生兼任两个科室的工作。骨科医生和内科医生住在一起，甲医生是3位医生中最年轻的，内科医生和丙医生经常一起下棋，外科医生比皮肤科医生年长，比乙医生又年轻。3人中最年长的医生的家比其他两位医生远。

请问，哪位医生分别在哪个科室？

298. 老朋友聚会

甲、乙、丙、丁4个人上大学的时候在一个宿舍住，毕业10年后他们又约好回母校相聚。老朋友相见分外热情和热闹。4个人聊起来，知道了这么一些情况：只有三个人有自己的车；只有两个人有自己喜欢的工作；只有一个人有了自己的别墅；每个人至少具备一样条件；甲和乙对自己的工作条件感觉一样；乙和丙的车是同一牌子的；丙和丁中只有一个人有车。如果有一个人3种条件都具备，那么，你知道他是谁吗？

299. 留学生

勺园住进了4名留学生，他们的国籍各不相同。分别来自英、法、德、美四个国家。而且他们入学前的职业也各不相同，现已知德国人是医生，美国人年龄最小且是警察，C比德国人年纪大，B是法官且与英国人是好朋友，D从未学过医。

由此可知C是哪国人？

300. 谁击中的

一次，国际刑警组织派了A、B、C、D、E、F、G、H8个杀手去刺杀一位恐怖组织的领导人物。这8个杀手都开了枪，恐怖组织的领导人被其中一个人的子弹击中，但是不知道是谁击中的，下面是他们的谈话：

A："要么是H击中的，要么是F击中的。"

B："如果这颗子弹正好击中那个人的头部，那么就是我击中的。"

C："我可以断定是G击中的。"

D："即使这颗子弹正好击中那个人的头部，也不可能是B击中的。"

E："A猜错了。"

F："不会是我击中的，也不是H击中的。"

G："不是C击中的。"

H："A没有猜错。"

事实上，8个杀手中有3人猜对了。

你知道谁击中了恐怖组织的领导人吗？

假如有5个人猜对，那么又是谁击中的呢？

301. 谁的狗

有四个孩子，他们分别叫黄黄、花花、黑黑和白白。他们每个人都养了一条狗，狗的名字也叫黄黄、花花、黑黑和白白。当然一个人决不能与他的狗叫同一个名字，例如，叫花花的狗决不会是花花的。

（1）我们还知道花花的狗并不和那只叫花花的狗的主人叫同一个名字；

（2）黄黄的狗并不和叫黑黑的狗的主人叫同一个名字；

（3）黑黑的狗并不和白白的狗的主人叫同一个名字；

（4）白白的狗也不叫花花。

谁能说清楚哪条狗是属于哪个孩子的?

302. 体育项目

3个朋友去郊区参加运动,教练让他们抽运动项目,3人抽完之后,教练不让他们看到每个人抽了什么项目,就自己拿过来看了后说:"在骑马、踢球、打枪三个项目中,你们每人抽到一项,你们能猜到自己抽到的是什么项目吗?"

甲想了想说:"我抽到的是骑马。"

乙说:"丙抽到的肯定不是踢球。"

丙说:"我抽到的不是打枪。"

教练说:"你们刚才的猜测中只有一个人是正确的,并且你们3个人中,有两个人抽到了同一个项目。"

你能判断出这3个朋友各抽到了哪个项目吗?

303. 答题卡

下面是一次数学测验的答题卡,一共有10个判断题,每题10分,请根据4名同学的分数,确定每个题目的答案。

题号	1	2	3	4	5	6	7	8	9	10	得分
甲	√	×	×	√	×	×	√	√	×	√	80
乙	√	×	√	√	√	×	√	√	√	√	70
丙	×	×	√	√	×	×	×	×	√	×	40
丁	×	√	×	×	×	√	×	√	×	×	20

第三章　线索推理

304. 卓别林智斗歹徒

出门在外总会免不了有意外发生。这一天傍晚，天才大师卓别林正走在回家的路上，走着走着，前面突然出现了一个歹徒，而且这个歹徒还持有一把手枪，并用枪指着卓别林的头说："快把钱拿出来，否则就得小心你的脑袋！"这时卓别林知道自己处于弱势地位，也就不做那些没用的抵抗了，乖乖地掏出了钱包送到歹徒手上。

正当歹徒很得意的时候，卓别林对歹徒说了几句话，然后就听见6声枪响。这时卓别林一拳打到歹徒的头部，使得歹徒昏了过去。而卓别林赶紧取回钱包，笑呵呵地走了。你知道幽默的卓别林大师对歹徒说了什么吗？

305. 黑老大被暗算

黑老大耐不住寂寞，上街物色一番后把一个迷人的金发女郎带到自己的卧室过夜。就在他们刚刚结束了一阵狂欢之后，床头柜上的电话铃突然响了起来。"是黑老大吗？刚才你又和女人鬼混了吧？你们干的好事，都已被我录下音了。老兄，告诉你吧，你床上的那个金发女郎是大毒枭的情妇。你要是不想让他知道的话，可以出5000美元买下这盘录音带。"听筒里传来的是一名男人的声音。不一会儿，从听筒里又传来了录音带的声音，确实是刚才黑老大和金发女郎说话的声音，这使得黑老大惊讶不已。

"一定是有人趁我不在家时，在卧室里安装了窃听器。"黑老大想到这儿，便下床把房间里里外外查了个遍，可是什么可疑的东西也没找到。这间卧室前不久刚刚装好隔音装置，从室外是绝不可能被窃听的。慎重起见，黑老大顾不得绅士风度，又把金发女郎带来的东西也彻底检查了一遍。除了打火机、香烟、一些零钱和化妆品之外，什么都没有，真是怪事。那个打来威胁电话的歹徒，到底用什么办法窃听的呢？

306.电梯里的故事

第二次世界大战中德军占领法国期间，有一天，巴黎的一家旅馆里有4个人共乘一部电梯下楼。其中一个是身穿军装的纳粹军官；一个是当地的法国人，是地下组织的秘密成员；第三个是一位漂亮的少女；第四个是一位老妇人。他们相互不认识。

突然电源发生了故障，电梯停住不动了，电灯也熄了，电梯内漆黑一团。这时发出了一声接吻的声音，随后是一掌打在脸上的声音。过了一会儿，电灯又亮了，纳粹军官的一只眼睛下面出现了一块猩红的伤痕。

老妇人想："真是活该！幸亏如今的年轻姑娘们学会了如何保护自己。"少女寻思："这个纳粹分子真怪！他没有吻我，想必是吻了这位老妇人或者是那位漂亮小伙子，真不知道是怎么回儿事！"纳粹军官在想："怎么啦？我什么事情也没做，可能是这个法国男子想吻这位姑娘，她却失手打了我。"

只有那个法国人对发生的事情知道得清清楚楚，你能推测出所发生的事情的真相吗？

307. 小丫头搬救兵

一个冬夜，一伙蒙面强盗闯入一家殷实富户。主人夫妇从床上被拖了起来，吓得浑身筛糠似的发抖。"快把柜门、箱笼的钥匙交出来！"强盗们扬着宝剑，直逼主人的喉咙。主人夫妇不敢怠慢，哆哆嗦嗦地到梳妆台上寻出一串钥匙。强盗们立即分散奔入各个房间，翻箱倒柜。顿时，卧室、厅堂、书房……全给搅得狼藉不堪。此时，有个小丫头见状十分愤怒，顿生一计。她装出十分害怕的样子，对放哨的强盗哭哭啼啼地说："叔叔，我冷，我冷，让我到厨房里去暖和暖和。"那强盗见小丫头不满十岁，又不是要求出门，就不以为意，很不耐烦地说："去吧！"

小丫头马上跑进厨房，将门儿闩上。拿着敲火石，点着了油灯，并往灶间塞进几大把稻柴，将火点着了，然后推开窗子，越窗跳入后院，复将窗子关好。放哨的强盗走到厨房门前，朝门缝里窥探了一下，只见油灯闪亮，灶膛间透出红光，估计那小丫头蹲在灶前取暖，便重新回到厅堂门前放起风来。

小丫头来到后院，居然想办法让众多村民来到富户家里。埋头搜索财物的强盗们听见外面人声喧闹，猛然惊觉，想要外逃，可是为时已晚，他们全给村民们活捉了。村民们无不赞许小丫头随机应变的智慧。你知道小丫头想的是什么办法吗？

308. 死而复生之谜

林艳正在宾馆走廊里打扫卫生，突然听到612房间里传出一声枪响似的声音。林艳大吃一惊，赶紧走到服务台准备打电话给保安部。可转念一想，如果不是枪响呢？保安人员一定会责怪自己大惊小怪，不如先去看一看再说。于是，林艳从服务台拿了钥匙走到612房间前，先按了一下门铃，里面没有反应。林艳又扭了一下门锁，里面锁上了。林艳将钥匙插入锁孔，正欲开门时，又是一声枪响似的声音，林艳身旁门上被打了一个洞。

林艳吓得要命，双腿打战，她确定这是枪响了，不敢再开门入房。她跑到服务台打了电话到保安部，告知了枪响情况。此后再无枪声。不一会儿，保安人员赶来，开门一看，一名男子握着一把手枪伏在对着房门的办公桌上死了，那把手枪正对着房门。

保安人员报警后，刑警赶到现场，仔细勘查后未发现有他杀迹象。死者是租用该房间的私营贸易公司总经理，桌上还有一封遗书，内容是经商不善欠下大笔债务，被人骗去巨款又无法追回，只得自杀云云。死者左前额太阳穴上有一枪洞，桌上流着血和脑浆，手枪一共打过两发子弹。刑警大惑不解，这名死者难道能在击中自己脑部死亡后，又复生打出第二枪？

直到法医到现场后才解开了这个谜。你知道其中缘由吗？

309. 智认偷鸡贼

古时候，有一个人到县衙控告别人偷了他的鸡，县令便把他的左邻右舍传来审讯。邻人都低着头跪在案桌前，但谁也不承认自己偷了鸡。县令胡乱问了几个问题后，说："你们暂且先回去。"正在众人纷纷站起来要走时，县令突然拍案大喝了一句，偷鸡的人不由自主地颤抖着双腿，屈膝跪在地上。

你知道县令大喝了一句什么话吗？

310. 咖啡毒杀案

贝克拿着杯子起身去倒了一杯白开水。"哟，怎么喝起白开水来了，还是让我给你来杯咖啡吧！"一女同事殷勤地说。

"哦，不用了，我是想吃片感冒药。不过吃药归吃药，还是麻烦你再来杯咖啡吧！"贝克边说边从上衣口袋里掏出药包。

"要是泡咖啡的话，给我也来一杯。"坐在贝克邻桌的布朗也抬起头。布朗喜欢喝咖啡在公司里是出了名的。让布朗这么一嚷嚷，屋里所有的人都说要咖啡。女同事只好为每个人都准备一杯，另一位女职员也过去帮忙。这种情形在公司里是司空见惯的。

布朗从女同事伸过来的托盘中取了两杯，其中一杯递给了邻桌的贝克，然后从放在两人桌子中间的砂糖壶中盛了两勺糖放在自己的杯中，再将砂糖壶移到贝克那边。布朗端起杯子只喝了一口就突然咳嗽起来，咖啡溅到桌前的稿纸上。贝克见状马上将自己喝药剩下的多半杯水递给布朗，布朗接过去一口喝尽，但痛苦愈发加剧，杯子也从手中脱落掉在地上摔碎了。

"喂，怎么啦？"贝克快速奔过来抱起就要倒下的布朗，但布朗已经断气了。

"贝克这个人反应很机敏，他当即让把所有人的杯子包括布朗的在内都保管起来，所以当我们赶到时现场也保护得很好。"负责调查此案的刑事部长向侦探萨拉里说明道，"经鉴定，有毒的只有布朗的杯子，其他人的杯子及砂糖壶上都没有化验出有毒。当然两名女职员一度被怀疑，但倒咖啡和送咖啡的都是两人一块儿做的，而且一个个杯子又难以分辨，所以除非两个人是同谋，否则很难将有毒的一杯正好送给布朗。两个女职员既无杀害布朗的动机，也无同谋之嫌。"

"邻座的贝克也无杀人动机吗？"萨拉里问道。"有。听说此人与布朗玩纸牌欠了他很多钱。两个人虽然是邻座，桌与桌之间乱七八糟地堆放了许多东西，但贝克要想不被发现往布朗的杯子里放毒是不可能的。""说是布朗死前将咖啡溅到了稿纸上，那稿纸保管起来了吗？""我想是的。""那么就去化验一下稿纸，另外布朗杯子里剩下的掺毒的咖啡我想也取证收起来了吧？……"按照萨拉里的意思，一小时后从鉴定科出来的刑事部长高兴地说："真是意外，果然不出你所料。"

那么，贝克是怎样毒死布朗的呢？

311. 空罐头盒

两个流氓打了起来，隔壁的妇女听到后，立即报警。警长带人赶到现场后发现其中一个流氓头被打破，已经死去，从伤口看，死于钝器猛击。可是，问到凶手杨杰，他拒绝回答。警长在这间连像样的家具都没有的屋子里搜了半天，连个可口可乐瓶子都没找到。要说像凶器的钝器，只有一个空菠萝罐头盒子，而且还被压扁扔在地上。

"你是用这个罐头盒打的他吗？""笑话！你们相信这空罐头盒子能置他于死地吗？"杨杰摊开双手，做出若无其事的样子说道。

据那位住在隔壁的妇女说，杨杰在案发后一步也没有离开过房间，而且也没有向窗外扔过什么凶器。那天，他到底用的什么样的凶器，又把它藏在哪儿呢？警长和助手稍微考虑了片刻，相互会意地点了点头。警长突然把杨杰的胳膊扭到背后，助手朝他的腹部猛击。杨杰因受到突然袭击，疼痛难忍，呕吐起来。

"杨杰，还假装不知道吗？"说着，警长指出了真正的凶器。

你知道凶器究竟是什么吗？

312. 无字状纸

从前，雷泽县有个财主，雇了个聋哑佣人，欺侮他不会说话，三年没付他一文工钱。聋哑佣人托知情人写状纸，可是没人敢代写，他一气之下直奔县衙门。县官孟温舒见他递上的状纸竟无一字，又"咿咿呀呀"地说不出一句话，觉得此案难判，想了好一会儿，猛击惊堂木喝道："将这无理取闹的哑巴拖出去游街半天！"在大街上，聋哑佣人无比悲愤，满脸流泪，"哇啦哇啦"地大声喊叫。凡认识他的人都在窃窃私语，议论纷纷。聋哑佣人被押回县衙时，但见他的东家已跪在那里，县官判决财主除付清聋哑佣人三年工钱外，还得游街半天。你知道孟温舒是怎么得知真相的吗？

313. 狡猾的通缉犯

在菲律宾的一个面对太平洋的海滩，正是盛夏旅游的旺季，游客正兴高采烈地玩耍、尽情享受日光浴时，突然传来阵阵喧闹声，只见一个身穿黑泳衣的长发女子，被一名男子追逐。其他人却听而不闻，也不理会女子的呼喊。海滩救生员听到喊声后，连忙追逐该男子，几经辛苦，才把男子捉住。正想交给警方时，该男子立即表露身份，原来他是驻守马尼拉的警探，那个长发女子是一名贩毒通缉犯，警探正想把她解返警署时，她却逃脱。

救生员得悉情况后再看，只见那长发女子向着海中狂奔，当时游客很多，但只有她一人身穿黑色泳衣，而她的长发却披到腰下，在水中游泳，特别引人注意。

救生员密切注视该女子的情况，而警探也趁此机会通知上司，派员拘捕她。只见该女子不断向太平洋的方向游去，最后竟不知所终。当救生员乘船前往察看时，她已经逃之夭夭了。

你知道她是如何逃走的吗？当救生员监视该女子期间，曾有一艘快艇从太平洋海岸飞驰驶过。当水警截查该快艇时，查得快艇为一著名运动员所拥有，却找不到黑衣女子的踪迹。请你想一想有哪种可能会让她逃脱呢？

314. 小木屋藏尸案

登山家马友的尸体于2月23日下午5点30分被人发现在雪山上的一间小木屋里。根据尸体的解剖，其死亡时间在当日1点30分至2点30分，而山庄的老板表示2点整曾和马友通过电话，这样一来，其死亡时间范围更缩小了。

经过调查，涉嫌者有3名。他们也都是登山好手，和马友同在一家登山协会，听说最近为了远征喜马拉雅山的人选及女人、借款的关系，分别和马友发生过激烈的冲突。为了避免火爆场面，3人都换到山庄去住，只留马友一人在木屋里。洪海服务于证券公司，正午时离开小屋，沿着山路下山，5点多到达旅馆。走这段路花5小时20分算是脚程相当快的人，最快的纪录是4小时40分。另外服务于杂志社的李迟和贸易公司的赵山1点30分一同离开小屋。到一条分岔路时，李迟就用制动滑降往下滑，4点整到达山庄。赵山利用制动滑降一段距离后，本打算再滑雪下去，怎奈滑雪工具不全，只好走下山，到达山庄已经8点多了。他在上一次登山中，弄伤了腿，所以从滑雪处走到山庄行动不便，全程计算起来至少要花6小时！赵山说遗失的滑板后来在山庄附近的树林中被发现。

他们都和死者一起来登山，所以这3个人中必定有一个是凶手，到底是谁呢？

315. 绣鞋风波

这件奇案发生在直隶定州（今河北定县）。村民严阿大受不了酷刑，终于如实招供："自与娇妻结婚，我对她管束极严。前几天她回娘家，硬要住一夜。我气不过，心生一念，趁她看戏看得忘乎所以时，扒下她脚上一只绣鞋。哪知她当夜回家被我辱骂一顿后，竟悬梁自尽了，我越想越害怕，将她扔到附近庙中水井里，又假装到她娘家要人！"州官胡聪听完，令衙役给他戴上刑具，押着去寻妇人尸体。哪知，井里捞出来的竟是个光头和尚，头破血流，有人认出是庙中和尚法源。

原来那妇女落井后，正巧掉在高坎上，没被淹没。因为解开了绳，慢慢醒了，便大声呼救。庙中法源和尚正巧起身汲水灌园。他忙放下绳子，可妇人力气小，拉了几次都没用。这节骨眼上，来了个种菜小伙子，急忙发话："法源师父，你擅长淘井，快下去救！"法源马上让那小伙子拉住绳子，自己顺绳而下，找到妇人。把绳子拴在她腰上，高声叫喊："往上拉！"小伙子用力。果然把那妇人救了出来。小伙子却心中恶念顿生，搬过一个大水坛投入井内，又搬过石块连续扔下。一会儿，井内寂然无声，和尚死了。小伙子霸占了妇人，要强娶她为妻。妇人左思右想，长叹一声答应。一会儿，她说："我的一只鞋陷在井里了，你得去找双鞋来才能赶路。"谁知找了一天，小伙子也没找到鞋。第二天黄昏，他胆战心惊地在野路上走，忽然看见一双女人绣鞋放在路边。他欣喜若狂，来不及细想，忙拿回室中。妇人一看大吃一惊："这鞋是我的，怎么到了你手里？"小伙子正述说经过，衙役们破门而入。小伙子被抓到公堂，强装镇定责问州官胡聪："我犯了啥罪？证据呢？"胡聪笑了："我让你死个明白……"小伙子再无话可说，俯首认罪。

原来，胡聪在检验和尚尸体时，同时捞出了妇人一只绣鞋，心想：这女人没死，且难以走远，跟她一起的肯定是邻近的单身男子，他不敢向别人去要绣鞋的，于是心生一计，抓到了罪犯。根据前面的情节，你能想出这条计策吗？

316. 农夫做了个什么动作

从前，有一对勤劳的夫妻在山坡上开垦了几块田地，种了小麦，可贪财的地主看见了，总想把地占为己有，便生出一条诡计，每天把家里的鸡全赶到农夫的地里。农夫看到自己的庄稼被糟蹋，非常心痛。他惹不起财主，只能忍气去赶鸡，可是这边赶跑，那边又来，弄得他毫无办法。他愁眉不展地回到家中与妻子商量。妻子听完农夫的讲述，说："明天，你只要到地里做个动作，要让地主看见，又不要让他看清，他就不会再放鸡了。"第二天，农夫一试，果然有效。请你猜猜，农夫做了个什么动作？

317. 智斗奸商

从前，哈萨克族有个十分穷苦的姑娘叫阿格依夏。一天，她拉着一爬犁柴火到集市上去卖。有个商人问她："要卖多少钱？"姑娘说："5块。""全部吗？""全部。"那个商人立即对旁边的商人们说："听见了吧，各位，她将柴火连牛和爬犁全部卖给我了，一共5块钱。"阿格依夏这才知道商人捉弄了她。她看了看手中的斧子，不动声色地问："5块钱你拿手给我吗？""当然拿手给你！"阿格依夏也向一旁看热闹的人们大声说："这个商人拿手给我，你们听见了没有？""听见了！"牛赶进了商人的院子，人们也跟着拥了进来。这时商人拿出5块钱给阿格依夏，接下来发生的事出人意料，商人给了阿格依夏1000块。你知道阿格依夏是怎么做到的吗？

318. 试胆量

夏夜，有3个年轻人在天南海北地聊天。后来，有一个年轻人说："怎么样，现在我们来试试胆量吧！就在讨饭房那边吧？"另外两个年轻人也赞成。那座讨饭房是在村子尽头的一幢独户房，无人居住。据说，走过这幢房子的门前时，便会听到屋里传来"给我饭吃，给我饭吃"的声音，因此，村里人十分害怕走过那儿。3个年轻人说定：在这幢房子门前打一个木桩回来，猜拳输的人先去。

"我输了，我先去。"第一个输拳的人拿着木桩子去了。过了一会儿，那个年轻人气喘吁吁地跑了回来。"啊，真可怕！不过，我把木桩子打在那幢房子的门前了。"接着，是第二个年轻人去了。过了一会儿，他脸色苍白地跑了回来，说："真可怕！可我把木桩打好了。"轮到第三个年轻人了。三个人中，就数他胆子最小。他心惊胆战地去了。他好不容易走到讨饭房的门前，觉得马上就会传来可怕的"给我饭吃，给我饭吃"的声音。这个年轻人战战兢兢地总算把木桩打进土里去了。"呵，总算打好了。"他想要离开时，不知谁一下子拉住了他的长衫下摆。"啊，鬼来了！"年轻人吓得昏了过去。

那两个年轻人见他老不回来，担心起来，就到讨饭房去找他。只见他躺在房门前昏迷着。两个人使劲摇晃他的身子，这个年轻人才清醒过来。"可怕，可怕，不知谁拉住我的长衫下摆不放。"年轻人心惊胆战地说道。

是鬼拉住了年轻人的衣服了吗？那当然不是。那么，是哪种可能呢？

319. 奇怪的算式

福尔警长应邀到数学教授乔治家去做客，在约定的时间到了乔治家的大门口。当他正准备按门铃时，发现大门是半掩着的，便走进了教授的家中。

他坐在客厅的沙发上，没有看见乔治本人。扫遍了整个客厅后，目光停在了一台台式电脑的显示器上，这时是计算状态，上面打着"101×5"的一道式子。福尔看了觉得十分纳闷，乔治教授算这个还要用计算器？

突然，福尔从这道式子中觉察到了什么，立即拨响了警察局的电话。你知道其中的原因吗？

320. 毛拉解难题

伊朗流传着机智人物毛拉的故事。毛拉是一个水果商人，有一次，一个学者想考考毛拉的学识，他用拐杖在地上画了个圆圈，然后用眼睛死死地盯着毛拉。毛拉在圆圈中间画了一条线，把它分成相等的两部分。接着，学者又在地上画了个圆圈。毛拉立即在上面划分成四等份，并把其中的一份指向学者，另外三份指向自己。最后，学者做了个手背贴地、五指朝上的动作。毛拉则相反，他的动作是五指触地、手背朝上。学者看后，连连点头，表示赞同。

有人请学者把问题解释一下。学者说："我画圆圈表示地球，毛拉在中间画了条等分线，把地球分为南、北两个半球，说明他熟知地理；第二次他又把地球分为四等份，并告诉我其中三份是水，一份是陆地，这完全正确；最后我做出手势，问地球上的生物靠什么生长，毛拉用手势回答说靠的是雨水和阳光。他的丰富知识是无人可比的。"

后来，有人请毛拉解释他回答的哑谜，没想到幽默的毛拉用他卖水果的"专业知识"解答了这个哑谜，大家都被毛拉逗乐了。你知道毛拉是怎么解释的吗？

321. 数字信

有一个人，干起工作来很认真，技术又好，不过有个缺点，喝起酒来一醉方休。喝醉了酒，不是骂人，就是打架。亲戚朋友都劝他少喝酒，甚至不喝，他却总是改不了。

一天，这位爱喝酒的朋友收到一封信。拆开一看，信纸上写的全是数字：

99

81797954

7622984069405

76918934

1.291817

奇怪呀，这么多数字，什么意思？怎么一点点文字说明都没有呢？从笔迹看，是他的小外甥写的。你知道这封信的意思吗？

322. 林肯的推理

此事发生在林肯担任律师的时候。一天，汉克农场的记账员在出纳室被谋杀了，他右手握着一支笔，倒在大门前的地上，大门上有MN两个字母，是记账员临死前用手中的笔写的。出纳室的地上散落着很多文具，仓库里边的钱也被抢光了，凶手大概是在记账员工作的时候进来的，当记账员向门口逃去时，被杀手追上杀死的。

门上的字一定是记账员被害前写下了凶手姓名的第一个字母。这字母透露出是黑人莫利斯·纽曼干的，他的姓名前两个字母是MN。纽曼太太见丈夫被捉，觉得很冤枉，因为凶案发生时，他们夫妻俩都在农场工作。她想到林肯是保护黑人的，就去找林肯律师代为辩护。林肯思考一番后，从农场的工人里找出一个名叫尼吉·瓦得逊的人。这个人平时爱赌博、爱喝酒，品行很不好。林肯对他说："是你杀死记账员的！""胡说，你有什么证据？"林肯说："记账员在门板上写了NM两个字母。""MN是那个黑人，我的名字是NW！"林肯笑着说："案发当时，你在哪里？"接着做了一番推理，让尼吉·瓦得逊无言以对，终于承认了自己是凶手。

你知道林肯是怎么推理的吗？

323. 秘密通道

荷兰油画大师戈赫年轻时曾在荷兰哈谷市的美术公司工作。一天，经理让他送一幅画到一位绅士家里，这个绅士性情古怪，一直过着独身的生活。上个月，戈赫曾经把农民画家米勒的《播种的人》的复制品给他送去。

戈赫来到绅士家里，见大门开着，就径直走了进去。他听见卧室里传来一阵阵痛苦的呻吟声，便冲了进去。只见一位警察被击倒在地，而那个绅士不知到哪里去了。"秘密的……从洞里……逃走……"地上的警察费力地用手指了指床底下。戈赫往床下看，那里有个像盖板样的东西，估计那绅士是从这里逃走的。"盖板的开关……米勒……"警察说着就咽气了。戈赫钻到床下，想把盖板揭开，可是盖板却纹丝不动。

警察不是说起米勒吗？这大概指的是米勒的那幅画，这正是上个月他送来的《播种的人》的复制品，是不是与盖板有关呢？戈赫就把这画取了下来，看了看画框和画后面的墙壁，都不见有什么开关。为了寻找盖板的开关，戈赫仔细地搜遍了房间里的每一个角落。当他在一架钢琴及钢琴的四周搜寻的时候，突然若有所悟，打开钢琴按了两个键。果然，奇迹出现了，床下的盖板启动了，打开了。原来盖板下面是一个洞，绅士把警察打伤后从这洞里通过下水道逃走了。戈赫弄清了这个秘密通道，才去向警察局报案。

你知道秘密通道是怎么找到的吗？

324. 织布匠智破哑谜

从前，印度有个国王。一天，正当他坐在宝座上想着什么，突然进来一个侍从报告说："邻国来了一位使臣，要求拜见陛下。"国王吩咐立即带他上殿。

来使走上大殿，向国王敬了礼，接着用自己的宝剑在国王的宝座四周画了一个圆圈，然后就一声不响地在一旁坐下。国王几次和他说话，但是他闭紧嘴巴什么也不说。国王立即召集群臣商议，要他们设法破这个难题。大臣们想了很久，谁也不明白来使的用意。国王大怒，说："多丢人，这么一点儿小事就把你们都难住了。快去，到全国各地去寻找，找一个能破这个哑谜的人！"大臣们羞愧地站起身，都去寻找能破这个哑谜的人。

有几个大臣走啊走啊，来到了一个织布匠的家里。发现这个织布匠能够把极细的纱织成布；乱成了一团的纱，他能很快地理清头绪，既不弄断纱，又不留结。大臣们想：也许他能够解答国王的难题。就把国王的忧愁告诉他，并说："你跟我们一块儿走，去告诉国王，那个使臣的来意是什么。"

织布匠临行时，带了一只公鸡，又往口袋里装了一些玻璃球。大臣们谁也不明白他的意思。织布匠来到王宫，国王觉得很惊异：他怎么能是全国最有学问的人呢？但是到这时国王也顾不得考虑很多了，就叫他去见那位使臣。

织布匠来到外国使臣的跟前，向他抛了几颗玻璃球。作为回答，使臣立即从口袋里掏出一大把小豆撒在地上。织布匠看到他撒豆子，马上把身边的大公鸡放了出来。一会儿的工夫，地上的小豆全进了公鸡的肚子。来使看到这情景，一句话也没说就悄悄走了。

国王和所有在场的大臣，仍然不明白刚才这场哑谜的意思。最后，织布匠给他们解释一番后说道："他见我们这样回答，就乖乖地走了。放心吧，他们不敢再来进攻咱们了。"国王高兴地说："当然！我们国家有了你这样聪明的人，谁还敢碰我们一根毫毛？今天我明白了，小民能解决大难题！"

你知道织布匠是怎么解释哑谜的吗？

325. 十四字状

一天，徐文长路过一个村庄，听见有家人在哭哭啼啼。原来，这里住着小夫妻俩。男的叫王二，长得五大三粗，娶的媳妇可是、玲玲珑珑。这一日，他的媳妇出去洗菜时被村上的大财主王万砍看见，扯着想调戏。他媳妇又气又羞，大声呼救。正巧，王二赶到，他抡着钵子似的拳头，打了王万砍几下，王万砍就像面团似的瘫在地上不动了。这下惹了大祸，王万砍平日里仗着他在京城做官的儿子有权有势，胡作非为，村上的人个个恨死他了，但就是无可奈何。王万砍吃了王二的亏，岂肯罢休？他马上派人去县衙门击鼓叫冤，说王二行凶打人，妄图谋财害命。县太爷当即派人传王二去大堂听审。王二媳妇想到平时丈夫在家话都不会讲，到了大堂也肯定是张口结舌，说不出个道理来。一时间小夫妻俩抱头痛哭起来。

徐文长听完胡子直翘。他想了一会儿，吩咐找来笔墨，叫王二伸出手来，每只手掌上替他写了几个字，关照王二说："你到了大堂上，不管老爷问你什么，你都不要开口，把左手举起来，再问，就把右手举起来。他要问是谁写的，你就说是徐文长，保准你能打赢官司。"说完，徐文长继续赶路去了。

再说王二到了大堂，县太爷惊堂木一拍："你狗胆包天，竟敢欺负到王老太爷头上！赶快从实招罪。"王二不作声，举起了左手。老爷扒开一看，上头写着："我妻有貂蝉之美"。县太爷继续往下问，王二又把右手一举。县太爷再一看，也是七个字，却让他愣了半晌。县太爷还算通点人性，心想，王万砍这般无耻，怎能不被打？活该活该。一转念，他京城的儿子要怪罪下来，我岂不丢了乌纱帽？真是左右为难。又一想，王二绝对写不出这十四个字来，还有高手在后，他狠狠拍了一下惊堂木，叫王二讲出是何人写的。王二吞吞吐吐，嘴唇努了半天，才挤出三个字："徐文长。"一听这三个字，县大爷一吐舌头，一挥手，对王二说："好了好了，恕你无罪，快回家去吧！"

原来，县太爷早就听说徐文长的厉害，哪个肯自找倒霉呢？就这样，徐文长凭十四个字打赢了这场官司。

你知道王二右手上的七个字是什么吗？

326. 接货时间

警方截获了一份神秘的电文："朝：货已办妥，火车站交接。"经过周密分析，认定这是一伙犯罪分子在进行一项秘密交易。公安局立即召开会议，决定抓获这批犯罪分子。可是这份电文只有接货地址，没有接货的具体时间，使破案无从下手。这时一位侦查员提出："从今天起严密监视候车室，直到抓获罪犯为止。"在座的大部分同志认为也只能这样。

警长沉思片刻后，向大家说出罪犯的接货时间。根据警长的判断，果然在这天抓获了一个大走私集团。你能破译这份电文吗？

327. 找到了6位数

德国女间谍哈莉以"舞蹈明星"的身份出现在巴黎，任务是刺探法国军情。在她结交的军政要员中，有一位名叫莫尔根的将军，原已退役，因战争需要又被召回到陆军部担任要职。将军最近因配偶去世，颇感寂寞，对哈莉追求得也很急切。不久，哈莉弄清了将军机密文件全放在书房的秘密金库里。但这秘密金库的锁用的是拨号盘，必须拨对了号码，金库的门才能打开，而这号码又是绝密的，只有将军一个人知道。哈莉想：莫尔根年纪大了，事情又多，近来又特别健忘。因此秘密金库的拨号盘号码，肯定是记在笔记本或其他什么地方，而这个地方决不会很难找，很难记。每当莫尔根熟睡后，她就检查将军口袋里的笔记本和抽屉里的东西，但都找不到这号码。

一天夜晚，她用放有安眠药的酒灌醉了莫尔根，蹑手蹑脚地走进书房。这时已是深夜两点多钟。秘密金库的门就嵌在一幅油画后面的墙壁上，拨号盘号码是6位数。她从1到9逐一通过组合来转动拨号盘，但都没有成功。眼看天将透明，女佣人就要进来收拾书房了，哈莉感到有些绝望。忽然墙上的挂钟引起了她的注意。她发现来到书房的时间是深夜2时，而挂钟上的指针指的却是9时35分15秒。这很可能就是拨号盘上的号码，否则挂钟为什么不走呢？但是9时35分15秒应为93515，只有5位数，这是怎么回事呢？她进一步思索，终于找到了6位数，完成了刺探情报的任务。

328. 河畔谋杀案

有人在大峡谷河上游发现了古代遗迹。于是，文物工作者波特、亚瑟和斯特劳三人组队前往考察。一天夜里，波特一人外出调查后便没再回旅馆，大家都很为他担心。第二天上午，波特的尸体在河边的悬崖下被人发现了，看上去像是死于坠崖，纯属意外事故。

经法医鉴定，波特死于昨晚10点左右。勘查现场时，发现死者右手边的沙地上写着一个"Y"。"这是临终留信。是死者被杀前将凶手姓名留下作为线索吧？"朗波侦探问道。"那个叫亚瑟的很可疑。因为他名字的开头是'Y'。"警官说道。

亚瑟辩解说："别……别开玩笑了，我一直待在旅馆里，怎么会杀波特？""等等，医生，被害者是颈骨折断后立即死亡的。昨晚10点你在哪儿？""我一个人在房间，没有办法提出证明。不过，如果我有嫌疑，斯特劳也有嫌疑。"斯特劳生气地说："你在胡说什么？""不对吗？昨天波特偶然发现了许多陶偶，你要求和他共同研究，结果遭到拒绝。""我承认，但你也说过这话。还有那个叫拉维尔的老头也很可疑。"警官追问："哪个拉维尔？""就是那个对乡土史很有研究的拉维尔。他一个人默默地调查遗迹，我们加入后他很生气，对我们提出的问题，他一概不予回答。"

警官双手环抱胸前，不知在想什么。突然，朗波有了新发现："被害者把手表戴在右手腕上，那么证据显示，波特应该是个左撇子了？""对！""嗯，还有一个问题，斯特劳先生，你和波特认识多久了？""昨天才见面的。""很好，凶手是谁已经很清楚了。"

那么，到底凶手是谁？是如何判断的？

329. 徐文长的"心"字

徐文长的名气很大，有一次，一家新开的点心店店主央求他给写一块招牌。徐文长写了一个大大的"心"字，但这个"心"字中间缺少一个点。店主拿到招牌后，虽然很奇怪，但最终还是将招牌挂上。结果有很多人赶来看这个字，店里的生意也变好了。

店里的生意好起来后，店主为了多赚钱而偷工减料，店里的生意便又变差了。店主认为是招牌上缺了一个点的缘故，于是用黑漆在"心"字中间补了一点，但是店主惊讶地发现，店里的生意并没有变好，反而更差了。

店主无奈之下，只好请徐文长再给出个主意。徐文长看到店主的确有悔改的意思，便给店主出了一个主意，把那个"心"字修改了一下。店主照办后，生意很快又好了起来。

你知道徐文长为什么不写上那个点吗？后来，他又给店主出了一个什么主意呢？

330. 包公招贤捉罪犯

洞房之夜是人生中一个幸福的时刻。可是新郎官秦观海却满面愁容独自闷坐在学堂里。原来，新娘子小凤要学当年苏小妹难为新郎，以此来试探一下秦观海肚里到底有多大的学问。出个什么题呢？小凤想了半天提笔在纸上写下了七个娟秀的大字："移椅倚桐同望月"。上联送到秦观海手里，尽管他冥思苦想了半天，还是对不上来。他不仅为自己的学业赶不上小凤而觉得惭愧，更怕这件事儿传出去后没脸见人。他一气之下，钻到学堂里，把自己反锁了起来。

到二天清晨，秦观海回到家，对小凤说："你如果瞧不起我，嫁别人去。那联我对不上来。""你不是对上了吗？"小凤惊讶地说道。"你在做梦吧？我昨晚在学堂睡了一宿，哪儿也没去。"听秦观海说到这里，小凤面如土色，猛然转身冲出屋去。当天晚上，人们在秦家的一间堆放杂物的空房里，发现小凤悬梁自尽了。有人把案子报到了官府，县官立即派人把秦观海捉了去。严刑之下，秦观海屈打成招，被判定了杀妻罪，只等上报批复后，斩首示众。

碰巧，案卷送到了包公府。包公看过案卷后，觉得疑点甚多，便派人明察暗访，果然了解到冤情。怎样才能抓住真凶呢？包公思索了片刻，终于想出了一个破案的妙法。

包公令人张榜招贤，说是包府要招几个有才能的人帮助包公处理公事。几天之内，远近有十几个书生赶来应考。包公把小凤出的上联让这些考生对，结果没有人能对上，考生们只好怏怏退去。最后那天，有一个斜眼书生把自己对的下联交给包公。"对得好！"包公看罢，大喝一声，"给我拿下！"一审问，斜眼书生如实招供。原来，新郎到学堂后，将对联的事对同窗斜眼书生说了。斜眼书生顿生邪念，夜入洞房骗奸了新娘小凤。

这副对联的下联既是犯罪的根源，又是破案的关键线索，你能将它对出吗？

331. 刀笔吏妙拟奏折

自古以来，食盐是关系国计民生的重要物资，贩盐是商人的生财之道，经营者很多。在清代，曾规定江南的食盐不能运到江北贩卖。同样，江北的食盐也不能运到江南贩卖，以避免纠纷。然而，贩盐的纠纷还是屡屡出现。有一年，江南的食盐减产，杭州知府就暗中派盐商到江北运盐，不料在长江的江面上被对方拦截住了，盐商急将此事告知杭州知府。杭州知府去公文协商，恳求对方给予通融。对方却不肯谅解，说食盐南北分卖是先朝立下的规约，谁也不能违背。杭州知府为此愁得食不甘味，夜不成寐。

府衙里有个姓李的幕僚，是绍兴人，秀才出身、才学出众。杭州知府就同李秀才商议如何来解决这贩盐纠纷。李秀才坦诚相告："要解决此事，势必通天，打破以前立下的规约，但革除旧规并不容易。若朝廷准奏，固然能为民造福。万一怪罪下来，则非同小可。其中风险甚大，不知大人能担待否？"杭州知府说："为民请命是我本分，只要有礼有节，再大的风险我也敢于担待。"李秀才发挥了他绍兴师爷"刀笔"的才能，当场就为知府代拟了一道奏折。他在奏折中慷慨陈词，分析了南北分贩食盐的不合理，强调革除旧规的必要性。说得头头是道，有条有理。在奏折的末尾，有两句点睛之笔。杭州知府看到第一句，情不自禁地大声读了出来："列国纷争，尚且移民移粟。"看到对仗工整的第二句，更是忍不住大喝一声："好！"

这份奏折由杭州知府上达朝廷后，皇帝见了感到文中所写颇有见解，觉得自己应该做一个统一的大清的主子。于是就将奏折批给户部，户部尚书不敢怠慢，又见文中所说字字有力，句句在理，就下令取消了旧规。从此，食盐就可南北调运，这次纠纷当然顺理成章地解决了。

奏折末尾的两句点睛之笔发挥了关键作用，文中已经给出第一句，你知道第二句是什么吗？

332. 不求人

从前有一个农夫，娶了一个聪明能干的媳妇。小夫妻俩男耕女织，勤俭治家，过着丰衣足食的日子。农闲的一天，农夫靠在大门边，边搓牛绳边晒太阳。他想：由于自己和贤妻会过日子，如今不欠债，不受饥，什么也不用求人了。一时高兴，顺手拾起块黄泥，在大门上写了"万事不求人"几个大字。

一天，县太爷乘轿路过，见这赫然醒目的五个大字，冷笑说："穷鬼竟敢说如此大话，我来教训教训他！"于是喝令停轿，将农夫召到轿前："想必你有大本领，才敢夸此海口。那好，明天给我送样东西到衙门来！"

壮实的农夫问："大人要何物？"那县令捋着胡子冷冷地说："你竖着耳朵听着！"接着念了四句，"高山上面叠高山，高山下面毛竹滩，毛竹滩上滚龙潭，滚龙潭下火焰山。"说罢，乘着四抬藤轿晃悠而去。

农夫妻子对丈夫说："这难不倒我们，明早准能办到！"于是，小夫妻忙了一夜，第二天一早就把东西送去了。那县令一看，暗暗称赞道："果然聪明有本领。"请你说说，县令要的是什么东西？

333. 问路

武装部张部长带着两名女民兵执行一项任务。走到一处十字路口，由于地理生疏，加上不少松树挡住了视线，不知目的地该往哪个方向走。只见旁边有一位老大爷在那里砍柴，张部长就上前问："老大爷，您知道到××地该向哪个方向走吗？"老大爷说："要女的走开。"张部长于是叫那两个女民兵走远一点儿。等她俩走后，张部长又问："老大爷，她俩已经走开了，您就说吧！"老大爷还是说："要女的走开。"张部长说："我身边没有女的了，怎么还要女的走开呢？"老大爷不吭声，继续砍柴。张部长眉头一皱，恍然大悟，三个人继续朝大爷指引的方向走去。

三人走呀走呀，走到一处大山口，丛林茂密，眼前出现两条岔道，一条向山上，一条向山下。正在他们分析辨别的时候，见一位老婆婆在树荫下歇息。张部长上前打听："大娘，您知道去××地朝哪条路走吗？"老婆婆看见他们带着枪，打量了他们一番之后说："吓得我不敢开口。"张部长说："大娘，不要怕，我们是抓坏蛋的。"老太婆不但不说话，而且拔腿径直赶路走了。张部长用手抓了抓脑袋之后，高兴地对两位女民兵说："走，跟我来！"后来，他们顺利地到达了目的地。

他们是怎样走的？

334. 项链被窃

某夜，伯爵夫人在她的别墅，举行了一个小型舞会。大侦探彼得也应邀参加。伯爵夫人很宠爱她的白毛哈巴狗，经常把它抱在膝上抚弄。这天晚上，伯爵夫人一面抚弄她的爱犬，一面和3位女士谈天。话题是其中一位女士安妮的珍珠项链。这串项链是前埃及女王的饰物，十分名贵。正说着，只见在座的安妮解下项链，放在桌子上，得意地让大家观看。

就在这时，突然停了电，室内漆黑一片。一分钟后，灯光再度亮起。众人正感惊讶，安妮忽然大叫起来："哎呀！我的项链不见了。"大家一看，果然停电时放在桌上的项链不翼而飞。"想来，必定是在停电时，被人偷去的。当时，男士们正在隔壁打桥牌，因此只有我们围桌而坐的4人嫌疑最大。不过，安妮是失主，项链当然不是她偷的，所以嫌疑犯就剩下我们3个了。"伯爵夫人边说边盯着那两位女士，"与其互相猜疑，倒不如我们都让安妮搜身。"伯爵夫人建议说。安妮认真地搜了她们3位的身，却一无所得。

这时，人们都闻讯赶来帮助安妮寻找，可连影子也没见到。正当众人疑惑难解时，大侦探彼得却在细心地环视室内的一切。他发现所有窗户全都上了锁，认为窃贼是不可能在一分钟内把窗户打开，将项链掷出去的。同时，几位女士在停电时也没有离开桌边一步。彼得沉思了一会儿，心里有了数，当安妮要去报警时，他说："不用了，我知道谁是窃贼了。"

试问，窃贼是谁呢？

335. 可口可乐提供的线索

霍尔斯警官的好友约翰是位棒球教练。这天，约翰急匆匆地跑来警局，哭丧着脸报案，并讲述了事情的经过："今天我回家比较晚，到家时已经快10点了。进门后我发现女儿玛丽趴在桌上，开始我以为她睡着了，叫了好几声不见回答，走近一看才知道她已经死了。"

霍尔斯警官立即赶赴现场，在桌上发现了喝了半听的可口可乐。经化验证明里面混有氰化物。桌子上，零散着几张信纸，其中一张信纸上放着半听混有氰化物的可口可乐。那个信纸上的钢笔字迹十分清晰。"这个听装的可口可乐原来放在哪儿？"霍尔斯问道。"是在厨房的冰箱里。"约翰回答，"我女儿最爱喝冰镇的可口可乐，所以我家冰箱里总是备有大量的可口可乐，谁料有人借此投毒害死了玛丽……"

霍尔斯打开冰箱看了看，又回到玛丽的闺房。他拿起桌上的一张信纸看了看，问助手："这些信纸都鉴定过了吗？""是的，经鉴定，上面的字迹和指纹全是玛丽的，信纸上写的都是有关失恋的诗句。""约翰，你女儿恋爱了吗？"霍尔斯问。"是的，"约翰答道，"由于我不同意她小小年纪就涉足爱河，所以她与男朋友在几天前分手了。"霍尔斯又抽出了那张压在可口可乐下的信纸端详了一会儿，又问："那听可口可乐一直都是压在这张信纸上的吗？""是的，没有人动过它。"约翰答道。霍尔斯思考了片刻，判断说："这听可口可乐不是玛丽从冰箱取的，而是罪犯拿来让她喝下致死的！"

请问，霍尔斯警官为何这样判断？

336. 狡猾的走私者

亨利的职责是在边卡检查那些入境车辆是否带有走私物品。除周末外，每天傍晚时分，他老是看见一个工人模样的汉子，从山坡下面用自行车推着一大捆稻草向入境检查站走。每当这时，亨利总要叫住那人，要他将草捆解开接受详细的检查，接着将他的每个衣袋也要翻个遍，看看能否搜出点金银珠宝之类或别的什么值钱的东西，但遗憾的是每次都未能如愿，尽管他搜查得一丝不苟。但是他料定此人准是在搞走私，然而却苦于查不出走私物。

退休的前一天，亨利对那人说："今天是我最后一班岗。我观察你很久了，知道你一直在携带走私物品入境。你能否告诉我你屡屡得手，究竟贩运的是什么物品？要是你告诉我，我绝对为你保住秘密，决不食言！"

那汉子沉吟片刻，最后，大笑着向亨利透露了底细。你能判断出走私物是什么吗？

337. 验查焚尸案

某山的西麓有个村庄，村庄里有个女人与别的男人私通。日子久了，她的丈夫有所察觉。女人便偷偷告诉姘夫，商量如何把丈夫杀死。某晚，丈夫猛喝闷酒以致酩酊大醉，卧睡不醒，女人乘机用布带将他勒死。看到丈夫紧握双拳面目恐怖的死相，她十分害怕形迹暴露，就放火焚烧自家的房屋，结果丈夫尸体被烧得通体焦黑，颈部形状模糊，勒痕已不复存在。女人见状大喜，自以为万无一失，便报告官府诉请破案。

官府当即派员前往现场验尸。女人就一边哀声号哭，一边断断续续讲述丈夫被烧死的经过。官员问道："你不是和丈夫同住一屋吗？为什么丈夫被烧死，你却活得好好的？"女人强作镇静，从容答道："着火时，我丈夫酒醉未醒，我死死推了几次，他还是像死猪一样不动。大火眼看就要烧到床上了，我不得不舍夫逃走，好不容易才捡回一条性命。"官员端详着女人一副油嘴，不由得冷笑道："我且问你，你丈夫是死后被烧的，还是活活烧死的？"女人吓了一跳，但她坚定地说："当然是活活烧死的。"官员说："我看是死了以后被烧的。"女人哭道："你这是凭空捏造，想诬陷好人哪！"官员问："你知道活活烧死的形状与死了被烧的双手形状有什么不同吗？"女人被问得目瞪口呆，只是说："我只知道丈夫同我睡一床，他是酒醉不醒被活活烧死的。"官员怒喝道："一派胡言！"说着，一面命令差役将尸首下棺入殓，一面将女人押回官府收监。经过严厉的审讯，女人只得如实招供。

你知道县官是如何识破女人的谎言的吗？

338. 脸上的谎言

在一个酒吧里，两个生意人正在交谈，其中一位满头金发、面孔黝黑、下巴呈古铜色的年轻人兴冲冲地对另一人说："昨天我才从沙漠探险归来，洗尽一身尘垢，刮去长了好几个月的络腮胡子，修剪好蓬乱的头发，美美地睡了一觉。最值得庆幸的是我的化验分析报告，证实那片沙漠地带有个储量丰富的金矿。假如您愿意对这有利可图的项目投资的话，请到我公司细谈。"

听罢此言，另一人仔细看了看他的脸，讪笑着说："你若想骗傻瓜的钱，最好还是把故事编得真实一些！你的谎言已经写在了你的脸上！"

你知道另一人如何识破了年轻人的谎言？

339. 破窗而入

这天，一家工厂打电话报警，说厂里发生了盗窃案，放在财务办公室保险箱里的10万现金不翼而飞了。福尔摩斯和警察赶到了现场，只见办公室的玻璃窗被打碎了，室内满地都是碎玻璃，看样子小偷是从窗子跳进来作案的。

当晚值班的保安对警察说："小偷一定是后半夜作的案，因为我12点钟的时候，曾经到这个房间巡视过，当时门窗都好好的。"警察追问道："你确定吗？"保安点点头："当然，我还顺手拉上窗帘了呢。"警察指了指地上的玻璃碎片："可是满地的碎玻璃这么多，看起来当时小偷砸玻璃时用了很大的力气，难道你没有听见声音？""没有，"保安摇了摇头说，"厂房边上有条铁路，可能小偷是趁火车经过时把窗子砸破的。火车一来，什么都听不见了。"

一直站在旁边勘查现场的福尔摩斯突然打了个响指，冲着保安说："不要狡辩了，你就是小偷！"你知道福尔摩斯是如何做出判断的吗？

340. 农场主遇害

农场主邀请警长到郊外林间的寓所共进晚餐，自己在家准备饭菜，让妻子开车去接警长。不料，当妻子同警长回到家时，农场主已被人枪杀了。妻子一见惨状，尖叫一声，昏了过去。警长扶她躺下，急忙检查尸体，确认谋杀案发生在约一小时前。

警长接着察看现场，一个烤盒里有些无焰的炭块，上面烤着牛肉。托盘、刀叉、佐料散放在一旁。这时，一个年轻人从门前经过，警长便叫住了他。这位年轻人自称是农场主的邻居，刚才听到一声尖叫，赶来看看出了什么事。警长问："一小时前你在什么地方？"年轻人说："在那边工厂附近散步。"

还没说完，这位年轻人一眼看到炭块中有个金属制品，忙伸手从炭块里拣了出来，那是个烤得发黑的耳环。警长目睹这一切后，果断地说："跟我到警察局去一趟吧！"这是为什么呢？

341. 伪造的遗书

张老太爷膝下无子女，老伴早已过世，只有一个远房的侄儿。这个侄儿赌博成性，赌债欠了不少。为了尽快继承张老太爷的遗产，还清那些赌债，这个狠心的侄儿将张老太爷杀害并伪装成自杀的样子，然后又请一位最亲密的朋友用蓝色钢笔伪造了一份遗书。

张老太爷的邻居都知道他是一个生活极其节俭的人，每日的开销都会记下来。他的侄儿为防止事情败露，又请他的那位朋友在很短的时间内，用同一支笔把张老太爷的日记账重抄了一遍。这样，遗书和日记账的笔迹便一模一样，也不必担心被人识破了。但是，当警方看了日记账和遗书后，立刻指出那些都是伪造的。

警方是怎么识破的呢？

342. 撒谎的情人

深冬的一个中午，王老板来到他年轻的情人刘云的住所。一进屋，王老板不禁大吃一惊：只见刘云手脚被捆着绑在床上。王老板慌忙为自己的情人解开绳索，并询问到底发生了什么。

"昨晚10点左右，一个蒙面歹徒闯进了我的房间，把我捆绑之后，将你存放在我这儿现金……"刘云一边哭一边说着。王老板心里禁不住一惊，环视了情人房间的四周，一切如旧，取暖的炉子上一把水壶仍在冒着袅袅蒸汽。

王老板立刻报警，警长带着两名助手赶到了现场。"房里的东西，您未动吗，王先生？"警长首先问了一句。"当然。保护现场，这我懂。"王老板回答。"那好，我告诉您，您的情人对您撒了谎，是她自己捆上手脚而谎称蒙面歹徒作的案。"

你知道警长在现场发现了什么证据吗？

343. 侦探的头发谁来剪

侦探来到一个小镇，镇上的朋友告诉他，小镇只有两家理发店，每家只有一个理发师，他先来到第一家，理发师的发型漂亮有型，然后他又去第二家看看，理发师的发型乱七八糟，你说他应该光顾哪一家？

344. 月季花阴谋

凌晨，警长接到侦查员的电话，说两个住在宾馆的毒品走私犯正在把海洛因往一只月季花盆里埋，看来想溜。当警长和助手小王赶到宾馆时，那两个狡猾的家伙已经坐出租车到汽车站去了。于是，他和助手于早上5点多钟，就赶到了汽车站。"看，在那儿！"助手小王指着离车站不远的花圃。果然，空荡荡的花园里，一胖一瘦两个"港客"打扮的人正在"赏花"。

"站住，把白粉交出来！"缺乏经验的小王跑到两个"港客"面前喝道。"开什么国际玩笑！我们回大陆探亲，临走想买几盆花，这也有罪吗？"瘦子面不改色地说。这下可把小王难住了，花圃里有几百盆月季花，哪一盆是呢？警长却像是在赏花，没事人似的，突然，他弯腰拿起一盆月季花。

"罪证就在这里面！"警长说罢，把那盆花一摔，里面果然藏着海洛因。警长为什么能如此准确地找出罪证呢？

345. 智识假现场

某犯罪集团的骨干分子张某，正当公安部门通缉令发布之际，突然在一个雨天触电身亡了。是自杀？是他杀？老刑警队员王勇奉命侦查此案。

这天，晨曦初露，王勇带着助手小梁来到了死者现场。这里是一片颓垣废墙的破仓库，蛛网虬结，飞虫鸣唱。死者就倒在这座破仓库前的泥地上，面部无明显特征，穿一身极普通的工作服，上面沾满泥浆，脚上是一双新皮鞋，鞋底的花纹清晰可辨。他仰面朝天，手心朝上，手指搭在一根因失修而垂下的断电线上，头部有一处伤痕，旁边的石头上还有血迹。小梁知道，老王在观察分析后便要考查自己是如何判断案情的，因此观察研究现场就特别仔细认真。他看到，老王在察看了死者那只搭在电线断头上的手之后，便开始专心研究起死者的服饰打扮来。老王看来尤其对死者脚上的那双皮鞋感兴趣，他嚅动着嘴唇，在细加玩味似的。小梁也探身过去观察了一会儿，心想，不就是那双新皮鞋吗，这上面会有什么大文章可做。死因是一目了然的了。

"小梁，他的死因是什么？"老王问。"老王，这不是明摆着的吗？从现场情况看，死者是因道路泥泞打滑，摔倒后，头部撞在石头上，手指触电身亡的。"小梁说完后，王勇没有吱声，他在凝神而思。过了一会儿，才说："你放过了两个极其重要的疑点。"

你知道是哪两点吗？死者的真正死因又是什么呢？

346. 奇诗

第二次世界大战时，法国在德国法西斯占领下，巴黎的"巴黎晚报"上刊载了一首无名氏用德文写的诗，表面看来是献给德国元首希特勒的：

让我们敬爱的元首希特勒，永恒英吉利是不配生存。让我们诅咒那海外民族，世上的纳粹唯一将永生。我们要支持德国的元首，海上的儿郎将断送远征。唯我们应得公正的责罚，胜利的荣光唯军队有份。

难道这位法国无名作者真的这么厚颜无耻吗？不，巴黎人懂得这诗怎么读，他们边读边发出会心的笑声。不久，纳粹下令搜捕这位勇敢机智的无名诗人。你知道这首诗该怎么读吗？

347. 智查走私犯

海关缉私队得到线报，知道一个走私集团准备走私一批黄金，而且知道带黄金入关的将是一名女子，乘坐510次班机抵达。为了要搜查出这个走私贩，大批的警察及缉私队员被派到机场旅客出口检查处。

510次班机准时抵达了，机上的乘客都依次出关。这次班机有很多女乘客，其中有个十分漂亮的金发女郎。旅客都一一接受了搜查，但都没有发现什么问题。怎么办呢？难道线报有误？

当搜查即将结束时，一个聪明的缉私队员仔细打量了一位可疑的金发女郎一番，终于在她身上发现了要找的东西。你知道是怎么找到的吗？

348. 一副对联

从前有个贪婪而又吝啬的财主，由于他"夺泥燕口，削铁针尖，鹭鸶腿上劈精肉，蚊子腹内剜脂油"，加之爱财如命，一毛不拔，村上乡民皆暗地里叫他"铁公鸡"。一年，这个吝啬财主满60岁，为了庆祝自己的花甲大寿，他大摆"丰宴"遍请当地绅士名流。绅士名流接到帖子，以为吝啬财主开斋，会花钱买些酒肉，于是有的学究写了贺联，有的秀才写了诗，准备送给财主。是日，大家乘兴而来，但见桌上既无酒也无鹅鸭鸡肉，只有豆腐干、笋干、菠菜、青菜及红白萝卜，不禁暗暗叫苦。一生性诙谐的落第举人嘻嘻一笑，朝吝啬财主拱了拱手："六十花甲，可喜可贺，晚生送副贺联。"说罢要求纸墨笔砚，连连挥笔：

一二三四五七八九十　　一二三四五六七八十

接着又写了一张五个字的横额：文口八土回。绅士名流一看，无不窃笑。你知道他们笑什么吗？

349. 猎人临终出难题

达斡尔族有个单身的老猎人，曾这样想：在临死之前，我要把心爱的猎枪送给一个最聪明的人。有一天，老猎人病倒在床上。这时，从外面进来四个小伙子。老猎人就把心事告诉了他们，并决定考考他们。他说："有一头大牛，它的肚子能装进三个屯子。这一年，牛死了，忽然从南边飞来一只老鸹，叼起一只牛大腿，飞了一气，落到正在山坡上吃草的山羊的角上了。这时，在山羊前边坐着一个人，一睁眼睛山羊钻到眼睛里去了。你们说，到底什么大呢？"

甲说："牛大，因为它的肚子能装进三个屯子。"

乙说："老鸹大，因为它把能装三个屯子的牛大腿都叼走了。"

丙说："羊大，因为光羊角上就能落住叼牛大腿的老鸹。"

老猎人对这三个人的回答都不满意。最后一个回答问题的是位放马的青年，老猎人听完之后点了点头说："你才是最聪明的人。可惜他们三个人眼光太短啦，不配拿我的枪。"老猎人把枪送给了放马的青年。

你知道这位青年是怎么回答的吗？

350. 稀罕的菜肴

1937年冬天的一个早晨，"福和楼"老板的一个亲戚带来一个毛头小伙子，20

岁不到，但身体结实，娃娃脸上一双大眼睛显得机灵顽皮。说是姓林，自小拜了名厨师，各式大菜均拿得出手来。他原在家乡一家菜馆掌厨，东洋人来后，菜馆不景气，歇了业，便由友人推荐去"福和楼"寻个工作。

一天，一个汉奸来吃饭，对老板说道："今儿来两个菜：一个活鲤鱼，一个南北和。听清楚，活鲤鱼端上桌时要嘴巴一张一张地动。汤嘛，就来个大闹龙宫。如果烧不出来，嘿嘿！"汉奸用手拍拍腰里的驳壳枪，"'福和楼'这块金字招牌，还是老板你自己摘下来吧！"

老板知道这地头蛇来寻事了。这鲤鱼煮熟了，嘴巴怎么会一张一张的呢？而"南北和""大闹龙宫"更是听也未听说过。他急急忙忙奔到灶台，结结巴巴地对小林说了经过。小林低头想了想，对老板说："让客人稍等，一会儿就上菜。"于是老板心惊肉跳地退了出来。

只听见厨房里叮叮当当一阵响，一个伙计端了两盘菜出来。只见一条斤把重的鲤鱼，鱼身用菜油炸得金黄，但鱼头没炸，嘴巴果真一张一张地动。另一盘菜挺简单，是黑木耳炒竹笋片。菜刚放上桌，汤也上了：只见一只大海碗里，有虾米、螺蛳等，都是水里的东西，一只螃蟹在汤里抖动着呢。

老板悬着一颗心，战战兢兢地望着汉奸。只见那汉奸盯着这些菜看了好一会儿，忽然大笑道："好，好，好，有本事！"说着一挥手，和那随从出门而去……

烧熟的鲤鱼嘴巴怎么会一张一张呢？"南北和""大闹龙宫"又是怎么回事呢？

351. 让轮胎瘪一点儿

一天下午，罗尔警长在街上巡逻，一辆黄色轿车"呼"地冲过身边，紧接着，身边传来喊叫："他偷了我的汽车！"罗尔警长看见路边停着一辆集装箱卡车，司机正在卸货。他立刻跳上卡车，向司机出示了证件，然后就开足马力追赶。偷车贼从后视镜里看见了卡车，慌忙加大油门。警长紧追不舍，两辆车在公路上追逐着。

前方有一座立交桥，轿车一下子就从桥底下穿了过去，可是集装箱卡车的高度，恰恰高出立交桥底部2厘米，警长一个急刹车，停在立交桥前，好险啊！罪犯看到卡车被挡住了，还回头做个怪脸，罗尔警长气得两眼冒火。他毕竟是老警察了，马上冷静下来，看了看轮胎，立刻有了主意。几分钟以后，集装箱卡车顺利地从立交桥底下穿过，警长终于追上了罪犯。

罗尔警长用什么方法，很快就让卡车通过立交桥底下呢？

352. 女作家遇强盗

英国女作家阿加莎·克里斯蒂写过数十部长篇侦探小说，如《东方快车上的谋杀案》《尼罗河上的惨案》等，塑造了跟著名侦探福尔摩斯一样驰名全球的侦探赫尔克里·波洛的形象，可是谁会料到一天晚上她本人也真的遇到了抢劫。当她独自一人走到那条又长又冷清的大街上时，突然，在一幢大楼的阴影处，冲出一个高大的男子，手持一把寒气逼人的尖刀，向阿加莎·克里斯蒂猛扑了过来。阿加莎·克里斯蒂知道逃是逃不了了，就索性站住等那人冲上来。"你，你想要什么？"阿加莎·克里斯蒂显出一副极害怕的样子问。"把你的耳环摘下。"强盗倒也十分干脆。

一听到强盗说要耳环，阿加莎·克里斯蒂紧锁的眉头舒展了。只见她努力用大衣的领子护住自己的脖子，同时，她用另一只手摘下自己的耳环，并一下子把它们扔到地上说："你拿去吧！那么，现在我可以走了吗？"强盗看到她对耳环毫不在乎，而只是力图用衣领遮掩住自己的颈脖。显然，她的脖子上有一条值钱的项链。他没有弯下身子去拾地上的耳环，而是重新下达了命令："把你的项链给我！""噢，先生，只是它一点儿也不值钱，给我留下吧。""少废话，动作快点！"阿加莎·克里斯蒂用颤抖的手，极不情愿地摘下了自己的项链。强盗一把抢过项链，飞也似的跑了。阿加莎·克里斯蒂深深地舒了口气，高兴地拾起了刚才扔在地上的耳环。你知道为什么吗？

353. 豪宅里的谋杀

罗密欧与朱丽叶幸福地生活在一所豪宅里。他们既不参加社交活动，也没有与人结怨。有一天，一个女仆歇斯底里地跑来告诉管家，说罗密欧与朱丽叶在卧室的地板上死了。管家迅速与女仆来到卧室，发现正如女仆所描述的那样，两具尸体一动不动地躺在地板上。

房间里没有任何暴力的迹象，尸体上也没有留下任何印记。凶手似乎也不是破门而入的，因为除了地板上有一些破碎的玻璃外，没有其他迹象可以证明这一点。管家排除了自杀的可能，中毒也是不可能的，因为晚餐是他亲自准备、亲自伺候的。在检查尸体的时候，管家没有发现死因，但注意到地毯湿了。

罗密欧与朱丽叶到底是怎么死的？谁杀了他们？

354. 夜半枪声

在美国高级华府内，议员们正在开会，罗德高级官员在会议之后上了自己的私家车，直驶所住的高级住宅。

下车后，他按了门铃，里面的仆人探看了门上的门孔，原来是罗德先生。罗德先生在洗完澡之后，便很快就寝了。

到了深夜两点多时，室内一片寂静，突然传来门铃声，主人心想不用打扰已熟睡的仆人，于是自己前去开门，只听到"砰"的一声，仆人们跑出来看时，罗德先生已重伤倒地。天亮正好开会，主席一直不见罗德人到会场。突然电话来说："罗德先生已因枪伤不治而身亡。"于是检察官迅速赶至现场。

到达案发地点，警方早已把现场封锁。现场没有任何东西被偷，也没有留下任何可疑物，更无指纹等痕迹。地上只有罗德的尸体和头上致命的一枪及一摊鲜血。

你知道他是怎么遭到枪杀的吗？

355. 是否被"调包"

珠宝店来了一个像是腰缠万贯的暴发户的人，举止粗野态度蛮横，用命令的口气指使店员要这要那，嘴里还嚼着口香糖，并不时地吹起小泡泡。店员忍气吞声地应酬着。

"哎哟，怎么搞的？"暴发户拿在手里的钻石不小心掉到了地上。

店员慌忙拾起来一看，却是纯粹的假货。

"先生，非常抱歉，是您将钻石调包了吧？能让我搜一下您的身吗？"

直到这时，店员才强硬起来。可是翻遍了暴发户的全身，也没有发现真钻石。

"像话吗？你们以假充真，卖冒牌钻石，还在我身上找碴儿！走，上警察局评理去！"

店员虽坚信是此人玩了调包计，可又查不出证据，拿不出物证，只得忍气吞声地连连鞠躬道歉，并给了暴发户一笔精神赔偿费，这才打发他出了珠宝店。

请问，真钻石是否真被暴发户"调包"了呢？他这"魔术"是怎么变的？

356. 烧香命案

孙小姐对拜佛十分虔诚，每逢初一、十五均去观音庙拜观音。孙小姐的义子早就想要害死她而谋取她的财产，于是想出一条毒计，将毒液渗入她所携带的其中一支香烛上。可是经过好几次仍用不上这炷香，义子着急之余只好静待"佳音"。

又到了九月初一，孙小姐依例一早到了观音庙，由于半途下雨，她的香烛都渗了湿气。这天孙小姐心情好，一下子添了很多香油钱，小和尚高兴地过来帮忙点香。孙小姐这次拿出来的是"有毒"的粗香，好不容易才点着了它，不过更恐怖的是小和尚随后七窍流血倒毙当场，孙小姐吃惊地奔出庙堂。

为什么只有小和尚中毒，而孙小姐安然无恙呢？

357. 保龄球命案

英国保龄球夏季职业大赛正在进行，两个著名的选手莲娜和海蒂正进行着冠军争夺战。比赛还没有结束，莲娜突然倒地丧命。

警察立即赶到现场，警长留心地听取裁判费尔的叙述："当时，莲娜正在打第五球，但球竟然失准，滚到球道侧入坑，当球由运输带运回后，她打了一个补中时，球又失去控制，再滚入坑，她看了看中指尖，有一个小孔。"

"她用的是私家球吗？"警长问。

"当然，这是职业大赛，球在这里。"教练把球递过来，警长小心查看，这只是一个普通的保龄球，手指插入的孔中，也没有针状之类的东西。

通过进一步调查，警方查出了一点儿线索，知道莲娜的对手海蒂的弟弟约克，竟是这个球场的自动机管理员，警方相信，他为了姐姐能争得名誉，而不惜下毒手。但他是怎样下毒手的呢？

358. 毒菜单

古罗马皇帝尼禄，对于同父异母的弟弟布里达，心存顾忌，于是想设计除去这心腹之患。夏天到了，他吩咐厨师办一桌宴席，准备毒杀布里达。当时的菜单是：1.鹅蛋汤。2.牛舌丸子。3.冷冻饼干。4.海螺浸橄榄油。5.香菇饼。6.无花果与葡萄。

因为天热，布里达连吃了两份冰冻饼干，在把最后一道甜品吃完后，觉得身体不适，随即四肢痉挛，口吐白沫，倒在地上。

数天后，菜单的调配师找尼禄领赏。尼禄问他究竟用了什么毒药，此人得意扬扬地说："我用的是番木鳖。"

"但番木鳖碱是有苦味的，为什么布里达没有察觉到呢？"尼禄好奇地问。

"为了这个缘故，我特别花了心思。因为一般调味料，无法除去苦味。因此，我绞尽脑汁设计好当日的菜单。"

说到这里，尼禄突然拍膝而起："啊！真是一个绝妙的设计！"

调配师将毒药放在哪道菜里了呢？

359. 顾维钧巴黎声明

1919年1月28日，美、英、法、日、中国在巴黎和会上讨论中国山东问题，战败国德国将退出山东，日本代表牧野伸显却要求无条件地继承德国在山东的利益。中国代表顾维钧听了，站起身面对其他四国代表问道："西方出了个圣人，他叫耶稣，基督教相信耶稣被钉死在耶路撒冷，使耶路撒冷成为世界闻名的古城。而在东方也出了一个圣人，他叫孔子，连日本人也奉他为东方的圣人。牧野先生你说对吗？"牧野不得不承认："是的。"顾维钧微笑着对牧野说了一番话，令牧野哑口无言。

美国总统威尔逊、英国首相劳合·乔治和法国总理克里孟梭——巴黎和会的三巨头听完顾维钧掷地有声的声明，一齐走上前去握住他的手，称他为中国的"青年外交家"。

你知道顾维钧是怎么对牧野说的吗？

360. 烧烤谋杀案

这件谋杀案，是发生在烧烤的旅行中，案中的凶器，深信是难以猜测的。

这年的仲夏夜，某公司举行烧烤旅行，借此联络员工之间的感情。整晚烧烤，各人疲态毕露，只有庄静仍在努力地烧烤，似未有疲态。此时，同事袁卫兵兴高采烈地携着一只肥兔来，对庄静说："给你一份厚礼，是我在山上捉到的，味道蛮不错的哦！"

庄静是个不折不扣的美食专家，对肉类最为喜爱。一看到眼前这只肥大的白兔，自然兴奋得立即用尖树枝穿着，烧熟吃了。其他同事见到，认为他太残忍，都不敢吃，只有庄静，大口大口地嚼起来。

吃毕，返家休息。途中，庄静竟然在旅游大巴上暴毙了。警方验尸报告证实，死者是中毒而死的。现在，请你们思考谁是凶手，庄静怎会中毒毙命呢？

361. 郑板桥怪法惩人

清朝时，潍县有个盐店商人捉到一个贩私盐的人，请知县郑板桥惩办。郑板桥见这人很苦，产生了同情心，就对盐商说："你让我惩办他，枷起来示众如何？"盐商同意了。于是郑板桥就叫衙役找来一张芦席，中间挖个圆洞当作枷（这样分量较轻，戴枷人不吃苦），又拿来十几张纸，用笔画了很多竹子和兰草，贴在这长一丈、阔八尺的"芦枷"上，让这人戴上坐在盐店门口。这人在盐店门口待了十多天后，盐商竟然恳求郑板桥把那人放了。你知道为什么吗？

362. 刘伯温救工匠

朱元璋做了明朝的开国皇帝，便踌躇满志，大兴土木。一日，他巡视正在建造的金銮殿时，一时高兴，不禁自言自语："想当初为僧，我打家劫舍，没想到会有今天，哈哈……"忽然，工地传来声响，惊住了自己脱口而出的话头，他抬头一望，只见脚手架上，一个油漆工、一个雕刻匠正在做工。朱元璋自知失言，心想一旦传出去，有失帝王尊严，便命御林军将二人拿下，推出秘密处死。

资善大夫刘伯温得知此事，很想救下这两个无端招祸的工匠。但他知道，让皇帝收回成命不易，必须能为皇帝隐瞒，让皇帝放心他们。他急中生智，给两个被抓起来的工匠示意：指指耳朵又嘟嘟嘴。两个工匠把生的希望都寄托在刘伯温的身上了，眼睛直勾勾地望着他，他们对大夫的示意，似乎也明白了几分。当御林军拖着他们出去砍头时，竟没喊一声冤枉，没求过一声情。当看到御林军举起的刀时，二人一面哇哇乱叫，一面胡乱比画。朱元璋见状，正在狐疑，刘伯温上前低声对他说了一番话，朱元璋便下令把两个工匠放了。

刘伯温说了什么样的话，把两位工匠救了呢？

363. 钱到哪里去了

从前，日本某村的村长带领着一帮村民去参拜伊势神宫，机灵的孩子彦一也随队前往。他们一行人搭乘的船进入伊势内海，可是在天亮前他们发现有只海盗船在追踪他们。船上的人顿时惊慌失措，只有彦一比较冷静，他说："大家不要慌，一切都按我的办法来进行……"彦一的足智多谋，村民都知道的。在这危急的情况下，只好将希望寄托在他的身上。

不一会海盗船靠近了，海盗们跳上船来分头去搜村民的口袋。就在这时，他们发现彦一被捆绑在桅杆上，一脸苦相并且还在掉眼泪，奇怪地问："这是怎么回事儿？"村长害怕地回答说："这个孩子一上船就想偷我们的钱，幸亏被我们发觉了，所以要好好惩罚他一下。"海盗问彦一："嘀，你比我们还动手早啊！是不是这么回事？"彦一哭丧着脸说："是的，我是个穷孩子，想要钱花，所以就伸手了，谁知他们也穷，我没偷到钱，反被他们抓住了。你们能救救我吗？"海盗们当然不会救彦一的，他们分头去搜村民的口袋。谁知每人的口袋里只有一些零钱，加在一起还不到一两银子。这时天已亮了，所以只好拿了这些零钱回到了自己的船上。

那么，村民身上的钱都到哪里去了呢？

364. 图书馆里的黑影

晚上10点刚过，报警电话骤然响起，区图书馆晚9时左右发生盗窃案，收款员抽屉被撬，5000多元现金被盗。警长立即率人赶赴现场。黑洞洞的大楼里，李馆长、女支书、当晚值班员张强以及收款员小英接待了警长。

值班员张强陈述："18点接到供电局通知，因高压电线被附近单位施工碰断，所以这一带停电。为此，我加倍警惕，19点查巡大楼后，21点再次挨层检查。当我走到底楼用钥匙开门进入对外借书的大厅时，突然听到收款处有轻微的声响。在月光折射下，朦胧看见收款柜台里有一个黑影正在撬窃。我当即大叫一声扑过去，不料小偷灵巧地向一旁逃窜。我打亮手电，发现小英的抽屉被撬开。""我们接到小张的电话后就立即赶来了。"李馆长和女支书不约而同地说。"那么她呢？"警长手指小英问道。"她，她是小张追到大楼门口时，正巧碰见的。"女支书紧绷着脸"介绍"道。"我，我逛马路正好路过，谁知道发生案件了。"小英姑娘脸涨得像倒满葡萄酒的玻璃杯。

大厅里仍是漆黑一团，警长开亮勘查灯仔细查看。收款柜台在大厅左角，呈封闭式。柜台内有4只办公桌，几个抽屉都没上锁。小英姑娘的抽屉未见撬痕，抽屉被拉开20多厘米，抽屉里借书证、索引卡、单据以及小英姑娘的饭菜票等杂物被翻乱。"钱放在哪里？""就放在抽屉里。"小英答道。"哪些票面？""噢哟，这是办理借书证的，有角票，有5元一张的，也有10元的，反正我收后就朝抽屉里一塞，下班时我忘了上锁。"她似有愧疚，抽屉里如今分文全无。翻了翻当天办证收据，一共被偷去5000元左右。

勘查完现场后，警长对张强说："我们单独谈谈。"李馆长、女支书露出了惊诧的眼神。半个小时后，当警长将失款如数交给馆领导时，李馆长和女支书不解地问道："难道是他而不是她？"警长笑了笑，简要地谈了"破案"过程。

你能猜出警长是怎样认准作案者是张强的吗？

365. 电梯里的飞剑

柯南去宾馆拜访被截去双肢的画家杰伦，杰伦的秘书出来迎接。"画家就在4楼。"秘书说着，就按了一下在专用电梯旁边的有线电话："柯南先生来了。要不要带他们到画室？""不，我这就下来。"杰伦先生坐上手摇车进了电梯。不一会儿，电梯就直接下到一楼。

电梯的自动门一开，秘书就发出了惊讶的叫声。狭窄的电梯里，画家杰伦先生坐在手摇车上全身痉挛。原来，一根锐利的短剑直刺在杰伦的颈脖上，剑柄上还拴着一根粗粗的橡皮筋。秘书将车从电梯里推出来，摸了摸杰伦先生的脉搏，说："看来他不行了！这真是怪事，4楼画室里，除了先生自己外，一个人都没有……""这屋里另外还有楼梯吗？""有个紧急时用的螺旋楼梯，平时是不用的。""那我们分别从电梯和那个楼梯到上面去看看！"柯南乘上刚才杰伦先生遇难的那部电梯。而秘书和宾馆人员则上了螺旋楼梯。柯南很快到了4楼画室，没见到任何人。不多一会儿，秘书和宾馆人员也上来了。

"杀人犯也许是藏在电梯上下的竖坑里，我去那里看看。请您向警察局报案。"秘书摘下螺旋楼梯的天花板，进入了顶楼。宾馆人员报告了警察，随即也跟在秘书后面钻进了顶楼。可是，他一个人马上又下来了，浑身沾满了灰尘，而秘书却不知去向了。"杀人犯会逃到哪里去呢？"柯南很奇怪。画家的窗子都装有铁条，凶手不可能跳下去逃跑的。杰伦先生肯定在乘电梯下降到一楼时被杀。电梯没有在中途停过，杀人犯又不可能逃脱三个人的眼睛而溜走。

柯南忽然想起刚才所乘的电梯天花板上有个通风孔，心里不由一动：杀人犯会不会是他……你认为会是谁呢？

366. 愚蠢的徒弟

一个小伙子来到一个著名杀手的家，要拜杀手为师。杀手说："好吧，今晚马上就让你试试身手。你知道电视播音员段民吗？你把那个家伙干掉，还要看起来是事故死亡。"杀手把段民的照片递给他。"他的住所写在照片背后，今晚应该是在家的。""没问题。能把枪借我用用吗？""事故死亡是用不着枪的。""只是用来吓唬人的。""那好吧。"小伙子接过手枪兴致勃勃地走了。

几小时后，小伙子若无其事地回来了。"没出什么纰漏吧？""没问题，滴水不漏。"小伙子满不在乎地答道。可是，一看翌日的报，杀手的肺都要气炸了。段民的死亡报道是出来了，可警察已断定为他杀而开始立案侦查了。正在这时，小伙子来了。

"混蛋！你看看这篇报道，你究竟出了什么纰漏？""没有什么漏洞呀。一到公寓，正好那个人醉醺醺地回来了，我就用手枪柄照他头部给了一下，他当场就昏过去了。然后我把他放到车上，从港口的悬崖上连车推到海里。因为那个地方被称作死亡崖，汽车翻落事故多着呢！""用的是谁的车？""是偷的车。要是喝得酩酊大醉，偷了车兜风时，从那个悬崖上翻下去，是没人会怀疑的，也没有目击者。""是让他坐在驾驶席上吗？""那是当然的喽，这点粗浅的常识我还是懂的。而且我还有一手儿，击头时也不会伤着他。总之，死因毫无疑问是溺死。"

要是光听小伙子的话，似乎看不出哪儿有什么破绽。可是，杀手大怒，赶走了小伙子。

你知道小伙子出了什么错？警方知道吗？

367. 盯梢失败

警长接到线报，称有两大犯罪集团的成员会在百货公司春季展销会上接触，然后共同策划一项犯罪计划。警长亲自到场监视，终于等到其中一名犯罪集团的要员出现。那名男子走到百货公司的问询处，向女职员说了些话，女职员便播出了以下的广播："王志仁小朋友，你的爸爸在一楼问询处等你，请你立刻前来。"警长一直在监视着那名男子的举动，但始终没有小朋友王志仁的出现。其实在此期间，两名犯罪集团的成员已经成功地接触了。你知道他们是怎样接触的吗？

368. 第二现场

一天上午，警长赶到案发现场时，屋里的挂钟正响了七下。已在现场检查、搜寻的刑警报告说："经认真检查与搜索，再未发现新的证据与情况。这盘磁带是最重要的证据。它显示受害人被杀的时间是昨天晚上9点03分。"

原来，刑警接到报案后，在现场发现收录机时仍在开着的，是处于录音状态。刑警倒带一听，得到了情况。"噢，那么准确？""磁带录的是昨晚两球队比赛情况。在进入第四球之前的时候，响了两下枪声，一共两次，接着是一阵呻吟声，经查询转播台，那时就是9点03分。""如果事情果然是这样的话，这是第二现场。"警长说少了一种声音，示意再听一下录音带。"不会吧？我们听了好几遍了。"

请问，你知道是为什么吗？

369. 密室奇案

罗斯男爵是个地道的英国绅士，喜欢练习瑜伽。为此他买下了一座旧健身房，把它改造成为练功的场所。罗斯男爵性格内向，又非常虔诚，常把自己反锁在健身房里苦练瑜伽功。他在房里备了食物，往往一两个星期才出来一次。罗斯从印度带回4个印度人，雇用他们是为了与他们一同研究瑜伽术。这一天，4个印度人急急忙忙赶到男爵家，向男爵夫人报告："不好了！罗斯爵爷饿死了！"男爵夫人赶到练功房一看，只见男爵僵卧在一张床上，他准备的食物竟原封不动地放在那儿。两个星期之前，男爵把自己锁在这里，备的食物足足可以维持半个月以上，但他怎会饿死呢？

警察赶来检查了健身房。这是一座坚固的石头房子，门非常结实，又确实是从里面锁上的，并没有被人打开过门锁的任何迹象。室内地面离屋顶有15米左右，在床上方的屋顶上有一个四方形的天窗，但窗是用粗铁条拦住的，即使卸下玻璃窗，再瘦小的人也不可能从这里钻进去。也就是说，这座健身房是一间完全与世隔绝的密室。警察传讯了4个印度人，因为"首先发现犯罪现场的人"往往最值得怀疑。但4个印度人异口同声地说："爵爷为了能独自练功，下令不许任何人去打扰他。整整两个星期，我们都没到这儿来过一次。我们不放心，才相约来看望他，敲了半天门没有动静，从窗缝往里看，才发现爵爷直挺挺地躺在床上……"警察检查了食物，没发现有任何毒物，因为是冬天，食物也没变质，房里也没发现任何凶器。于是，警察就想以罗斯绝食自杀来了结此案。但是，罗斯夫人对此表示不满，亲自拜访了福尔摩斯，请他出场重新侦查此案。

福尔摩斯对现场进行了详尽的侦查，最后从蒙着薄薄一层灰尘的地板上发现：铁床四个床脚有挪位的迹象。于是他问："夫人，您的先生是不是患有高空恐惧症？"罗斯夫人回答："他一站到高处就头晕目眩，两腿发软，动也不敢动，这个毛病从小就有……""原来如此，那案子可以迎刃而解了。"福尔摩斯立即要求警方逮捕那4个印度人。在严厉审问之下，罪犯供认了谋害罗斯、企图夺取罗斯财产后逃回印度的罪行。

福尔摩斯的助手华生问福尔摩斯："你是凭什么做出这个判断的？"你知道答案吗？

370. 谜一样的绑票犯

某董事长的孙子被人绑架了，犯人要求索取一千万的赎金。犯人以电话指定如下："把钱用布包起来后，放进皮箱。今晚11点，放在M公园的铜像旁的椅子下面。"

为了保住爱孙的性命，董事长就按照犯人的指示，把一千万的钞票放进箱子里，拿到铜像的椅子下。

到了11点左右，一位年轻的女性来了。她从椅子下拿了皮箱后就很快地离去了。完全不顾埋伏在四周的警察。那个女的向前走了一段路后，就拦下了一辆恰好路过的计程车。而埋伏在那里的警车，立刻就开始跟踪。不久后，计程车就停在S车站前，那个女的手上提着皮箱从车上下来，警车上的两名刑警马上就跟着她。那个女的把皮箱寄放在出租保管箱里，就空着手上了月台。其中一位刑警留下来看着皮箱，另一人则继续跟踪她。但是很不凑巧，就在那个女的跳进刚驶进月台的电车后，车门就关了，于是无法继续再跟踪。然而，那个问题皮箱还被锁在保管箱里，她的共犯一定会来拿。刑警们这么想着，就更加严密地看守那个皮箱。

但是，过了好久之后，都不见有人来拿，于是警方便觉得不太对劲，便叫负责的人把保管箱打开。当他们拿出箱子一看，里面的一千万元已经不翼而飞了。

你知道钱怎么不见了吗？犯人又是谁呢？

371. 枪响之后

星期天下午，P先生被人杀了。警长来到P先生的邻居M先生家里调查。M先生告诉警长发生凶杀的时间时说："我和我的女儿很清楚，我们听到3声枪响的时间正好是17点06分。我们立刻向窗外看去，看到一个男人溜掉了，他只是一个人。"

警长检查了现场，他发现了一封由P先生亲手签名的信，上面提到，有3个男人曾想谋害他。这3名嫌疑人是：A先生和C先生是足球教练，而B先生是橄榄球教练。这3名教练的球队，星期天下午都参加了15点整开始的球赛：A教练的球队是在离死者住所10分钟路程的体育场上争夺"法兰西杯"；B教练的球队是在离P先生家60分钟路程的球场上进行友谊赛；C教练的球队是在离凶杀地点20分钟路程的体育场上参加冠军争夺赛。据了解这3位教练在裁判号吹响结束比赛的笛声之前，都在赛场上指挥球战，而且当天天气很好，比赛皆未中断过。警长踱着方步，突然返转身对助手说："给我把3位教练都请来。"

"诸位教练，贵队战果如何？"A教练答道："我的球队与绿队踢成了平局，3比3。"B教练接道："唉，打输了，9比15负于黑队。"C教练满面喜色，激动地说："我的队员以7比2的辉煌战绩打败了强手蓝队，夺得了冠军！"

警长听后，朝其中的一位教练冷冷一笑："请留下来我们再聊聊好吗？"这被扣留在警署的教练，正是枪杀P先生的罪犯。你知道他是谁吗？为什么？

372. 两个案子一支枪

一个星期天的上午，日本名古屋市发生了一起枪杀案。大约两个半小时之后，东京也发生了一起枪杀案。经过警方有关专家鉴定，发现这两起枪杀案中所用的子弹，是同一支手枪发射的。凶器既然是同一支手枪，那么应该是同一个凶手吧？他先在名古屋杀了人之后，又赶到东京去杀人。警方根据这样的推理，结果是迟迟破不了案，始终找不到真凶。

最后，警方终于将凶犯逮捕，原来他们是兄弟两个人。在名古屋杀人的是哥哥，在东京杀人的是弟弟。最令警方困惑不解的是：案发时兄弟俩都有不在另一城市的不在场证据，也就是哥哥一步也没离开过名古屋市，而弟弟也一直待在东京。那么在这短短的两个半小时内，兄弟俩到底如何传递作案的手枪呢？而他们绝没有让第三者帮忙把手枪带到东京。

373. 雪茄烟之谜

雪茄烟厂发生了一起凶杀案。在一所公寓5楼的一个房间里，雪茄烟厂的一位会计师背部被刺了一刀，伏在写字台上死去。发现尸体的时候是下午4点钟左右。当时桌子上的烟灰缸里放的一支大雪茄还在燃着。烟前端留着1厘米长的烟灰。

"根据烟灰的长度判断，这支雪茄烟点燃后还不到10分钟。""那么，就是说罪犯杀害会计师以后逃跑的时间是3点50分左右了。"刑警们检查了这支雪茄烟。

然而，尸体解剖结果表明，死亡时间是下午1点左右，并且一天后逮捕了凶手。他交代说是下午1点半离开作案现场的。那以后，他有确实的当时不在作案现场的证明。

如果是这样，凶手是怎么在离尸体被发现的下午4点钟的10分钟之前去点燃雪茄烟而逃走的呢？刑警们感到奇怪。但当他们发现了写字台旁放着一架天体望远镜的时候，马上就解开了案件之谜。"不错，这架天体望远镜的前端是面向西南方向的玻璃窗的，这样便可以识破凶手的作案手段了。"

真相是什么呢？

374. 救生筏上的疑团

游览用的小型直升机载着一名乘客在海上飞行时，遇到了空中陷阱，还没来得及发出SOS遇险信号就坠到了海里。幸好靠机翼的浮力，飞机没有马上下沉，所以飞行员和乘客才得到机会吹起救生橡皮筏转移到了上面。

海面上风平浪静，橡皮筏是4人用的，所以两人用绰绰有余。筏上有5罐紧急用的罐头食品，其中两个是果汁，以此来代替饮用水。

"如果这样漂上两三天，大概会有搜索飞机来救助的，无须担心。"飞行员劝乘客放心。

可是半个月后一艘国际货轮发现这个救生筏时飞行员和乘客已经死了。飞行员是被匕首刺死的，而乘客不知为什么用左手的一个手指抠住鼓起的空气管俯在筏上饿死了。船上还有一把带血的匕首和4个空罐头盒，另一个罐头没动过，装在被绑在安全把手上的口袋中。"这两个人是为抢夺最后的一盒罐头而用匕首互相残杀的吧？""可如果是这样，活着的凶手为什么不吃罐头而活活饿死呢？"货轮上的船员们感到不可思议。那么，漂泊的救生筏上到底有可能发生了什么事？

375. 她在暗示什么

　　美丽的"金丝鸟"金珊终于死在"笼中"。犯罪现场在大款吴仁富为金珊购买的别墅中的卫生间里。作为吴仁富婚外"笼养"的金珊，全身赤裸着俯卧在卫生间冰冷的地砖上，背部插着一把匕首，她的头部朝右前方抬着，右手指着大理石浴缸的外壁。

　　刑侦技术员仔细勘查了现场，遗憾的是未能提取到任何有价值的痕迹物证，而金珊那右手的指向到底暗示着什么，大家讨论数次也是百思不得其解。

　　经侦查，金珊的初恋男友卓辉和吴仁富均有作案动机。卓辉可能因与金珊的恋情无法挽回或继续而绝望，杀人绝情；吴仁富则对金珊已萌厌意，无法摆脱，可能杀人。况且两人在金珊被害的那段时间内，均称是单身独处，却无人能加以证明。他们单身独处之地离现场又非常近，完全能快速作案并迅速离开。

　　对卓辉和吴仁富侦查讯问多次，两人均做痛苦状，坚称自己未曾杀人。案件侦查陷入僵局，刑侦队队长宰兆铭决定复勘现场，并从市公安局请来犯罪现场心理分析专家刘浩参与复勘工作。刘浩在卫生间闭门独自沉思了半个多小时后，打开煤气淋浴器，终于解开了金珊暗示之谜。金珊在暗示什么呢？有哪种可能性呢？

376. 生日酒会之谜

　　周一上午，宾馆服务员欲进某套房打扫卫生，她反复按门铃通知客人，可客人姜威一直没有应答。保安把门打开后，发现姜威已死在床上。

　　刑警、法医勘查现场，初步认定姜威是在睡眠中因心力衰竭而死亡，死前姜威曾大量饮酒并服下安眠药。从服务小姐处了解到，姜威患有严重失眠症，每天睡前均服用安眠药。从姜威公司同事处了解到，姜威无心脏病史，死前晚上曾赴一医生朋友的生日酒会。

　　警察到医生家调查，医生坦陈昨晚与姜威一起在饭店饮酒，但不是什么生日酒会，而是朋友小酌。姜威服用的安眠药也是他提供的。警察问不出什么线索正欲离去时，却发现医生的妻子听说姜威死讯时神情异常。于是警察展开秘密的侦查，终于发现医生的妻子是姜威的情人，而医生也已察觉他们的奸情。再访问姜威公司同事，同事证明亲耳听到姜威与医生通电话时，是说去赴生日酒会。

　　这"生日"酒会有什么阴谋？

377. 突破封锁线

窃贼有赛车的驾驶证，所以像平常摆脱警察巡逻车一类的追捕根本不在话下。但是，今晚奔逃这台戏就不太好唱了。因为事情是发生在只有一条单行铁路支线的乡村，要摆脱警察巡逻车的追击，没有岔路，加之监听到了警察巡逻车内的无线电话，说是所有路口都被封锁了，所以驾车技术再怎么高也无济于事，就这样钻进了封锁圈，成了袋中老鼠。

当来到铁路支线的无人道口时，不走运，正赶上横杆放下，窃贼只好停下心爱的赛车焦急地等待着末班夜车通过。

突然他心生一计，顺利摆脱了警察的追踪，也没受到封锁线的阻截。你知道是什么计策吗？

378. 两名嫌疑犯

探长普尔曼和他的老朋友吉姆，推开了Q国大使的秘书罗丝的房间，屋内一片漆黑，打开电灯，发现罗丝倒在客厅，死了。她身上穿着牛仔裤和短袖的毛衣。奇怪的是，她的毛衣却往上拉到胸口，露出了肚脐，毛衣里面什么也没有穿，只戴着一串十字架项链，而且嘴里含着十字架。

"凶手可能是从对面的旅馆开枪的。"吉姆指着客厅里敞开的窗户说道。正对面有一幢高层楼房的旅馆，大约相距一百米。"为什么她口里含着十字架，又将毛衣拉到胸部？"普尔曼疑惑地说。"可能是她正要脱毛衣的时候被枪射中的。""咦？这里有弹痕。"阳台窗户的墙上，有一个弹痕。"吉姆，你和她差不多高吧？现在我要量量弹道的角度，请你站在她倒下的地方好吗？"普尔曼抓着卷尺，量了量弹道："如果是这样的角度，应该是从对面的九楼射来的子弹。""你到对面的旅馆看看，我在这里检查，这里有两张嫌疑犯的照片给你。"吉姆从包里拿出了照片。

来到这家旅馆，普尔曼拿出警察证件给公寓的前台人员看："照片上的两个人是不是住在九楼？""一个住在909房间，另一个住在509房间。"前台人员说。在侍者的带路下，普尔曼走进909房间，打开窗，正对面稍稍向下的角度可以清楚地看见罗丝的客厅。他又乘电梯到了509房间。他用望远镜从窗子看出去，罗丝的客厅同样一览无遗。普尔曼打电话给吉姆，他把自己看到的情况告诉吉姆。

"这样看来凶手应该是九楼的人了，就像我们方才测得的，子弹是从上往下射来的。"吉姆说。"可是九楼没有任何射击的痕迹啊，让我想想……等一下，我知道谁是凶手，我过来详细告诉你。"普尔曼挂上了电话。

你知道凶手是谁吗？

379. 总经理老婆之死

有5个人分别是公司总经理、总经理朋友的心理医生、总经理老婆、总经理老婆的妹妹、总经理老婆的妹妹的男朋友。

一天5人驾车去野炊，总经理开车，老婆在总经理旁边，第二排是妹妹和她的男朋友，第三排是心理医生。车开到荒郊野外，总经理看了看车外，又看了看后视镜，说了一声：好美啊！可当时的情景其他人都不觉得美。来到野炊地点，总经理和心理医生一起去爬山了。妹妹和男友又去了别的地方看风景，只剩总经理妻子一人。

再说总经理和心理医生，山爬到一半，总经理觉得气接不上来，呼吸困难。经心理医生观察，需要上医院观察治疗，两人停止了登山。回到山下，总经理和妻子商量后决定先走，妻子留下字条，叫妹妹和男友自行乘车回家，他们三人先走了。由妻子驾车来到医院安顿好一切，这时他们接到一份电报，说妻子的母亲亡故了！总经理叫妻子先去，等他自己身体舒服些再过去。就这样妻子自己驾着车去娘家，当开到一偏僻小路时看见一辆轿车停在前面，由于路窄，只能一辆车通过，于是妻子下车上前询问并叫其把车道让出，这时车上跳下一黑衣男子，黑裤黑衣黑头套黑眼镜，戴了个白口罩。他步步逼向总经理妻子，把她逼到一处悬崖边……最后她在死之前说了一句："你的眼镜好熟悉啊！"

3个月后，总经理病好了，约好和心理医生一起去散心，地点就是他妻子遇害的地方，总经理先到了。这时心理医生在背后拍了拍总经理。总经理吓了一跳，回头一看笑着说："哦！原来是你啊！"

请你概括分析一下，谁杀了总经理老婆？为什么？

380. 中断的足迹

一天深夜，富商林敏的别墅里被神盗阿强光临，将别墅里价值千万元的几件古董，神不知鬼不觉地盗走了。第二天，警方接到报案后立即赶到别墅进行侦查，却没有查到任何有价值的线索，只是发现小偷的脚印从窗下一直延伸向海岸，但是，离开的脚印在沙滩中段却突然消失了。

你知道小偷是怎样离开的吗？

381. 电梯上的疑影

"玛丽小姐昨天下午3点多钟来到约翰诊所镶牙。"巡警卡尔正在向警长汇报案情，"就在医生给她牙印模时，门被轻轻地推开了，一只戴着手套的手伸进来，手中握着手枪。约翰医生当时正背对着门，所以只听到两声枪响。玛丽小姐被打死了。在案件发生一个小时后，我们找到了嫌疑犯。开电梯的工人说，他在听到枪声之前的几分钟，把一个神色慌张的人送到15楼，那个地方正是牙科诊所。据电梯工描述，我们认为那个人正是假释犯迈克，他因受雇杀人未遂入狱。"警长问："把迈克那家伙抓来了吗？""已经抓来了。"卡尔答道。

警长提审了迈克："你听说过约翰这个人的名字吗？""我没听说过。你们问这干什么？"警长微微一笑："不为什么，只是两小时前，有位名叫玛丽的小姐在他那里遇上了点麻烦，不明不白地倒在血泊中。""这关我什么事？整个下午我一直在家睡觉！"迈克回道。"可有人却看见一个长得像你的人在枪响前到15楼去了！"警长紧逼了一下，目光似剑。"不是我，"迈克大叫，"我长得像很多人。"他接着又说，"从监狱假释出来我从未去过他的牙科诊所。这个约翰，我敢打赌这个老头从来没见过我。他要敢乱咬我，我与他拼命！"警长厉声道："迈克，准备上断头台吧！"

你能猜出罪犯的申辩中何处露了马脚？

382. 酒窖中的机械表

安卡先生一向都是乘星期五上午9点53分的快车离开他工作的城市，在正好两个小时后到达他郊外的住宅。可是有一个星期五，他突然改变了习惯，在没有通知任何人的情况下，他坐上了那天夜里的火车。回到家里，已近午夜零点，他听见他的秘书迈克正在地下室的酒窖里面喊"救命"。安卡砸开门，将秘书放了出来。"安卡先生，您总算回来了！"迈克说道，"一群强盗抢了您的钱。我听见他们说要赶今天午夜零点的火车回纽约市去，现在还剩几分钟，怕来不及了！"安卡一听钱被盗走，焦急万分，便请摩斯警长来调查此事。

摩斯找到迈克，问："你是说几个强盗用枪抵着你，逼你打开保险柜？""是的，"迈克答道，"然后他们又逼我服下了一粒药片——大概安眠药之类的东西。我醒来时，正赶上安卡先生下班回来。"摩斯检查了酒窖。这是个并不很大的地窖，四周无窗，门可以在外面锁上，里面只有一盏40瓦的灯泡，发出不太明亮的光，但足以照明用了。摩斯在酒窖里找到了一块老式机械表，他问迈克："发生抢劫时你戴着这块手表吗？""呃，是……是的。"秘书回答。"那么，请你跟我们好好说说，你把钱藏在哪儿了？你和那些强盗是一伙的。"迈克一听，顿时瘫倒在地。

你知道警长是如何识破秘书的诡计的吗？

383. 绑票者的真面目

一个深秋的夜晚，董事长的儿子被绑票了，凶犯开口要5万元赎金。他在电话里说："旧百元纸币500张，普通包装，在明天上午邮寄，地址是本市和平区解放大街200号，许静。"凶犯说完后，威胁说，"假使你事前调查地址或报警，就当心孩子的生命！"

董事长非常惊慌，考虑再三，他还是报案了。因为事关小孩的生命，警长也不能轻举妄动。于是，他乔装成百科辞典的推销员，到凶犯所说的地址调查，发现地址和人名都是虚构的。难道凶犯不要赎金吗？绝对不可能。忽然他灵机一动，终于发现了这宗绑票凶犯的真面目。第二天，他捉到了那凶犯，安然救出被挟持的小孩。

384. 发黑的银簪

妩媚动人的刘晶小姐失踪了。第二天，在郊外树林里发现了她的尸体，一根银簪深深地刺进她的太阳穴。警长从尸体上拔下银簪，用白纸拭去上面的血迹。银簪尖部十分锋利，闪闪发光，可作防身的短剑，柄端却像熏过似的黑乎乎的。

"这是刘晶的东西吗？"警长问刘晶的父亲。"是的。是我女儿的男友罗伊送的。"警长叫助手把罗伊找来。

罗伊是一位举止庄重的人。一靠近他就有一股硫黄的气味，再仔细一看，大概患了皮肤病，两手手指黄黄的，干巴巴的。"真是糟心的病啊，涂了硫黄药了吧，见效吗？"警长同情地说。"好多了，只是味太大。"罗伊像是不让人看似的，把手藏在身后。"可是，你不是要同刘晶定亲了吗？""是有这个打算，可刘晶说推一推……""这么说你是憎恨刘晶变了心而杀死她的？""这是什么话，凶手绝不是我！我不是说死人的坏话，可刘晶还有别的男人。""我有你杀人的证据，你快老实交代吧！"

那么，警长根据什么发现了凶手呢？

385. 骨灰盒里的钻石

豪华游艇正在逆江而上，突然，身穿丧服的夏尔太太急匆匆地找到船长说：

"糟了，我带的一只骨灰盒不见了！它里边不仅有我父亲的骨灰，而且还有三颗价值三万马克的钻石。"

船长听罢，立即对游艇上所有进过夏尔太太舱房的人进行调查，并记录了如下情况：

　　夏尔太太的女友弗路丝：9点左右进舱同夏尔太太聊天；9点05分，因服务员安娜来整理舱房，两人到甲板上闲聊。

　　夏尔太太本人：9点10分回舱房取照相机，发现服务员安娜正在翻动她的床头柜。夏尔太太恼怒地斥责了她几句，两个人争吵了10分钟，直到9点20分；9点25分，女友弗路丝又进舱房邀请夏尔太太去甲板上观赏两岸风光，夏尔太太因心绪不佳，没有答应。

　　到了9点30分服务员离开后，夏尔太太发现骨灰盒已不翼而飞……

　　如果夏尔太太陈述的事实是可信的，那么，盗贼肯定是安娜与弗路丝两个人中间的一个，但是无法肯定是谁。正在为难之际，有个船员向船长报告说：

　　"我隐约地看见在船尾的波浪中有一只紫红色的小木盒在上下颠簸。"

　　船长赶到船尾一看，果然如船员所说。于是，他当机立断，下令返航寻找。此时是10点30分。到11点45分终于追上了那只正在江面上顺流而漂的小木盒，立即把它捞了上来。

　　经夏尔太太辨认，这个小木盒正是他父亲的骨灰盒，可是骨灰盒中的三颗钻石却没有了。

　　这时，船长又拿出了笔记本，细细地分析刚刚记录下来的情况，终于断定撬开骨灰盒窃取了钻石，然后将骨灰盒抛入大江的人。

　　破案的结果，同船长得出的结论是完全一致的。

　　你知道这些钻石是谁偷的吗？

386. 失算的惯偷

　　有个惯偷，这天到地铁里来行窃。他贼眉鼠眼地观察四周，在乘客中挤来挤去，终于找准一个目标。他先将一个肩挎皮包、身穿迷你裙的小姐的钱包偷到手，接着又把手伸进一个男士的口袋，最后将一个穿休闲服的妇女的钱包掏了出来。

　　他知道作案的时间不宜过长。车到站，他就赶紧下车溜了。来到一个僻静处，他从衣袋里掏出偷来的钱包查看，发现收获不大。"都是些穷光蛋！"他不满地嘟囔了一句。可是此时，他突然发现和三个偷来的钱包放在同一衣袋里的自己的钱包不见了。不仅如此，他还从口袋里发现一张字条，上面写着："在偷别人东西之前，最好先看好自己的东西！"

　　在被偷的三个人中，是谁偷走了惯偷的钱包？

387. 大提琴手之死

　　劳拉的尸体躺在公寓的停车场，旁边是她的红色轿车，轿车里放着劳拉小姐的大提琴。她在晚上8点钟遭人谋杀，也就是她预定到达剧院音乐会演出前的15分钟左右。凶手共射击两次。第一颗子弹穿过她的右大腿，在她紫色的短裙上留下了一大片血迹。第二颗致命的子弹射中她的心脏，在她的白衬衫上留下了血迹。

　　警方听取三个人的证词。发现尸体的房东太太说，劳拉决定参加音乐会，但并不演出，因为有一位过分热情追求她的人困扰着她，他就是同为管弦乐团一员的彼得。一星期以来，劳拉都没有练习大提琴，或者说没有从车中取出大提琴。彼得坚称，他和劳拉已经言归于好，劳拉也说她要演出，并且要在晚上8点10分去接他，然后像往常一样一起坐车到剧院。但是他却没有等到她。指挥杰克说，管弦乐团的女性成员穿紫色裙子和白衬衫，而男性成员则穿白色西装上衣和黑色裤子，至于款式方面，则没有硬性规定。管弦乐团的成员都是在家中穿好衣服。他又说，劳拉无疑不用练习就能够有很好的演出，因为音乐会是重复性的节目。在听了三个人的证词之后，警长立刻知道是彼得说谎。怎么知道的呢？请你也想一想。

388. 武彦三郎的疏忽

　　一天夜晚，武彦三郎接到姐姐打来的电话，说有要紧事情让他马上到她家里去。原来他姐姐碰到一件棘手事情。她的朋友川崎文子今晚有事住在她家里，可是这位朋友睡觉前洗澡时，突然心脏病发作，死在浴缸里。武彦三郎的姐姐不敢通知警察局，怕警察局怀疑是她杀了川崎文子而引起麻烦，因此求武彦三郎把川崎文子送回她单身住的别墅的浴室里，就像在那里死的一样。

　　武彦三郎把川崎文子送到她的别墅时，天已大亮。幸好别墅坐落在树林中间，没有被人发现。武彦三郎悄悄地把川崎文子放到浴缸里，打开热水器，让浴缸里放满了温水。接着他把川崎文子的衣服挂在衣架上，把手提包和高跟鞋放到适当的位置，随后便悄悄地离开了别墅。当天下午3点左右，川崎文子的尸体被别墅管理员定时巡视时发现，很快报告了警察局。

　　法医检查后说："死因是心脏病，自然死亡。"正在现场调查原因的山田警长忙问："是什么时候死亡的？"法医说："更详细的情况需要解剖尸体才能断定，不过大约是在晚上9点到11点。"山田警长环视四周，沉思片刻说："如果肯定是死于心脏病，又是这个时间，那么这个浴室不是现场，肯定是谁怕尸体引起麻烦才运到这里来的。"

武彦三郎有什么疏忽，使山田警长肯定尸体是从别处运来的呢？

389. 火车抢劫疑案

拉丁美洲某博物馆运送一批珍贵古玩去另外一座城市展览，途中要经过一片经常有劫匪出没的大草原，因此这件事是在极端秘密的情况下进行的，只有几个人知道运的是什么。但是火车最终还是被劫。

案发后，极有经验的警官A立即乘直升机赶到继续行驶的列车上。警官A第一个到货车车厢找押运员B调查，B是少数几个知情者之一。警官A敲了几下门，没有人应门，自己用力一转门把手，门开了，原来B正坐在椅子上。当他知道警官A敲过门，就十分抱歉地说："为了安全，这节车厢的门又厚又重，列车在行进中根本听不见敲门。"

警官A请B介绍一下遭抢的情况，B说："当列车高速经过草原的时候，我感到很紧张。正在这时，有人敲了4下门，我以为是列车员送水来，于是打开门。没想到进来3个蒙面大汉，他们还戴着手套，不由分说，就把我绑在椅子上，并用手帕塞住了我的嘴……"

警官A似乎听得很漫不经心，他东瞅瞅，西望望，看到地上有一个烟头，就打断B的话："这个烟头是你扔的吗？""不，我不会抽烟……哦，我想起来了，这是一个挺胖的劫匪扔的。"在B回答的时候，警官A注视着他的脸，发现B脸颊上有一道很浅的伤痕，便问："你脸上的伤痕是被劫匪打的吗？""不是。是一个劫匪绑我时，被他手上的戒指划破的。"B答道。警官A点点头问道："你还有什么别的情况要讲吗？"B摇摇头。警官A却说："你编故事的本领太差了，到处都是矛盾，你被捕了。"

你听出B说的话中都有哪些矛盾了吗？

390. 谁杀了蒙面占卜师

日本某旅游团踏上了中国的丝绸之路。一天夜里，一个蒙着面的占卜师在住地被人杀害，死因是有人在占卜师喝的咖啡里掺了毒。这个蒙面占卜师在日本电视《你的未来生活》栏目中名声大噪，但观众从未见到过他的真面目，对他的私生活也一无所知。在旅游团，尽管他谈笑风生，待人热情友好，但也从不摘下脸上的面纱。

这是为什么呢？中国警官在勘查现场时揭开了谜底：他生过梅毒，鼻子已经腐烂，蒙面是为了遮丑。中国警官分析认为，生梅毒的人一般生活比较混乱，因而该案属于情杀的可能性极大。于是中国警方通过国际刑警组织向日本警方发出通报，要求查清占卜师的私生活并提供破案线索。可是日本警方的答复却令人失望：占卜师生梅毒系父母遗传，本人作风正派，为人和善，没有仇人，在日本国内无破案线索。

中国警官在清理占卜师的遗物时，又发现他所携带的巨款已不翼而飞。棘手的难题。破案只能从笨办法开始：调查旅游团内有谁与占卜师一起喝过咖啡。经过一番艰苦细致的工作，终于找到了三个嫌疑人：惠子——占卜师的妻子；牧村——占卜师的弟弟；隆山太郎——旅游团成员。惠子另有新欢，此次本不愿来中国旅游，她想趁机留在日本与姘夫厮混，占卜师揭穿了她的企图，强行拉她来到中国。为此她每晚与占卜师争吵不休。平时她爱喝咖啡，有作案动机。牧村是大证券商，为人阴险狡猾。为了攫取钱财常常不择手段。三年前他借给占卜师一笔钱款，多次催讨未果。此次旅游中，他与占卜师喝咖啡时看见占卜师带了一笔巨款，再次向他索要，占卜师非但不还，还以兄长的身份斥责他的为人，使他怒不可遏。隆山太郎，服装设计师，经济拮据而又吝啬。他原来与占卜师互不相识，旅行途中成为好朋友，他俩经常在一起喝咖啡。一次，隆山太郎请占卜师为其占卜，不知占卜师说了他什么，两人发生争吵，隆山太郎悻悻离去时，将一杯未喝完的咖啡泼了占卜师一身。

以上3人都没有在占卜师的死亡推定时间内不在现场的证人，而其他团员都一一被排除了嫌疑。中国警官对3个嫌疑人逐个推理分析，最后确定了凶手。经过审讯，这个嫌疑人供认不讳，并查到了证据。

请问：凶手是谁，理由何在？

391. 国际刑警的难题

国际反恐组织得到消息，制造了多起恐怖事件的"黑鹰"组织首领伯德和另外一些核心成员，一年前躲逃到G国来了，似乎在酝酿新的恐怖计划。国际反恐组织G国反恐负责人亚伯拉罕觉得这是个难得的一网打尽恐怖分子的机会。

G国是个岛屿众多的国家，小岛之间不通公路，只能用水上飞机和游艇来做交通工具。据可靠情报了解到，恐怖分子散布在不同的岛屿上，定期到伯德的住所碰头。亚伯拉罕换上蛙人的衣服，潜水到伯德的住所外面观察动静，整整一个星期，他才完全弄清楚绑匪的活动规律，给行动组带回了一个好消息和一个坏消息。好消息是："黑鹰"组织的7名主要恐怖分子都在小岛上，他们和伯德保持着固定的联络；坏消息是：恐怖分子很谨慎，他们是这样碰面的——第一名伯德的助手隔一天去伯德那里一次，协助他处理事情；第二名恐怖分子隔两天去一次，第三名恐怖分子隔三天去一次，第四名恐怖分子隔四天去一次……以此类推，第七名恐怖分子要每隔七天才去一次。

为了避免打草惊蛇，把恐怖分子们一网打尽，亚伯拉罕决定等到7名绑匪都碰面的那天再行动。这个决定遭到了组织一些成员的质疑。他们说，这些人的活动是如此神秘，以至于好像永远不会有7人同时出现的时候。另一些人则说，虽然这些人可能同时出现，但是这必定是在一个遥远的日期以后，比如10年或者20年后，所以计划是完全不可行的。

说来说去，没有一个人能说清楚，恐怖分子究竟会不会同时出现，而如果同时出现的话，又将是在什么时候。你能解决这个难题，帮助反恐组织抓住所有犯罪分子吗？

392. 无情的船长

卡塔尼亚和多格尼亚两个公国之间的战争一直持续了数百年，战乱使得两国的百姓都不得安宁。为了促使两国人民和平相处，经过协商，两国国王共同签署了一项法令，明确规定所有来往于两国之间的商船上，都必须同时有来自两国的船员，而且其人数必须相等。在某个具有历史意义的日子里，这样的船终于开始通航了。

这艘商船上共有船员30人：15个卡塔尼亚人和15个多格尼亚人，船长则是强壮而冷酷无情的多格尼亚人。出航没多久，船就遇上了风暴，受到严重的损坏。船长表示，唯一能救这艘船的办法，就是把一半的船员扔下海，以减轻船的负荷。为了公平起见，他决定让船员们抽签决定由谁来赴海蹈死：所有人都站成一排，由船长读数，每数到第九的船员就被扔下水。大家都同意了这个办法。

奇怪的是，因这种办法而被扔下水的船员，全是卡塔尼亚人，没有一个多格尼亚人。船长是怎么将船员进行排列的？

393. 背上的子弹

福尔警长和旅游团的其他游客正凝视着地上的几片腐烂的木片，听导游抑扬顿挫地讲解着："这里葬着的就是70年代因杀了两个优秀的警察而臭名远扬的强盗阿莱。那天晚上，这里发生了一桩抢劫大案，闻讯赶来的警察和强盗发生了枪战。枪声刚停，一个陌生人闯进了普莱斯门医生的家里，他对医生说：'我听到枪声时正穿过南大街，我看见两个警察在追一个人，于是我也追了上去。那人在你屋子后面埋伏着，打死了两个警察，我也受了伤。'医生从这人后背上取出了一颗0.44口径的子弹，然后给他清洗伤口，又借给他一件衬衫穿上，最后用绷带将他的左臂吊了起来。正在这时，警长佩尔和当地名流艾佛利冲进了医生家里。艾佛利指着那陌生人说：'就是他！'警长把枪对准了那陌生人，说：'先生，一个持枪者在抢劫仓库办公室后又杀死了我手下两名最好的警员，别怪我不客气。''冤枉啊！'陌生人喊道，'我是在帮助那两个警察追赶逃犯。''不，'艾佛利指着他的背部说，'你背上的子弹说明你是逃跑的人而不是追捕别人的人。子弹总不会从后面飞过来吧？'"导游说到这里，骄傲地说道："这么快就抓到强盗，这是我们小镇的光荣，后来，这个强盗很快就被绞死，埋在这里，永远进不了天堂！"

福尔听完，笑着摇摇头，说："亲爱的导游，我为你们小镇的警察先生们遗憾。这位先生肯定能进入天堂，他不是罪犯！"福尔警长为什么这样说呢？

394. 无赖的马脚

无赖龙南打听到海滨别墅有一幢房子的主人去旅游度假，要到月底才能回来，便起了邪念。他找到懒鬼海涛，两人决定去碰碰运气。两天后的一个夜晚，气温降到了零下5摄氏度，龙南和海涛潜入了别墅，撬开前门，走进屋里。他们发现冰箱里摆满食物，当即拿出两只肥鸭放在桌子上让冰融化。几个小时过去了，平安无事。龙南点燃了壁炉里的干柴，屋子里更暖和了。他们一边坐在桌边，转动着烤得焦黄、散发着诱人香味的肥鸭，一边把电视打开，将音量调得很低，看电视里的天气预报节目。突然，门铃响了，两人吓得跳起来，面面相觑，不知所措。门外进来了两个巡逻警察，站在他们面前，嗅嗅烤鸭的香味，晃晃两副叮当作响的手铐。他们究竟在什么地方露出了马脚？

395. 迷幻药与色盲

美国阿肯色州歌剧院女高音希尔是迷幻药集团的一个成员，不久前遭暗杀身亡。警方经过一番调查和排查，筛选了两名嫌疑犯，一个叫亚森，一个叫哈利。他们都与迷幻药走私有关。希尔生前有收藏鞋子的嗜好。在她的房间里，存放着120双鞋子，分门别类地摆放在鞋箱内。

警长霍士发现一个奇怪的现象：在标示红色的鞋箱内，有20双绿色的鞋子和红色的鞋子整齐地放在一起；而在标示绿色的鞋箱内，则有36双红色的鞋子和绿色的鞋子同放。显然，凶手先是将鞋子全部取出，查看是否藏有迷幻药，然后放回箱内。

霍士警长问："你们两人当中谁是色盲？"哈利不吭声，亚森则回答说："他是色盲，分不清红色与绿色！""好，那么，真正的杀人凶手就是你！"

请问，警长为什么如此断言？

396. 拖延了的侦破

福尔接过一份报告，看了一会儿，对警长说："根据验尸的报告，露丝太太是两天前在厨房中被人用木棒打死的。这位孤独的老妪多年来一直住在某山顶上破落的庄园里，与外界几乎隔绝。你想这是什么性质的谋杀呢？""哦，真该死！我昨天凌晨4点钟就接到一个匿名电话，报告她被人谋杀了，但我还以为这又是一个恶作剧，因此直至今天还没有着手调查。"警长尴尬地说道。"那么我们现在去现场看看吧！"

警长将福尔引到庄园的前廊说："由于城里商店不设电话预约送货，而必须写信订货，老太太连电话都很少打。除了一个送奶工和邮差是这里的常客之外，唯一的来客就是每周一次送食品杂货的男孩子。"福尔紧盯着放在前廊里的两摞报纸和一只空奶瓶，然后坐在一只摇椅上问："谁最后见到露丝太太？""也许是卡森太太，"警长说，"据她讲前天早晨她开车经过时还看见老太太在前廊取牛奶呢。""据说露丝太太很有钱，在庄园里她至少藏有5万元。我想这一定是谋财害命。凶手手段毒辣，但我们现在还找不到线索。""除了那个匿名电话之外，我们还没有别的线索。"福尔更正道："凶手实在没料到你会拖延这么久才开始侦破！"

福尔怀疑谁是凶手？

397. 聪明的看更人

这年夏天，B街因为要安置新的电线，所以有好几幢大厦都在晚上8时至10时停电，安妮9时离开盲人中心，步行上楼回家。翌日，有人在楼梯上发现了安妮的尸体，而且不见了安妮的手袋，这显然是一宗劫杀案。据看更人忆述，当时有另一男子是与安妮差不多同时间上楼梯的，警方召来了那名男子问话。那男子说："我当时确实是与安妮差不多同时上楼梯的，我看见她是盲人，所以还带她走上楼梯，到了她那层我才走。"

打更人听男子说完后，便叫道："他说谎，安妮小姐是他杀的。"打更人怎么会知道那名男子在说谎话？

398. 凶器藏在哪儿

一天，富商约翰正在午睡，不知何时被凶手偷偷潜入，用尖锐的利器刺穿了他的咽喉。当时墙上大钟刚好在2时整，而凶手逃走时，正巧碰上管家，于是只好束手就擒。

当警方调查时，发现在凶手的身上竟然找不到凶器，而命案现场连刀的影子也看不见。查问当时正在院子里修剪花草的园丁，也说案发时，窗子根本是关着的，可知凶器并非被丢到窗外。既然如此，凶手是用何种凶器行凶的呢？他杀人后，又把凶器藏在哪儿呢？

次日，报纸报道了这宗悬疑的凶杀案。名侦探摩斯看见后，不禁叹道："难道警方都是瞎子？凶器不是远在天边，近在眼前吗？"

摩斯究竟是如何推断出来的呢？

399. 鞋子的秘密

杰姆、汤逊及李察三人，同在一家公司工作。9月的一天，杰姆兴高采烈地告诉二人，他所购的彩票中了头奖，奖金高达10万美元。

这一说却引起了李察的贪念。第二天，乘汤逊值班的晚上，李察潜入杰姆的家里，把杰姆杀了，并夺去10万美元。

第二天早上，杰姆的尸体被发现了，现场留有多个鞋印。根据现场证据显示，警方把值夜班的汤逊逮捕了。因为汤逊有点脚跛，所以鞋底磨损的情形特别，留下的鞋印也是不同；而这特征与凶案现场留下的完全相吻合，加上他的鞋底确沾有现场的泥土，故警方将他起诉，控告他谋杀。

"这双鞋子是我三个月前与李察一起购买的，我每天都穿着它上班。""案发当天，我独自一人在公司值班室睡觉，没有离开半步。所以没有其他证人。"汤逊无奈地说。"你这双鞋也放在值班室吗？"警方问道。"是的。所以不可能有人偷去。"

那么，李察究竟用了什么诡计，在现场留下与汤逊相同的鞋印呢？

400. 遇害的寡妇

圣诞节之夜，将近7点了，警察局突然接到一个画家的电话。"警官先生，当我离开家，到100米外的一个单身独居的年轻寡妇家借打电话时，发现这寡妇躺在床上死了。"警官很快就赶到了现场。验尸结果，推定死亡时间是当天下午5点前后。这天，从天一亮就开始下雪，直到下午4点才停，雪积了30厘米高，这寡妇的家就像被雪围住的密室。警官查看四周后发现，除了画家去借打电话时留下的深深的脚印外，没有任何痕迹。那么杀人凶手在5点钟的时候，是如何进入寡妇家，而又没有留下任何痕迹的呢？警官百思不得其解，只得请教大侦探柯南。

柯南来到寡妇家，查看了现场后，便指着地上的脚印问画家："这就是你当时来借打电话留下的脚印吗？""是的，"画家说，"要是你不信，我再走几步给你看看。"

说完，画家又踩着积雪走了起来，脚印较第一次的明显浅了许多，柯南也一本正经地仔细查看起来。看着，看着，突然他指着画家对警官说："杀人凶手就是他！"

柯南凭什么说画家就是凶手呢？

401. 冒牌丈夫

女作家玛莎上月逝世，出版商对她所著的《莫斯科回忆》一书停付版税。玛莎在她书中谈到自己的丈夫死于1910年，却有一位自称是玛莎的丈夫的人，带着俄国护照、出生证明和结婚证书，来索取这本书的版税。

应出版商的要求，侦探福尔与这位自称玛莎的丈夫的人进行了如下交谈："您的夫人在她的书中谈到您死于肺炎，您没让她知道您又活过来了，真是令人难以理解。""我们婚后6个月，我得了麻疹，不是肺炎，医院把我同别人搞混了，结果传出了我死亡的消息，而我不想更正这个误传。""您的英语不错，我想您这几十年一定走过不少地方，事业上也获得了很大的成功。""您说得不错，在纺织品贸易方面我相当成功。在我死亡消息传出的第二年，我把自己的商行转卖给彼得格勒的一个大商行，保留股份，此后就到世界各地旅游。"

谈话过后，福尔告诉出版商："要报告警署检查他的证件，我认为证件是伪造的。"福尔为什么得出这样的结论？

402. 白纸破案

在市郊的一幢别墅里，一位孤身盲眼的老太太死在沙发上。她手里拿着缝衣针，茶几上还有几张白纸，法医断定为服毒身亡。

负责调查的警长巡视了所有房间，发现老太太被谋杀的可能性很大，但是室内没有留下任何线索，就连服毒用的器皿也找不到。

警长站在客厅中央，凝视着沙发里的老太太，推断出她是在跟别人谈话时死去的。凶手可能是老太太熟悉的人，但却找不到一点儿证据。突然，警长看见了茶几上的几张白纸，灵机一动，他想起一件事情，于是拿起白纸摸了摸……最后，警长就凭这几张白纸捉住了真凶。他就是老太太的侄儿，为了早日继承遗产，毒死了老太太。

为什么几张白纸就能破案呢？

403. 推理作家破案

百万富翁艾姆临终之时立下遗嘱，把全部财产留给后妻艾姆夫人，除此以外和这位富孀共同生活的还有她的养女麦吉。

麦吉是一位典型的时髦女郎，社交极广，很能挥霍，养母管束很严，使她经常手头拮据，所以她总是盼望养母早点死去，自己可以合法继承巨额财产。可是，艾姆夫人的身体非常健康。终于有一天，急不可待的麦吉在汤里放了砒霜，艾姆夫人的健康状况突然恶化。幸亏保健医生发现得及时，才算保住了一条性命。

艾姆夫人康复后，马上警告麦吉道："我知道你想要我的命，这次为了维护家族的声誉，我不起诉你。为了保证我的人身安全，现在我应该把你从这个家里驱逐出去。但遗憾的是，按照你父亲生前的遗言，我不能这样做。所以，我为了能安度晚年，从今天起采取防范措施，你再也别想投毒害我了！"

艾姆夫人彻底改造了二楼的卧室，在窗户上安装了铁栏杆，门上的锁也重新换过。一日三餐都不让仆人做，而是她亲自从超级市场买来罐头，在卧室新增设的厨房里做饭，所有的餐具也不许任何人触动，连饮水都只喝瓶装矿泉水。每星期都请保健医生来检查身体。就连这位医生也只准许他测量一下脉搏和体温，打针、吃药都一概自理。

尽管防范得如此严密，艾姆夫人仍然在劫难逃，不到半年光景死于非命。经解剖发现，艾姆夫人是由于无色无味的微量毒素长期侵入体内，致使积蓄在体内的毒素剂量已经达到了致死的程度。推理作家奎因陪同他担任警长的父亲参加了这一案件的调查，父亲忙着在现场搜寻毒药，奎因却在翻检死者用过的医疗器械，沉思了一会儿，他就指出了投毒杀人的罪犯。

那么，究竟是谁采用什么方法，把这位防范备至的艾姆夫人毒死的呢？奎因又是怎样推理的呢？

404. 鉴貌辨凶

一天晚上，有个50来岁的男人走进派出所，脸呈悲伤神情，眼含痛苦泪水，以低沉而颤抖的声音向正在值班的警察申报妻子死亡，同时递上了医院的死亡证，要求开个证明，以便将尸体运往火葬场。

警察朝来人投去审视的一瞥，探测到一种异常的迹象，决定查个水落石出，于是就找个借口让来人先回去，随后立即向值班长报告。

在院里，警察看到死者安详地躺在那里，并无异常迹象，口中也无异味。病历证实死者确有心脏病史，医生认为可能是正常死亡。而死者的姐姐经警察耐心开导，却讲出了自己的疑惑。于是进行了尸检，果然在死者的胃里发现了山萘。

警察从哪里发现了疑点呢？

405. 一无所获

在从利物浦开往伦敦的特快列车上，美国姑娘安妮和玛莎夫人在餐车上谈得十分投机。分手时玛莎夫人把她的包厢的号码告诉了安妮，邀她有空去聊聊。

第二天凌晨3点30分，安妮趁乘客们熟睡时，提着一只泡沫塑料包悄悄来到玛莎夫人的包厢门前，从泡沫塑料包里取出一件金属工具和一个带吸管的小玻璃瓶，从锁眼里吹进药物，将玛莎夫人蒙倒。10分钟后，得手的安妮回到自己的包厢，安然睡去。天亮了，列车快到牛津时，玛莎夫人发觉价值100多万美元的珠宝全部被盗。列车还没有停靠站，可以肯定珠宝还在车上。于是乘务员赶紧给牛津警察局挂了电话。

列车在牛津站停下后，警察通知暂时不放乘客和行李下车。警长带了玛莎夫人和侦探们到每个乘客的包厢里逐个进行检查。查到安妮时，玛莎夫人忽然看到行李架上有一只衣箱很眼熟，便对警长耳语了几句。警长对安妮周身查过之后，就打开她的衣箱，可箱子里只是一般的衣物。搜查长达4个小时，仍没珠宝的影子。于是，所有旅客很正常地都下了列车，到月台上取行李。但是，几天后安妮确实携了许多珠宝，走进了珠宝商店里。安妮究竟用什么巧妙的办法盗了珠宝而又蒙过警察的呢？

406. 香烟的联想

E探长半夜去拜访他的老朋友——一位心理学博士，请教刚发生的一起案件。"3天以前，在郊外某别墅内有一位漂亮的女子被杀害，根据推断，作案的时间可能是下午1点30分到2点之间。而……""对不起，探长，请给我一支烟。"博士接过香烟，深深地吸了一口。探长又继续说："现在发现两个人有嫌疑，一个是死者的男友，另一个是去推销商品的推销员。有人在别墅大门外见到过他们，但是他们都说是刚好从那里路过，未进过屋里。因为证据不足，无法确定谁是真凶。"

博士留心听着探长对案情的叙述，当他听到在别墅门口台阶上找到一支只吸了一两口的烟蒂时，眼睛突然一亮，"这两个人都会抽烟吗？"博士打断了探长的话。"都会抽烟，并且他们口袋里的香烟和现场发现的烟蒂都是同一个牌子，因此不好确定谁是真凶。"

博士吸完最后一口烟，掐灭烟蒂，然后肯定地说："凶手就是他！"究竟博士说的凶犯是谁，你能推断出来吗？

407. 列车上的讹诈案

夜深了，乘列车旅游的里克先生正准备睡觉，突然，一个女人闪进他的高级软卧包厢。一进门她就把门反扣上，胁迫里克先生乖乖交出钱包，否则就要扯开自己衣服，叫嚷是里克先生把她强拉进包厢，企图非礼她。看到里克先生没有做出反应，这个女人嬉皮笑脸地说："先生，即使是你床头的警铃也帮不了你的忙，因为我只需要把我的衣服轻轻一扯……"

里克先生陷入困境，他只好讷讷地说："让我想想，让我想想。"说着，他点燃了一支雪茄。就这样，双方僵持了三四分钟。出乎这个女人的意料，里克先生还是轻轻地按了一下床头的警铃。这个女人不由得气急败坏，她果然说到做到，立即脱了外衣，扯破了胸前的衣衫。待乘警闻声赶到，躺在里克床上的这个女人又哭又闹，她直着嗓子嚷道："三四分钟前，这个道貌岸然的先生把我强行拉进了包房……"这时，里克先生依旧平静地、不动声色地站在那里，悠闲自在地抽着雪茄，雪茄上留着一段长长的烟灰。

乘警目睹了这一切，没有立即做出判断。他仔细地进行观察，不一会儿他就明白了：这个女人想讹诈里克先生。于是就毫不犹豫地把这个女人带走了。

警察根据什么做出判断，认定里克先生是无辜的，而这个女人却是在敲诈呢？

408. 照片的破绽

一个星期天的午后3点，距离市中心50公里的地方，有个独居的老妇人被杀。根据警方调查的结果，被害者的外甥嫌疑最大。因为他可能是谋夺姨妈的财产，才出此下策。老妇人的外甥，外表忠厚、斯文，一点儿都不像杀人犯。当警方盘问他当时的行踪时，他拿出一张照片给警察说，案发当时我在市内，照片可以做证。当时我在海滨公园，请过路的女学生替我拍的照片。警长你看，我身后钟楼上的时间不是3点吗？警长看了照片说，别说了，这张照片更说明了你是凶手。警长为什么认为照片反而成了罪证了呢？

409. 杰克有罪吗

有一家大百货商店被人盗窃了一批财物。警察经过侦查，拘捕了三个重大的嫌疑犯：杰克、汤姆与鲁森。后来，又经过审问，查明了以下的事实：

（1）罪犯带着赃物是坐车逃掉的；
（2）不伙同杰克，鲁森决不会作案；
（3）汤姆不会开汽车；
（4）罪犯就是这三个人中的一个或一伙。
请你概括分析一下，在这个案子里，杰克有罪吗？

410. 谁是罪犯

有一天，意大利某城市的珠宝店被盗走了价值数万元的钻石。报案后，经过三个月的侦查查明作案人肯定是甲、乙、丙、丁中的一人。经审讯，这四人的口供如下：

甲：钻石被盗的那天，我在其他的城市，所以我不是罪犯。

乙：丁是罪犯。

丙：乙是盗窃犯，三天前，我看见他在黑市上卖一块钻石。

丁：乙同我有仇，有意诬陷我。

因为口供不一致，无法判定谁是罪犯。

经过测谎试验知道，这四人中只有一人说的是真话。如果概括一下上述已知条件，你知道谁是罪犯吗？

411. 猜牌辨兄弟

大头和小头兄弟俩站在自家院子里的一棵树下咧开嘴笑着。侦探见到他俩说："要不是你们的衣领不同，恐怕我分不清哪个是哥哥，哪个是弟弟呢。"

一个兄弟答道："你应当运用逻辑推理的方法。"这时他从口袋里掏出一张扑克牌向侦探扬了扬，那是一张方块皇后。他说道："你看，这是一张红牌。红牌表明持牌的人是说真话的，而黑牌表明持牌的人是说假话的。现在我兄弟的口袋里也有一张牌，不是黑的就是红的。他马上要说话了，如果他的牌是红的，他将要说真话；要是他的牌是黑的，他就要说假话。你的事儿就是判断一下他是小头弟弟还是大头哥哥？"

这时候，另一位兄弟开腔了："我是哥哥大头，我有一张黑牌。"

请问，他是谁？

412. 查出真相

警方发现熊本被杀害了，并很快查明了凶手是铁君、秀君、政君和龙君四人中的某一个人（无合谋者）。但是凶手究竟是谁，熊本是在什么时候被杀害的，尸体怎样被处理的……都还不清楚。于是警方对这四个嫌疑人进行了传讯。传讯结果如下：

铁君说："熊本在昨晚10点被杀害，作案人是秀君，作案地点是在河堤上，凶器是手枪，熊本的尸体被扔到了河里。"

秀君说："熊本在昨晚9点被杀害，作案人是政君，作案地点是在大桥上，凶器是刀子，尸体被扔到了河里。"

政君说："熊本在昨晚11点被杀害，作案人是龙君，作案地点是在河堤上，凶器是刀子，尸体被掩埋了。"

龙君说："熊本在昨晚12点被杀害，作案人是铁君，作案地点是在熊本的家里，凶器是手枪，尸体被装在箱子里扔掉了。"

上述四人的证词明显是互相矛盾的。后经警方的进一步调查，查明在上述供词中，每个人只有两条说的是正确的，其他三条都是错误的。

那么，关于凶手、凶器、作案的时间和地点以及尸体的处理方法的正确答案是什么呢？

413. 嫌犯的房间号

嫌疑犯史密斯租住在第十三号大街，这条大街上的房子的编号是从13号到1300号。警长琼斯想知道史密斯所住的房子的号码，但史密斯说记不清了，而且他也不得不回答警长琼斯的一系列问题。

琼斯问道：它小于500吗？史密斯做了答复，但他讲了谎话。

琼斯问道：它是个平方数吗？史密斯做了答复，但没有说真话。

琼斯问道：它是个立方数吗？史密斯回答了并讲了真话。

琼斯说道：如果我知道第二位数是否是1，我就能告诉你那所房子的号码。

史密斯告诉了他第二位数是否是1，琼斯也讲了他所认为的号码。

但是，琼斯说错了。

嫌疑犯史密斯住的房子是几号？

414. Bal和Da是什么意思

说谎岛上住着两种外表一样而品德截然相反的人：一种人总是说真话，而另一种人却总是说假话。

这个岛的语言，同世界上任何其他语言都不一样。例如，当人们提出一个要他们回答"是"或"不是"的问题时，他们就用"Bal"或"Da"来回答。问题在于，岛外的人都不知道"Bal"是表达"是"，还是"不是"。例如，如果问他们中的一个人："Bal"是否指"是"？他们只是回答说"Bal"或"Da"。

警长琼斯先生在这个岛旅游，得知这种情况后，决心彻底弄清"Bal"和"Da"到底是什么意思。有一天，他遇见一个土著。当然，从外表上，琼斯无法判定这个土著是哪种人。琼斯就想借助这个土著，确定"Bal"或"Da"指的是什么。于是，他就向这个土著提出一个问题，这个土著回答说"Da"。琼斯根据这个土著的回答，马上就推断出"Bal"和"Da"各是什么意思了。

问：警长琼斯提的是什么问题？"Bal"和"Da"各是什么意思？

415. 并非办案干练

甲、乙和丙是三位杰出的女警员，她们各有一些令人注目的特点。

（1）恰有两位非常聪明，恰有两位十分漂亮，恰有两位多才多艺，恰有两位办案干练。

（2）每位女警员至多只有三个令人注目的特点。

（3）对于甲来说，下面的说法是正确的：

如果她非常聪明，那么她也办案干练。

（4）对于乙和丙来说，下面的说法是正确的：

如果她十分漂亮，那么她也多才多艺。

（5）对于甲和丙来说，下面的说法是正确的：

如果她办案干练，那么她也多才多艺。

哪一位女警员并非办案干练？

提示：判定哪几位女警员多才多艺。

416. 祸起萧墙

一天晚上，在一个由一对夫妇和他们的儿子、女儿组成的四口之家中发生了一起谋杀案。家庭中的一个成员杀害了另一个成员；其他两个成员，一个是目击者，另一个则是凶手的同谋。

（1）同谋和目击者性别不同。

（2）最年长的成员和目击者性别不同。

（3）最年轻的成员和被害者性别不同。

（4）同谋的年龄比被害者大。

（5）父亲是最年长的成员。

（6）凶手不是最年轻的成员。

根据上述线索，你知道在父亲、母亲、儿子和女儿这四人中谁是凶手吗？

417. 警车去向

五辆警车要去不同的地点执行训练任务。每辆车的后面都贴有该车的目的地的标志，每个警员司机都知道这五辆车有两辆开往A市，有三辆开往B市；并且他们都只能看见在自己前面的车的标志。警长听说这几位警员司机都很聪明，没有直接告诉他们车是开往何处的，而让他们根据已知的情况进行判断。他先让第三个警员司机猜猜自己的车是开往哪里的。这个警员司机看看前两辆车的标志，想了想说"不知道"。第二辆车的警员司机看了第一辆车的标志，又根据第三个警员司机的"不知道"，想了想，也说不知道。第一个警员司机也很聪明，他根据第二、第三个警员司机的"不知道"，做出了正确判断，说出了自己的目的地。问：第一个警员司机是开往哪儿去的？

418. 警局的作息规则

由于工作的特殊性，在不同的时期、不同的情况下，某警局都有一个适合特定情况的规则。有一个时期的规则是这样的：

（1）如果A来上班，B必须休息，除非E不出工。若E不出工，B必须出工，而C必须休息。

（2）A和C不能同天出工或同天休息。

（3）如果E来干活，D必须休息。

（4）如果B休息，E必须出工，除非C来上班。若C来上班，E必须休息，而D必须来干活。

为了群众需要，我们的作息必须打破常规，一周七天都要进行。因此，得做出一个安排，使七天之中每天都有一批人来上班是必要的。

按照上述规则，七天中谁什么时候来上班、谁什么时候休息？

419. 毒酒和美酒

战国时期，秦国商鞅实行变法，法度严明。秦孝公有一幕僚，号称天下第一智者，犯下过失，按律当斩。秦孝公惜才，想救他一命，但又不能破秦律。于是，他设计了一个特殊的行刑方式，希望智者能运用自己的智慧来拯救自己的生命。刑场上站着两个武士，手中各拿着一瓶酒。秦孝公告诉智者：第一，这两瓶外观上看不出区别的酒，一瓶是美酒，一瓶是毒酒；第二，两个武士有问必答，但一个只回答真话，另一个只回答假话，并且从外表上无法断定谁说真话，谁说假话；第三，两个武士彼此间都互知底细，即互相之间都知道谁说真话或假话，谁拿毒酒或美酒。现在只允许智者向两个武士中的任意一个提一个问题，然后根据得到的回答，判定哪瓶是美酒并把它一饮而尽。智者略一思考，提出了一个巧妙的问题，并喝下了美酒。结果，他免于一死。

如果你是智者，你将如何设计问题，并找出美酒呢？

420. 琼斯警长的奖章

琼斯警长在警官学院开设培训课程，在每次课程结束时，他总要把一枚奖章奖给最优秀的警员。然而，有一年，珍妮、凯瑟琳、汤姆三个警员并列成为最优秀的警员。琼斯警长打算用一次测验打破这个均势。

有一天，琼斯警长请这三个警员到自己的家里，对他们说："我准备在你们每个人头上戴一顶红帽子或蓝帽子。在我叫你们把眼睛睁开以前，都不许把眼睛睁开。"琼斯警长在他们的头上各戴了一顶红帽子。琼斯说："现在请你们把眼睛都睁开，假如看到有人戴的是红帽子就举手，谁第一个推断出自己所戴帽子的颜色，就给谁奖章。"三个人睁开眼睛后都举了手。一分钟后，珍妮喊道："琼斯警长，我知道我戴的帽子是红色的。"

珍妮是怎样推断的？

421. 嫌疑犯与真凶

一甘、二静、三心、四忆、五玛5人中，有两个是绝对不说谎话的嫌疑犯，有三个是有时会说真话，有时会说谎话的真凶。某天，他们分别对对方做出了如下描述：

一甘：二静绝对不说谎话。

二静：三心说谎。

三心：四忆说谎。

四忆：五玛说谎。

五玛：二静说谎。

一甘：五玛从没有说过一句谎话。

五玛：三心说谎。

请问，5个人当中谁是嫌疑犯？谁是真凶？

422. 谁是哥哥

有两位囚犯是兄弟，哥哥上午说实话，下午说谎话，而弟弟正好相反，上午说谎话，一到下午就说实话。有一个警察问这兄弟二人：你们谁是哥哥？

较胖的说：我是哥哥。

较瘦的也说：我是哥哥。

那个人又问：现在几点了？

较胖的说：快到中午了。

较瘦的说：已经过中午了。

请问：现在是上午还是下午？谁是哥哥？

423. 狱卒看守囚犯

一个狱卒负责看守人数众多的囚犯。吃饭时，他得安排他们分别坐在一些桌子旁边。入座的规则如下：

1.每张桌子坐着的囚犯人数均相同。

2.每张桌子所坐的人数都是奇数。

在囚犯入座后，狱卒发现：

每张桌子坐3个人，就会多出2个人；

每张桌子坐5个人，就会多出4个人；

每张桌子坐7个人，就会多出6个人；

每张桌子坐9个人，就会多出8个人；

但当每张桌子坐11个人时，就没有人多出来。

那么，实际上一共有多少个囚犯？

424. 吹牛大王的破绽

杰克是个吹牛大王，他经常在和别人闲聊时瞎吹。偏偏麦迪喜欢和他作对，往往在他吹得正高兴时戳穿他的牛皮，使他下不了台。

有一次杰克看麦迪没在屋里，又和别人吹了起来。他夸口说自己跑遍了全世界，连非洲大沙漠都去过，并且顺手拿出一张照片来，"你们看，这就是我在非洲大沙漠上骑着双峰骆驼拍的照片。"

正在这时，麦迪开门进来了。"哈哈，你在非洲骑的就是这样的骆驼吗？别吹牛了，我看这是在动物园照的！"

猜猜吹牛大王的破绽在什么地方。

425. 大丽花

在圣玛丽密特村，住着一位独身经理。一个夏天的早晨，经理被枪杀，尸体就在他的住宅里。奇怪的是，一朵鲜红的大丽花插在死者手中。无疑，这是罪犯所为。可是，这朵花意味着什么，警察都不明白。调查结果，有三个嫌疑者：一个是被害者的表姐，和被害者有继承遗产的纠纷；另一个是被害者的朋友，死者不徇私情，告发了他的偷税行为；还有一个是被害者的邻居。

一个著名的私人侦探，得知这些情况后，立即给警察打电话："这样简单的案子都破不了，真没用。请你们查一查百科全书或者花卉辞典。"警察来到这个名侦探家里追问罪犯是三个中的哪一个时，他回答说："犯人是被告发偷税的死者的朋友。犯人认为被害者背叛了他们多年的友情，所以把他杀害了。""可是，仅有动机，没有证据啊。""证据就是死者手中插着的大丽花。""大丽花……"

警察们非常奇怪，大丽花怎么是罪犯杀人的证据呢？

426. 脆弱的防盗玻璃

某市一个大型珠宝展览会上，人山人海。突然，一个男子迅速走到装有一颗价值连城的钻石的玻璃柜前，抢起锤子一敲，玻璃"哗啦"一声破裂开来，男子抢出钻石，乘乱逃走。

警方赶到现场，珠宝商哭诉道："柜子是用防盗公司制造的特别防盗玻璃做的，别说锤子，就是子弹打上去也不会破裂呀！"经过调查，警方认定那些碎玻璃的确是特别坚硬的防盗玻璃，珠宝商对其性能的描述也是实情，并无半点夸张。

警方百思不得其解，于是向名侦探皮特请教。皮特略一思索，便根据防盗玻璃的特性，指出了谁是罪犯。

你知道谁是罪犯吗？为什么？

427. 排除假象取情报

英国间谍杰克奉总部之命，潜入某国新建成的导弹发射基地搜集情报，住在离基地不远的山区的一家小旅馆里。经过几次活动，基地的亚当斯上校决定向杰克出卖基地的秘密资料。一天上午，亚当斯和杰克约好，在当天晚上7点，杰克带50万美金到亚当斯那儿去，一手交钱，一手交货。

晚上7点，杰克开车来到了亚当斯上校的住处。杰克按了几下门铃，没有动静，心里有些急了，就用手敲门，门虚掩着，一敲就开了。屋里亮着灯，却没有人。杰克走到里屋一看，惊呆了，只见亚当斯趴在地毯上，正艰难地翻过身来。杰克把他扶到沙发上时，发现他的身下有一块毛巾，一股麻醉剂的气味扑鼻而来。

亚当斯慢慢地睁开了眼睛，对杰克说："一个小时以前，我在看电视的时候，有人按门铃，我以为是你，我说了声请进，门没锁，谁知进来了两个陌生人，我连忙关掉了电视机，他们问我要基地图纸，我说没有，他们就用毛巾捂住我的嘴和鼻子，不一会儿，我就失去了知觉。我把资料都放在沙发下面，你去看看还在不在？"

杰克找了半天没找到，仔细观察了屋里的每个角落，屋内比较整洁；又用手摸了摸电视机的后盖，还有余温，摸完后问亚当斯："您刚才看的就是这电视机吗？"

"是的，我就这么一台电视机。"

杰克冷笑说："别再演戏了，我希望还是继续和我合作下去，否则后果由您一个人承担，至于什么样的后果，我想不用我多说吧！"亚当斯上校只好交出基地平面图。杰克是怎么识破亚当斯的谎言的？

428. 蜜蜂杀手

艾娃和德西里正在通电话。艾娃说："喂！我有急事跟你谈，但我不能讲很久，因为我是在公用电话亭……呀！"德西里听到"呀"的一声后就听到电话筒掉落地下的声音。德西里知道不妙，马上打电话向警局报案。

警局很快查到艾娃是在郊外一个公用电话亭内，于是立即赶到现场，发现艾娃已经倒毙在地上。经过仔细检查，并没发现任何可疑的地方，地上只有一只已经死去的蜜蜂。艾娃为什么会死呢？

法医到场做进一步检查后，发现艾娃原来是被这只蜜蜂刺死的。你知道蜜蜂刺中了什么部位，艾娃才会致死的吗？

429. 毒酒

1932年3月，春寒料峭，大侦探霍桑应邀到苏州乡下做客。他和友人坐在一家小酒店饮酒，突然，隔壁桌上的一位丝厂老板呻吟着呕吐起来。他带来的两名保镖立刻拔出枪来，对准与老板同桌的一位商人。

霍桑急忙上前询问，才知道双方刚谈成一笔生意，丝厂老板已开出银票订货，双方共同喝酒庆祝，谁知老板竟中毒了。那位商人举着双手，吓得不知所措。

霍桑走上前，摸了摸温酒的锡壶，又打开了盖子，看清黄酒表面浮着一层黑膜，就说："果然是中毒了，我是霍桑，你们听我说……"

这时，丝厂老板摇晃着身子说："霍桑，救救我！他身上一定带着解药！搜出来……"

霍桑笑着说："他身上没带解药！这酒是你做东请客的，他怎么有办法投毒呢？"

大家惊呆了，难道酒里又没有毒了？

"有毒，"霍桑笑笑说，"凶手就在这里。"

你知道究竟在哪里吗?

430. 锡制纽扣失踪案

一百多年前,俄国首都圣彼得堡,朔风凛凛,瑞雪霏霏,气温突然下降到零下30摄氏度!军营里开始发军大衣了。嗨,崭新的军大衣穿在身上有多暖和呀!可是,一会儿,士兵们都叽叽喳喳议论起来:"咦,军大衣上怎么连一颗纽扣也没有呢?真是太奇怪啦!"就连沙皇的卫士穿的军大衣也没有纽扣。

沙皇知道了这件事,很恼火,传令把监制军大衣的大臣传来问罪。大臣说:"这事儿就怪啦,我曾经到过制军大衣的工厂去的,亲眼见制衣厂的工人把一颗颗银光闪闪的锡纽扣钉上去的呀!"沙皇吹胡子瞪眼睛:"可是事实上,现在连半个纽扣也不见了!你快去查个清楚,到底是谁在搞破坏!"大臣吓得连声说"是",马上到仓库里去调查。管理仓库的官员说:"军大衣运来时,确实是有锡纽扣的,一直到发放军大衣时才打开仓库,那时没注意去查看纽扣,不过现在还剩下一部分军大衣。"大臣取过一件查看,也没有锡纽扣,只是在钉扣子的地方,有灰色的粉末。奇怪,锡纽扣怎么失踪的呢?大臣百思不得其解,忧愁极了。

大臣有位朋友,是个化学家。他听说这件事后,告诉沙皇,锡纽扣是变成粉末了。沙皇不相信,科学家就拿了一个锡酒壶放到皇宫外的台阶上。几天后再去看,手一碰上去,那锡酒壶果然变成了一堆粉末。于是,那个大臣被宣告无罪。

你知道其中的科学道理吗?

431. 识破假照片

一个盛夏的中午,某市内某居民区发生了一起抢劫银行案。几天后,警方找到了嫌疑犯。当警长向他要当天不在现场的证明时,他交出一张照片,并说:"那天我去森林公园旅游了,你瞧,这是那天有位游客给我拍的。"照片上,长着美丽长角的梅花鹿正吸引着不少游人。

"甭用假照片骗人,这是秋天或冬天拍的。"警长干脆地说。

那么,警长怎样一看照片就识破了谎言呢?

432. 墓石移位

男爵的遗孀露西女士拜访柯南,向他谈了一件令人难以置信的事。她说:"先夫五年前不幸去世,我为他建造了一座墓。谁知道从那以后,每年冬天,墓石就会移动一些。我很害怕。"说着，她从手提包里取出一张照片给柯南看。这是男爵的墓地照片。在一块很大的台石上面，放着一块球形的大石头，这个球石就是男爵的坟墓。"因为先夫生前爱玩高尔夫球，所以临终时曾嘱咐要给他造个像高尔夫球那样形状的墓。这张照片就是在墓建成之后拍的。球石正面还雕刻了十字架。现在，这个球石差不多移动了1/4，十字架也一点一点地被埋在下面，都快看不见了。"

"球石仅仅是在冬天移动吗？"柯南问。"是的。"露西回答道。

柯南请夫人带他去墓地看看。在一个略微高起的土丘上，墓地朝南而建，四周有高高的铁栅栏围住，闲人不能随便进入。在沉重的四方形台石上面，有一个直径80厘米的用大理石做成的球面，为了不使球面滑落，台石上挖了一个浅浅的坑，把球正好嵌在里面。浅坑里积有少量的水，周围长满苔藓。如果球石的移动是有人开玩笑，用杠杆来移动它，那在墓地和苔藓上该留有一道痕迹，可又一点痕迹也没有。如果有人不用杠杆而用手或身子去推球石，那凭一两个人的力气是根本推不动的。

柯南摸了一下浅坑里的积水，沉思了片刻以后说："夫人，墓石的移动是一种物理现象，不要害怕。"

他说的物理现象是怎么一回事呢？

433. 被残杀的鸵鸟

在某动物园，鸵鸟惨遭杀死，不仅仅是杀害，而还被剖腹。这只鸵鸟是最近刚从非洲进口的，是该动物园最受欢迎的动物。凶手是深夜悄悄溜进鸵鸟的小屋将其杀死的。尽管如此，何以采取如此残忍的杀法呢？

434. 黑色春天

春季，八个中学生相约到深山郊游，深夜才好不容易找到一间被荒废了的密封小屋。于是，他们破门而入，在那小屋内歇息，并且砌起了一个炭炉子，拿出早已准备好的食物，在那里烧烤起来。这时他们发觉饮用的水没有了，于是推举了一位较大胆的陈姓同学去取水。陈同学摸黑出去，好不容易找到水源，可是回来时却迷了路。直到第二天早晨，陈同学才找回到小屋处，但这时却见小屋外面有许多警察，里面的七个同学被抬出来，每人都面目发黑地死去，陈同学心里异常恐惧。警方盘问了陈同学，发现他们的领队是近日闹得满城风雨的"末日教"信徒。

435. 玻璃镜中的凶手

　　卡罗望着名探福尔，遗憾地说："您要是早来5分钟，我那几幅名画就保住了。"福尔问："怎么回事？"卡罗说："这所住宅是表姐遗赠给我的，她收藏了许多名画，生前有6幅油画挂在这书房里。10分钟前，我一个人在这儿找书，一个歹徒突然闯进来，用枪指着，命令我脸朝墙站着，他取下了5幅，又命令我把面前那幅毕加索的作品取下来递给他，随即逃走了。"福尔问："这么说，你肯定不知道他的长相了？""不，在镶这幅画的玻璃框中我看清了他的长相，我能认出这个人。"

　　福尔笑了起来："年轻人，我可不为你骗取保险金去做证人。你根本没丢什么画！"

　　卡罗的叙述有什么漏洞？

436. 熔珠破案

　　某夜，一个办公室里发生了保险箱被盗的案件。从现场看，这是单人作的案，作案者十分狡诈，戴着手套，没有留下指纹。过了几天，过路人发现某公路边的一条河里，河水混浊，以为有人跳河。经打捞，捞上来的竟是那只被盗的保险箱。保险箱已被熔割切开，箱内已空无一物。显然，作案者驾驶着汽车来到这儿，把空保险箱扔进河里。经过仔细侦查，初步有了眉目。嫌疑犯是红光机械厂的青工张文，货车司机。但是要逮捕他，还缺乏证据。

　　为了不打草惊蛇，乘张文外出，公安局刑警队长李强检查了他晾在院子里的一条长裤。裤脚管上有好几个小洞洞，说明可能是用汽焊枪熔割保险箱时，火花溅到裤子上烧的。不过，光是几个小洞洞还不能作为罪证，说不定他是在熔割别的东西时烧的，也可能是抽烟不小心烧的。李队长在张文长裤裤脚翻边里，找到几颗比圆珠笔尖的小圆珠还要小的金属熔珠，如获至宝地送到激光显微光谱仪下进行光谱分析。小熔珠中多了一种元素——钛。进一步调查后，弄清楚保险箱表面的颜料中含有二氧化钛。也就是说小熔珠里的钛，来自保险箱表层的颜料。罪证确凿，张文被捕了，公安人员从他的家中也搜出了赃物。

　　张文万万没想到，几颗小熔珠竟使自己露了马脚。你知道其中的科学道理吗？

437. 音乐家之死

　　一个单身的音乐家刚从外面回到家里，在二楼房间里练习小号时，突然室内发生爆炸，音乐家当场死亡。警察勘查现场时发现窗户玻璃碎片里还掺杂着一些薄薄的玻璃碎片，可能是乐谱架旁边的桌上装着火药的一个玻璃杯发生了爆炸。奇怪的是室内并没有火源，也找不到定时引爆装置的碎片。如果不是定时炸弹，为什么定时引爆得那么准确呢？真不可思议，根据邻居的证言，爆炸前死者是在用小号练习吹高音曲调。

于是，警察马上就识破了罪犯的手段。请问你知道是如何引爆的吗？

438. 汽车的声音

深夜1点多钟，警方接到文彬的报案，说他妻子被杀了。警长驱车火速赶赴现场，下车走近大门时，那儿突然有条狗汪汪地吼叫起来。那是一条狼狗，被用一条长长的铁链拴着。"不许叫！"文彬走出门来，那条狗便乖乖地蹲在他的脚下。看来是一条训练有素的狼狗。

死者身穿睡衣，倒在厨房的地板上，是头部被打伤致死的。文彬声泪俱下地向警长诉说："我为一点儿小事和妻子吵了一架，憋着一肚子气开车出去了，在外面兜了两个小时风，回来一看，家中财物被盗，妻子被杀了，那时是11点，我出去后大概妻子没关门，肯定是强盗闯进我家，被妻子发现，于是杀人后逃走了。""你去兜风时带上你的狗了吗？""没有，只是我一人去的。"

第二天一大早，警长就命令助手到邻居家了解情况。不一会儿，助手跑回来报告说："西边的邻居家里有一个准备升学考试的学生，昨晚复习功课，整夜没睡。据他讲，在罪犯作案的时间里没听到什么异常的动静。""也没有听到汽车的声音吗？""听到过，有过汽车的声音，是晚上11点左右听到汽车由车库开出的声音，这一点与文彬讲得完全一致。""不错，罪犯就是文彬。"

果然，经审讯，文彬供认由于同女同事约会被发觉，和妻子吵了架，怒不可遏地抄起啤酒瓶冲着妻子的头部砸去。本来是无意杀死妻子的，但事后又害怕去自首，因而伪造了盗窃杀人的假象。之后他出去兜风，顺便把当作凶器的啤酒瓶扔进河里。

警长凭什么证据识破了文彬的犯罪行为？

439. 姐夫遇害

"喂，雷利吗？"伦敦警察厅蒙哥马利上校在打电话，"我说雷利，您姐夫被人谋杀了。""啊，天哪！"雷利在电话中惊叫道，"不会弄错吧？昨天晚上我还见过米基。他怎么就这样死了？""不会错，已经验证过了。"上校沉思片刻，又添了一句，"雷利先生，我马上到贵处同你细谈。"

一小时后，雷利向同他对坐的上校介绍情况："毋庸讳言，米基有不少仇人，他的生意合伙人哈雷德·史密斯，曾报告他偷了公司的钱，两人发生了激烈的争吵；我另一个姐夫查尔斯·琼斯，指责米基损坏了他的名誉，而查尔斯与黑社会有联系，心狠手辣；第三个有可能的凶手是我妻子的哥哥比利，他们结怨甚深。我可以把他的地址告诉您，但请不要把我的名字张扬出去。"

"不用了，谢谢，雷利先生。"上校站起来，向外招了招手，让随行人员把雷利扣起来，"我在电话中就猜着了，您刚才的谈话又证实了我的想法。尽管您很沉着，但凶手就是您！"

为什么凶手是雷利呢？

440. 揭穿谎言

一座公寓发生了盗窃案。刑侦队员在勘查现场时，女佣人反映："我听到房间里有声音，就走到门口，因为害怕，我就透过门上的锁孔向里瞧，看到一个男人从房间左侧的暖炉里，把什么东西装到口袋里，然后穿过房子，从右侧窗户跳窗逃跑了。"刑侦队员听罢，立即做出判断：这是谎话。他的依据是什么？

441. 录音机里的证据

上午10点30分，日本某公司正在召开会议，一位秘书无意中在会议桌下面发现了一台窃听用的录音机。董事长暴跳如雷："我们公司里有商业间谍，散会，马上调查。"

秘书检查着录音机，他倒回磁带，将录了音的带子重新放音，以此计算时间。"董事长，我估计这是罪犯在10点15分安放的。"一位董事说："我稍稍提前到达，乘电梯到7楼时，好像看见一个穿着我们公司工作服的女人，在走廊一头一闪，也许她就是罪犯。一时只看到背影，没看清面貌。""马上命令各科科长，在自己科里调查一下，把在10点一刻离开科室的女职工全部带到这里来。"董事长严厉地命令道。一会儿，来了3名女职员。董事长亲自问："请说明理由，10点15分时，为什么离开自己的岗位？"

第一个回答的是总务科的木原久子："我在一楼休息厅，挂了一个私人电话，因公司内的电话禁止私人使用。""为什么穿着球鞋？在本公司，只准穿皮鞋。""今天早上上班时，人多太挤，把脚扭伤了，一走路就疼，所以换了双球鞋。"第二个回答的是经理科的一位女职员，她穿着一双高跟皮鞋："我到药房买药去了。"接着她拿出了药品。最后回答的是人事科的一位女职员，她穿着高跟皮鞋。她说："我献血去了。""那么，请把献血卡给我看看。""医生说我贫血，不能献血。"

3个人的话音刚落，秘书开腔了："我已知道你们中谁是罪犯了，不信，你们听。"接着秘书打开了录音机的开关。录音机开始转动，开始一片静寂，随后响起了轻微的关门声。"啊……"一位女职员不觉发出一声惊叫。她已发现自己留下的证据，顿时脸色苍白。这个人是谁呢？

442. 难做的动作

某动物园里，有一只猴子专爱模仿人的动作。人们逗它，它的姿势、手势简直像一面镜子，立刻模仿得毫无半点差别。一个人走到猴子跟前，右手抚摸自己的下巴，猴子就用右手抚摸下巴；人闭上左眼，猴子闭上左眼；人再睁开左眼，猴子也立刻照办。可是，一位侦探却说："猴子再有本事，有时一个简单的动作它却永远也不会模仿，这不仅是猴子办不到，人恐怕也不能办到。"请问，到底是什么动作那么难呢？

443. 认马妙法

在两个相邻的农场里，有一天发生了一件纠纷，A农场和B农场的主人为一匹马是谁的而争执起来。"这匹马是我的，我的马大部分是枣红马。""枣红马谁都有，这匹马是偶然跑到了你那里去的。"

他们都说这匹马是自己的。这件事闹到法官那里，他让工作人员把那匹马牵来，检验后又命令把这匹马放进一个马群里，这个马群中有十几匹枣红马。然后让A农场和B农场的人分别去认马。结果，法官很快就断定出这匹马属于谁。

聪明的读者，法官是怎样判断的呢？

444. 虚假的证词

桥旁有一具被水淹死的年轻女性尸体。刚才在船上，用尽全力摇着船向桥的方向行进的男子证明说："那女子从桥上脱了帽子后纵身跳下了河里，我亲眼看到的。"

但是，警长立刻看出这是骗人的证词。那么到底为什么呢？

445. 间谍小说家的离奇死亡

专门写间谍小说的作家A，喜欢在旧仓库里的烛光下写小说。有天早晨，A被人发现死在那个仓库里。他趴在自己的书稿上，书稿旁还剩余半根蜡烛。或许是他太迷恋小说的情节，精神过于紧张，才心脏停搏猝死。死亡的时间是昨晚12时左右。

老练的警官看了现场的情形后，就一口咬定说："不，这绝不是自然死亡，是凶手用特殊手段将他弄成心脏停搏的样子。"

警官究竟是根据什么证据而说出这些话的呢？

446. 纰漏

著名侦探福尔出了个案例：我有个案子，被人动过手脚，看起来像是自杀。劳伦的尸体于晚上8时在公园的一张椅子上被人发现，一颗子弹穿过他的左鬓角。他的右臂自一月前的一次意外事故之后，从指尖到肘部都裹上了石膏。尸体被发现时，这只骨折的手臂摆在膝盖上，左手握着一把手枪。我判断凶案大约是发生在晚上7时，我从死者口袋中的东西推断他是在浴室中被谋杀的，然后移尸到公园。我看出劳伦的衣服是他断气之后才穿上的，所以他断气时必定没有穿衣服，应该是在洗澡时被杀的。他浴室里的血迹，证明了我的推断。你一定会问，他口袋中什么东西证明他是被谋杀，而不是自杀？他的左裤袋里有4张1元的纸币折在一起，还有5角2分硬币；他的右裤袋里有一条纸巾和一个打火机。你能看出凶手出了什么纰漏吗？

447. 借据丢失后

伊朗有个叫阿桑的人，颇有积蓄，为人厚道，乐于助人。一天，有一个服装商人加伊前来拜访阿桑，阿桑热情接待，加伊愁眉苦脸地说："唉，有了现成生意，却缺本钱。"阿桑关心地问道："缺多少钱？"加伊开口要借2000金币。阿桑慷慨答应。一张借据，一顿千恩万谢，阿桑便满足了。

可过了几天，妻子问起借钱的事，要看借据，阿桑找遍房间也没找到。妻子提醒阿桑："没了借据，小心将来加伊把钱全部赖光。"阿桑心里也着急了。于是阿桑去找好友纳斯列丁想办法。纳斯列丁问："借钱时有没有别人？"阿桑摇摇头。纳斯列丁又问："借钱的期限多久？"阿桑伸出一个手指："一年。"纳斯列丁略一思忖，就说："有办法了，你马上写封信给商人，催他尽快归还你的2500金币。"阿桑说："我只借给他2000金币呀！"纳斯列丁笑道："你就这样写好了，他必定复信说他只欠你2000金币，这样一来，你手头不就有证据了吗？"

阿桑照办，果然不出纳斯列丁所料，阿桑因此重又得到了借款的证据。你知道为什么吗？

448. 糊涂的警员

一名生意失败的商人，7月的一天被发现死在家中。他的致死原因是头部太阳穴中弹。警方到现场调查，死者倒毙在床上，身上及双手都盖着被单。离床不远处，有一支发射过的手枪摆放在地上，经过警方详细检验后，证实与死者中弹的弹头相同。

最后，警方判定死者是因生意失败，被迫走上自杀途径。翌日，报纸刊登了这条新闻，私家侦探李察看到后，立刻对助手说：“哼！这明明是一宗谋杀案，那些警员们真是糊涂透顶了。”助手听罢，脸上充满疑惑和不信的神色。李察看见助手的模样，笑着说出了为何判断该宗案件不是自杀案。

究竟他是凭什么做出如此判断呢？

449. 失窃的名画

福克热衷于收藏世界名画。前不久，他又收集到一幅名家肖像画，他的朋友画家杰伦对此画也是爱不释手。杰伦笑嘻嘻地对福克说道：“你不怕被人偷去吗？”“我已经保险了。”福克拍拍胸脯。

夜晚，福克的卧室里似乎有人在谈话，声音很小，分辨不出什么人。

几天后的一个晚上，警长摩斯从福克家门口经过。就在这时，一辆小车悄悄滑到福克家的后门。一个穿戴整齐的人匆匆从屋里走出来，塞给司机一个长筒形的东西后小车迅速开走了。这前后不到一分钟的交接，看来是预先有所安排的。

“不好。”摩斯警长快走几步来到门口，刚敲了一下门，福克在里面就问道：“谁呀？”随后听说是摩斯警长，便说：“请进，警长。”

摩斯推门而入，迅速上楼来到福克卧室，只见福克站在散乱的床边，右脚插入裤腿，左脚还在外面。“我听见响声，正要穿上衣服出去看看。”他有点惊慌，“发生了什么事？”“你家可能失窃了。”

福克大吃一惊，马上穿好裤子，光着脚跟摩斯冲下楼。“啊，真的失窃了，那幅名家肖像画被偷走了。”福克万分沮丧，“我要把它找回来。”摩斯望着这位朋友，若有所思地说：“这画是你自己拿出去的吧？”“你瞎说什么呀！”“不，我一点儿也没有瞎说。”摩斯警长说道。

请你想一想，摩斯警长说的是真的吗？

450. 来过的痕迹

杂货店老板汤姆是个见利忘义、财迷心窍的家伙。他除了以次充好、坑骗顾客、赚取昧心钱外，还大放高利贷，乘人之危，牟取暴利。不过，别人借他的债忘不掉，他借别人的债总想赖账。有一天半夜，海关大楼上的钟声敲响了11下。汤姆盘完当天的账，正准备上床睡觉，突然传来一阵急促的门铃声。他开门一看，原来是被他赖过债的杰米又找上门来了。

"你什么时候把钱还我？告诉你，明天再不还我的钱，我就到法院告你，让你倾家荡产！"汤姆不由勃然大怒。跳上去，用他粗大的双手卡住杰米的脖子。不一会儿，杰米眼珠凸起，面色紫青，腿一伸，断了气。汤姆害怕极了，慌忙用汽车把杰米的尸体运到郊外，扔到土坑里。回到家后，他又彻彻底底地把屋子里里外外清扫一遍，甚至连门把手都擦干净了，觉得一点儿可疑的痕迹都没留下，才停下手来。

第二天一早，汤姆还没有起床，就听到杂乱的敲门声。他胡乱地穿起衣服，出来开门，用惺忪的睡眼看着门外人，不由大吃一惊，门外站的竟是著名大侦探波洛。他尽量稳住气，装出一副莫名其妙的样子，问道："你们找我有什么事吗？"波洛说："今天凌晨，警察在城郊发现了杰米的尸体。根据他记事本上留下的地址，我们知道你们认识。昨晚他来过你这儿吗？"汤姆耸了耸肩，矢口否认道："我们快半年没见过面了！"仍然站在门外的波洛意味深长地笑着说："别说谎了，杰米昨晚来过的痕迹还留在这儿呢！"说着，顺手一指。汤姆随着波洛的手一看，大惊失色，颓丧地低下了头。真是一着不慎，全盘皆输。

你知道杰米来过的痕迹是什么吗？

第四章　案件推理

451. 手电筒的光

　　警长接到一个抢劫案的报警电话，便急忙赶到现场。报案者对警长说："今晚我值班，大约一刻钟前断电，一伙人冲了进来。他们直奔财务室，撬开保险柜，偷走了里面的200万美金和经理的'劳力士'牌金表。他们一走，我马上给您打了电话。""当时您在什么地方？"警长问。"我看见他们人很多，就躲在储藏室里了。""这些人有什么特征吗？""有。他们一共有5个人，为首的好像脸上有块疤。因为他手里拿着手电筒，当手电光从门缝射进时，我借着手电光一眼就……"

　　"住口，"警长厉声喝住了他，"你说谎的本领也太不高明了。窃贼就是你。"

　　警长为什么这样说呢？

452. 银碗中的头像

　　一家银店遭窃，营业员指控某人是作案者："银店刚开门，他闯进来了，当时我正背对着门。他命令我不准转过身来，并且我觉得有支枪管抵在我的背上。他叫我把壁橱内陈列的所有银器都递给他，我猜想他把银器装进了提包。当他逃出店门时，我看见他提着包儿。"

　　警长问："这么说，你一直是背对着他，逃出店门时他又背对着你，你怎么认出他的？"

　　营业员说："我看见了他的影像。我们的银器总是擦得非常亮，在我递给他一个大水果碗时，我看到他映在碗中的头像。"

　　警长怒喝道："不要再演戏了，快把偷走的银器送回来，或许能减轻对你的惩处。"

　　警长为什么断定营业员是窃贼？

453. 宝石藏在哪儿

　　夏季的一天，窃贼乔装改扮，混进珠宝拍卖会场，盗出2颗大钻石。一回到家，她马上将钻石放在水里做成冰块放在了冰箱里。因钻石是透明无色的，所以藏到冰块里，万一有警察来搜查也不易被发现。

第二天，警长来了。"还是把你偷来的钻石交出来吧。珠宝拍卖现场的闭路电视已将化装后的你偷盗时的情景拍了下来，虽然警察没看出是你化的装，但你瞒不了我的眼睛，一看就知道是你。"警长说。

"如果你怀疑是我干的，就在我家搜好了，直到你满意为止。"窃贼若无其事地说。

"今天真热呀，来杯冰镇可乐怎么样？"

窃贼说着从冰箱里拿出冰块，每个杯子放了4块，再倒上可乐，递给警长一杯。将藏有钻石的冰块放到了自己的杯子里，即使冰块化了，钻石露出来，在喝了半杯的可乐下面是看不出来的，警长怎么会想到在他眼前喝的可乐中会藏有钻石呢，窃贼暗自盘算着。

"那么，我就不客气了。"警长接过杯子喝了一口，下意识地看了一眼窃贼的杯子。"对不起，能换一下杯子吗？""怎么！难道怀疑我往你的杯子里投毒了吗？""不，不是毒。我想尝尝放了钻石的可乐是什么味道。"警长一下子从窃贼手里夺过杯子。冰块还没融化，那么警长是怎么看穿窃贼的可乐杯子里藏有钻石呢？

454. 不翼而飞的纸币

约瑟夫咖啡馆坐落在伦敦闹市区的一个拐角处，十字路口的好地方给约瑟夫带来了生意兴隆的好运气。但是一天夜里，一个小偷乘乱从现金抽屉里偷走200镑左右的纸币。不到30秒钟，约瑟夫就发现现金被窃，连忙打电话向警察局报案。

事情竟又十分凑巧，那个倒霉的小偷刚逃离咖啡馆，跑出几十米远就碰上了迎面而来的巡警，巡警并不知道咖啡馆失窃的事情，他们只是见小偷形迹可疑，叫住他，做了例行公事的盘问。正盘问着，警察局办案的警察也赶到了。办案的警察认识这个小偷，在警察局的档案里，有这个小偷的名字。小偷名叫乔治，是个惯犯，警察当场对乔治进行了搜查，但乔治身上只有几个便士的零钱，尽管乔治犯有前科，但由于证据不足，警察只能将他放了。

这天晚上，在咖啡馆喝咖啡的还有位名叫褒丽的女记者，喜欢追根刨底的职业习惯使她对这个案子特别感兴趣。乔治为什么只偷纸币？而硬币却一个也没拿，这是为什么呢？取得第一手新闻原始资料的欲望使她开始了侦查活动……经褒丽调查，乔治当时没有同伙协助作案，他被释放以后的两天来也没有再到过约瑟夫咖啡馆，而是一直在家待着。乔治是独身一人，家里没有电话。假如窃贼肯定是乔治，难道他偷了钱，把钱藏在咖啡馆里一个不易找到的秘密地方了吗？这不可能，因为警察曾对咖啡馆进行了彻底的搜查。那钱到底到哪儿去了呢？难道真的不翼而飞了吗？

三天后，根据褒丽的线索，警察在乔治的家里找到了赃款。富有戏剧性的情节是，乔治是恰好当着警察的面得到这笔钱的。你知道他是怎么得到的吗？

455. 失车之谜

雷蒙是一个嗜车如命的人。这年夏天的一个周末，他又驾着那辆名贵汽车，到一间高级咖啡屋去赴约。他把车子泊在附近的一个有老虎机的车位处，然后才走进咖啡屋。

在咖啡屋内，他和朋友商谈生意，正在兴高采烈之际，突然想起还没有向老虎机投币；恐怕接到告票，于是赶紧走出门外。当他走到车位处时，不觉呆住了，他的那辆名贵汽车，已经不知所终，相信是被人偷走了。

雷蒙报警后，警方到场调查，发觉汽车被偷的情况很怪，因为附近行人往来频繁，窃贼不可能明目张胆地撬车门；而且这种车车门十分牢固，普通人是不易撬开的；何况又没有钥匙，也不可能发动引擎，开动汽车。

那么，窃贼是用什么方法把汽车偷去，而又不引人注意呢？

456. 话中有话

琳达打开了电视机，播音员正在播报一条消息："今天19点左右，一名79岁的老人在街心公园遭抢劫后被枪杀。据目击者说，凶手穿绿色西装，请知情者速与警察局联系。"街心公园正在琳达住所附近，她感到害怕。正在这时，阳台上的门口突然出现了一个男子，身穿绿色西装，而且衣服上有血迹，琳达吓得脸都白了。

那人让琳达把手表和金戒指给他。这时，突然有人敲门。那人用枪顶着琳达的背，命令道："到门口去，就说你已经睡下了，不能让他进来。""谁呀？"琳达问道。"福尔警官。琳达小姐，你这儿没事吧？"听到这熟悉的声音，她内心平静了许多。"是的，"她答道。停了一会儿，她用稍大的声音说："我哥也在问你好，警官！""谢谢，晚安。"不一会儿，巡逻车开走了。

"干得不错，太妙了。"那人高兴地大口喝起酒来。突然，从阳台上的门里一下子冲进来许多警察。没等那人反应过来，就给他戴上了手铐。

"好主意，琳达小姐。你没事吧？"福尔警官关切地问道。请问，琳达的好主意是什么？

457. 豆腐能打伤人吗

一个酒气熏天的男子，走进派出所投案，他哭哭啼啼地说道："我刚才失手打伤了人。我和朋友酒后打赌，说可以用豆腐打伤人，他不相信，我就用豆腐把他打伤了。"警察不相信他："你是喝得太多了说胡话！"男子说："不是，真打伤了，不信，我带你们去看看。"男子带着警察来到一处住所，只见客厅里躺着一个头破血流的男子，地上是一块碎了的豆腐，地毯也湿了一大片。

警察被弄糊涂了，难道豆腐真可以把人打伤吗？

458. 富翁的财产

名探柯南受其老友一位百万富翁的临终嘱咐，把遗产交给富翁的弟弟。富翁是12岁离家出走的，与弟弟分手至今已经60年了，一个月前才知道弟弟在洛杉矶，但没有详细的地址。他交给柯南一张发了黄的照片，这是可以帮助找到他弟弟的唯一线索。照片上是两个男孩，摄于60年前，当时两个人都是12岁。

柯南受托前往洛杉矶，并在报上登了寻人启事，说明此行的目的。承受大笔遗产是很诱人的事，不久，他住的旅馆外就聚集了数十位老翁。虽然柯南没见过富翁的弟弟，也不了解他的其他的情况，但他还是在这些人中找出了遗产的继承人。

柯南是怎样认出的呢？

459. 求救信号

初春时节，西伯利亚仍然是寒气袭人，美国特务史密夫在那里执行任务时，失手被擒，其后被关在高原上的木屋内。木屋的囚室内没有纸、笔、手电筒，就只有一扇窗、一张床、一台冰箱及一罐汽水。但在晚上，史密夫就利用囚室内的设备，发出了求救信号，通知同伴来救援。最后，他成功地逃脱掉了。史密夫是如何发出求救信号的呢？

460. 移形换影

有一天晚上，盗牛贼出现了。但不巧得很，却让牧场主人发现了行踪，盗牛贼见形迹败露，只得落荒而逃。牧场主人骑快马追赶，没想到小偷跑得比他还快，不一会儿，就消失在茫茫麦田里。牧场主人下马一看，田埂上尽是牛蹄印。

"岂有此理，这个小偷原来是骑牛来的，难怪找不到人的脚印。啊！不对啊，他若真是骑牛来的，那我怎么会追不上呢？"

牧场主人百思不解，第二天就去请侦探福尔调查。福尔循牛蹄印前行，不久折回后道："小偷是骑马逃走的。"福尔见牧场主人欲言又止，明白了他心中的疑惑，于是继续说道："地上虽是牛蹄印，那是因为在马脚上装上了牛蹄。""你又没逮到窃贼，怎么知道是马呢？"

侦探福尔随即在口袋里拿出一包东西，然后打开给牧场主人看，只见他看后捧腹大笑，又不断地点头，表示福尔的判断十分正确。

想象一下，这个纸包里，究竟是什么东西呢？

461. 帅哥失踪了

玛莎是一个双目失明但聪明漂亮的富家少女，在一个花香袭人的下午，她与帅哥杰卡一起乘火车私奔。到达车站后，玛莎听见车长对她说："欢迎登上本次列车。"然后车长对管房说："尼克，你带这位小姐到她房间去。"

到了房间后，杰卡便叫玛莎拿出她的一万英镑交给车长保管，以保安全。玛莎依照吩咐，把钱交给了杰卡。过了一会，火车启动后，杰卡还未回来，玛莎于是去找车长，询问杰卡的下落。

车长说："这班列车上没有人叫杰卡。"玛莎便说："明明他和我一起，管房还带我们到房间去了。"可是，管房尼克说："这位小姐是单独上火车的，没有什么杰卡。"

事情究竟是怎样的，你能推断出来吗？

462. 免费辩护

有一位非常有本领的律师。每有离婚诉讼，这位律师总是站在女方一边，免费为其辩护，为女方尽可能多地争取赡养费。

一天，这位律师自己也要离婚。律师一如既往，仍然站在女方一边，免费进行辩护工作，为女方争得了巨额赡养费。可是，离婚之后，这位律师在经济上却丝毫无损，也没有从其他途径获得金钱。

你能解开这个谜吗？

463. 珠宝抢劫案

汤姆和迈克刚刚抢劫了一家珠宝店，但是警察就在他们身后不远的地方。他们在逃跑中经过一片废弃的砾石场，迈克曾经在这里工作过。他们停了下来，把装着珠宝的袋子扔进了砾石场，并记住了袋子落下的地点。为了确保袋子藏得更安全，他们还在袋子落下的地方撒了一层干沙。20秒钟后，他们再看的时候却看不到袋子了，干沙已经和下面的湿沙混合在一起了。在他们跑出两英里（1英里=1.609344公里）后，警察逮捕了他们，但不久之后因为缺少证据又把他们释放了。当时的情况是怎么样的？

提示：

1.他们中的任何人都没有告诉过警察到哪里去找珠宝。

2.没有动物或人偷走珠宝。

3.珠宝已经不在原先的地方了。

4.汤姆晚上没有拿走珠宝，也没有怀疑迈克会拿走珠宝。迈克也没有怀疑汤姆会拿走珠宝。

5.他们记住了藏珠宝的确切地点。

6.他们做了一个警示标志，所以从上面根本看不出来。

464. 车号谜团

一个正在穿越人行横道的男子被突如其来的一辆车撞倒，肇事汽车停都没停便逃之夭夭。被撞的人奄奄一息，在被送往医院的途中，只说了逃跑汽车的车号"6198"，便断气了。

警察马上通缉了该牌号的车辆，虽然找到了嫌疑犯，但对方有确切的不在现场的证明，而且车坏了，在案发前就已送修理厂修理。

如此说来，罪犯的车牌号不是"6198"。那么，它应该是多少号呢？

465. 木条的含义

在某住宅小区发生一起凶杀案。一位公司职员被杀死在家中。从现场看，死者似乎正在摆弄根雕，从同事口中也得知死者喜欢根雕艺术。现场的一切痕迹都遭到故意破坏，看来凶手和死者很熟悉。

令警察很难理解的是死者两只手各握着一根长木条，并试图将两只手合拢在一起，似乎向警方暗示什么。警长闻讯赶来后，仔细观察一番后说："我知道死者手中木条的含义，我们应按照死者留下的线索去破案。"

果然他们很快抓到了凶手，那么死者手中的木条到底有什么含义？

466. "腊子桥"

一天，警长接到一份案情报告，说在当地破获一个走私集团时，在罪犯身上查获到一张写有"腊子桥"三个字的小纸条。据侦查，这是走私集团的暗号。警长认为，该镇只有一座名叫解放桥的桥，假定纸条上的"桥"就是指的这座桥，那么，"腊子"二字肯定是接头时间了。警长又悟出现在正是春节前，与"腊"不无关联。这样，三天后的一个深夜，警长及其助手依照破译的"暗语"，守株待兔，果然大功告成，将前来接头的罪犯逮着了。

你知道"腊子桥"三字暗喻什么吗？

467. "好好"的故事

艺术大师曼夫一天秋夜被杀，不过他在临终之时，用自己的血写下了一行血书，提示凶手是谁。因为是秋季，血迹很明显。这行字写着："小心好好是杀我的凶手。"警长看了这句子，不禁莫名其妙。

事后，抓了三个当晚和曼夫接触过的人。

第一个叫刘好人，他和曼夫见面时间最早，而且是最早离开的一个，也因他名字有个"好"字，才被怀疑。

第二个叫玛花，她美丽而擅长交际，并且曼夫正在追求她，当晚她和死者相处时间最长，所以嫌疑最大。

第三个是曼夫的老友李浩东，他嫌疑极小，无杀人动机，并且和死者属生死之交，只因他平常被人称为"老好人"而被怀疑。

你能猜到谁是杀人凶手吗？为什么？

468. 马克·吐温的道歉

一次，美国作家马克·吐温在一个酒会上一气之下说道："国会中有些议员是狗婊子养的。"议员们知道后大为恼火，纷纷要求作家公开道歉。马克·吐温为"满足"议员们的要求，于是登报道歉。道歉启事只是以新的形式表达了原来的内容，让读者不禁哈哈大笑。你能想到马克·吐温在启事上是怎么写的吗？

469. 少尉破密函

法国某保安局少尉裴齐亚抓到一名亚尔赛斯特的间谍，从他身上搜到了一份密函。密函全文如下："B老师：就援助贵校球队外出比赛一事，明天5时请与领队到我家详谈。"受过特工训练的裴齐亚少尉，很快就破解了间谍携带的这份密函。

你可知道它的真正内容是什么吗？

470. 报警的数字

这天傍晚，比利夫人在妹妹家里刚住了一天，管家就打电话让她赶快回家。她刚进家门，电话就响了，听筒内传来一个陌生男人的声音："你丈夫比利现在在我们手里。如果你希望他继续活下去，就快准备40万美金，你要是去报警，可别怪我们对比利不客气！"比利夫人听罢，险些瘫坐在地上。她思来想去一整夜，觉得还是应该去报警。

波特警长接到电话后，立即驾车来到比利的别墅。首先，他去询问管家。管家说："昨天晚上来了个戴墨镜的客人，他的帽檐压得很低，我没看清他的脸。看样子和先生很熟，他一进来先生就把他领进了书房。过了1小时，我见书房里毫无动静，就推门进去，谁知屋里空无一人，窗子是开着的，我就给夫人打了电话。"

波特走进书房查看，没有发现什么线索。他又看了看窗外，只见泥地上有两行脚印，从窗台下一直延伸到别墅的后门外。看来，绑匪是逼迫比利从后门走出去的，波特转回身又仔细看了看书房，发现书桌的台历上写着一串数字：7891011。波特警长想了想，问比利夫人："你丈夫有个叫加森（JASON）的朋友吗？"她点了点头，波特说："我断定加森就是绑匪。"果然，波特从加森家的地窖里救出了比利，加森因此锒铛入狱。你知道波特为什么根据那串数字，就断定加森是绑匪吗？

471. 警长看到了什么

半夜时分，一阵急促的电话铃把警长从睡梦中惊醒，原来发生了一起盗窃案。

警长来到被盗人家，只见主人被绑在一旁，嘴里喃喃地说："我睡在床上，突然听到屋内有响声，急忙开灯，发现有个强盗。我们俩扭打起来，他一拳把我打倒在地，还把我绑了起来。幸亏我所有的财产都已经上了保险，能够……"

警长边听边环视着屋内的一切，突然目光停留在床上，没等主人把话说完，他就知道是怎么回事了。

你知道警长看到了什么就立刻明白了真相？

472. 绸被破案

有个商人乘船过河时被强盗杀死，一时抓不到凶手。新任县令赵大明听完案情后说："既然商人是在船上被杀死的，那帮强盗很可能经常出没于水道，我们应该经常在河边察访，看看有什么可疑的迹象。"

一天，赵大明坐在河边的茶店中察访，见一条船经过，船尾上晒着一条新洗的绸被，绸被上聚集了很多的苍蝇。他赶紧对身边的捕役说："快截住那条船，强盗肯定在船中！"那只船上的人被押到公堂一审，果然是杀死商人的强盗。众捕役问赵大明："您怎么知道船中有强盗呢？"赵大明笑笑说："是那条绸被告诉我的……"众捕役十分佩服赵大明善察贼踪。

那条绸被为什么能成为破案的关键线索呢?

473. 鱼缸的证言

昨晚下了一场大雪,今早气温降到了零下5摄氏度,室内温度也很低。刑警询问某案的嫌疑犯,当问到她有无昨夜11点左右不在作案现场的证明时,这个独身女人回答:"昨晚9点钟左右,我那台旧电视机出了毛病,造成短路停了电。因为我缺乏电的知识,无法自己修理,就吃了片安眠药睡了。今天早晨,就是刚才不到30分钟之前,我给电工打了电话,他告诉我只要把大门口的电闸给推上去就会有电了。"

可是,当刑警扫视完整个房间,目光落在室内的玻璃鱼缸上时,便识破了她的谎言。刑警发现了什么?

474. 邮票失窃

美国旧金山,有次举办世界邮票大奖赛,尽管有科学的保卫措施,但获得二等奖的一张价值很高的邮票还是被人乘乱窃走了。作案人就是世界大盗史莱福。他手法高超,行动诡秘,盗得邮票后,立即返回居住的一家廉价旅店。他自以为此次行动神不知鬼不觉,哪想到所有的行动全被监视了。

很快,警察们冒着盛夏的酷暑,包围了旅店,闯进史莱福的房间。旅店的条件很差,连窗户都没有的房间里除了一台密封式的呼呼开着的电扇外,只有非常粗糙的一床、一柜、一桌、一椅。史莱福斜靠在床上,若无其事地打量着警察。据警察所知,史莱福一路上并未同谁联系,也未停顿。回来后一直无人找他,他也从未离开过房间。显然,邮票肯定在房间里,然而,警察搜遍了史莱福全身和房子的每一个角落后,仍然一无所获。没办法,旧金山警察局请来了美国警察界著名的神探亨特,亨特仔细了解了整个案情,然后走进史莱福房间,向四周审视了一会,忽然指着一处说:"邮票就在这儿!"警察们走上前一搜,果然找到了史莱福偷窃的邮票。

邮票放在哪儿呢?

475. 深夜劫案

夜深人静,警长带着助手巡逻。路过一片工地时,突然一个黑影从拐角处窜过。警长立即奔上前去,正看见那黑影闪进一幢宿舍。

警长疑惑地刚转身,一名女工气喘吁吁地奔上来,见警长穿着警服,女工哭着报称刚才被一男青年抢走钱包、手表、金项链等物。

　　警长问抢劫犯特征，女工回答说抢劫犯留长发，且有较长的胡子，随手提一黑色皮包，其余说不清楚。警长立即带女工敲门进入宿舍，先后走访三户人家，虽都有男青年，却无抢劫犯特征面貌者。

　　进入第四户人家时，一独居男青年正看录像，此青年却是板刷头，也无胡子。警长正疑惑地想发问时，女工发现屋角有一黑包，指认说那正是抢劫犯携带的皮包。男青年却回答说那是一个朋友遗忘在这里的。说着，男青年打开皮包，拿出几罐易拉罐啤酒，并拉开易拉罐啤酒给警长喝，拉罐时，可能用力过猛，易拉罐中喷出的泡沫溅了男青年一脸。警长冷笑一声，立刻认定男青年正是那抢劫犯。

　　你知道抢劫犯露出了什么破绽吗？

476. 刺客

　　星期天，公司总经理杰克正在公园的林荫小道上散步。忽然，一个年轻漂亮的女子与他打招呼。杰克问道："小姐，您是哪一位？"那女子冷冷地说："我是一个刺客！"杰克脸色一下变得煞白，紧张地脱口而出："啊，你是那小子派来的吗？"并苦求饶命。那女子说："请别误会，我不会杀您的，我是来帮助您的。刚才您说的那个小子，是不是H公司的经理？""是，是，在商业上，他是我的最大敌人，我巴不得他早点死掉！"那女子用商量的口气说道："这件事就交给我办吧！请您放心，我要让他不留痕迹地无声无息地死掉，让他病死。至于采取什么办法，您最好别问了。而且，干掉他后再给钱，不要预付金，怎么样？""好！事成之后，重金酬谢！"

　　三个月后，杰克听说H公司的经理因心脏病突发，治疗无效去世了。随后，在一个星期天的早晨，还是在那条林荫道上，杰克再次碰到那位女子，他如数付给了酬金，那女子迈着轻盈的步子走了。

　　那个女子用什么办法使H公司经理病死，从而得到一笔数量可观的酬金呢？

477. 珍珠被偷

　　一大早，西蒙探长就带着助手急匆匆赶到一处公寓，因为10分钟前有人报案，说昨天公寓里有小偷，不少珠宝失窃。

　　在公寓里，西蒙探长一边查看，一边让助手找来了这家的男仆，出示证件后问道："你昨晚在什么地方？""我在公寓里。"男仆回答，"探长先生，这一地的棉絮是怎么回事？""可能是罪犯乱翻东西时弄的。你看，这儿还有一颗散落的珍珠。对不起，请打扫一下。"西蒙探长吩咐道，"如果发现有其他什么东西被盗了的话，请告诉我。""好的。"

男仆推出吸尘器，马上开始清扫，吸尘器里很快装满了棉絮片，吸力弱下来了。"我去倒垃圾。"男仆拉着吸尘器进了厨房，然后又出来继续清扫。"厨房里有什么异常吗？"西蒙探长似乎不经意地问。"什么也没发现。""是吗？"西蒙探长两眼直视男仆，"那么，罪犯就是你喽！"

男仆惊得倒吸了一口气，但马上又镇静下来，他关掉吸尘器的开关，马达声立刻停了下来。"你怎么知道我是罪犯！""撒落在地上的珍珠只剩下一颗，就是证据。你把盗走的宝石和珍珠藏到哪儿去了？老实告诉我。"

男仆一脸沮丧，不得不承认是自己干的。试问，西蒙探长仅靠一颗散落的珍珠怎么就能识破男仆是窃贼呢？

478. 郁金香之谜

卖唱的美少年阿尔芒，在英国的诺丁汉郡偶然遇见了当地有名的美人玛格丽特。玛格丽特的美貌深深地迷住了阿尔芒。从此，阿尔芒经常在玛格丽特的窗下弹唱，倾诉自己对她的爱慕之情，终于赢得了姑娘纯真的爱情。但是，玛格丽特的父亲却不赞成亲事，可又因为玛格丽特执意要嫁给阿尔芒，他只好出一道难题来考阿尔芒。

玛格丽特的父亲找了两个身材与自己的宝贝千金极其相似的邻家少女，同玛格丽特一起用纱巾蒙住全身。站在纱帘后面的三位少女，每人都伸出一只纤纤玉手，拿一朵鲜花。此时，真正的玛格丽特无法与阿尔芒打招呼，她见两个少女选择的是月季花和玫瑰花，就灵机一动，选择了一朵郁金香。然后玛格丽特的父亲叫阿尔芒来猜拿什么花的是玛格丽特，如果猜中了就把女儿嫁给他做妻子。

阿尔芒略一沉思，便对玛格丽特的父亲说："我已经认出来了，拿郁金香的是您的千金小姐玛格丽特。"当阿尔芒拉着玛格丽特走到她的父亲面前时，老人再也无话可说了。

请问，美少年阿尔芒是怎样断定拿郁金香的准是玛格丽特？

479. 宿营地命案

柯南到森林中打猎，见天色晚了，便在空地上支起帐篷，准备宿营。忽然一个自称叫杰克逊的年轻人跑来告诉柯南，他的朋友路易被人杀害了。"一小时前，我和路易正准备喝咖啡，从树林里突然钻出两个大汉，将我们捆了起来，还把我打昏了，醒来一看，路易已经……"

柯南跟着杰克逊来到了宿营地，发现路易的尸体躺在快要熄灭的火堆旁，两条绳子散乱地扔在路易的脚下，旁边的帆布包被翻得乱七八糟。柯南俯下身，见路易的血已经凝固，断定是一小时以前死亡的，凶手是用钝器击碎颅骨才使他丧命的。

他的目光又回到火堆上，火烧得很旺，黑色咖啡壶在发出"嘶嘶"的声响，刚刚烧沸的咖啡从锅里溢到锅外，发出迷人的香气，滴落在还没烧透的木炭上。柯南默默地站了一会儿，突然掏出手枪对准杰克逊说："别演戏了，老实交代吧！"

你知道这是怎么回事吗？

480. 捣鬼的秘书

集邮家林瑞买了一套海滨别墅，前后都有窗子。他有两张珍贵的邮票，今天上午放在写字台上，写字台前窗子当时开着，不料风太大，与这扇窗相对的窗子突然被风吹开，把一张邮票吹到窗外，带进了大海。风停半小时之后，在警察局工作的朋友刘思来访，林瑞约他在房前海滩上散步，谈了这件事。

刘思边听边低头观察一只海鸥的足迹，从足迹看，这只海鸥起飞时面向大海，半小时前的退潮海水没有抹掉这些足迹，说明海鸥飞走的时间不超过半小时。

刘思问："是您亲眼见到邮票被吹到窗外的吗？"林瑞说："不，是秘书告诉我的，她说幸好她及时按住了另一张。"刘思说："那张邮票还在，是你的秘书在捣鬼。"

刘思根据什么做出这样的判断？

481. 奇怪的脚印

芭蕾舞演员迪斯，上午在一份报纸上看到一则新闻："年轻银行家查理大人的尸体，被发现在K公园内，距网球场大约一米。他是被利刃刺死的，死亡时间约为星期六晚上七八点。"

凶案现场，由于早上下过春雨，地面潮湿，死者和凶手的高跟鞋足迹非常明显。但奇怪的是，两个足迹不是并行的，除被害者的足迹外，另一个却是离开现场的足迹。

警方已将嫌疑犯逮捕，其中一名是前芭蕾舞团的舞蹈教师，名为杜芙。而在死者卧房的备忘录中，也发现上面记着：晚上8点和杜芙小姐在网球场会面。

那么杜芙是用什么方法，让凶杀现场的足迹消失的呢？

之后，迪斯好像对这件杀人事件已不感兴趣，于是又开始练习他的芭蕾舞，忽然他仰天大笑，然后说道："哈哈！我明白了，真是一条巧妙的杀人诡计啊。"

那么迪斯的推理到底是什么呢？

482.阿凡提愚弄国王

阿凡提对人们说："乡亲们，我的毛驴比宰相还聪明！"宰相听后，马上派兵捉住阿凡提，向国王控告他侮辱大臣，要求重重地治他的罪。国王怒问阿凡提道："你竟敢说我的宰相不及你的毛驴聪明，你有事实根据吗？没有的话，我要杀你的头！"阿凡提说："当然有事实，有一回，我骑着毛驴过一座小桥，毛驴的一条腿陷进桥板上的一个窟窿里，摔了一跤，好容易才把蹄子拔出来。不久，我又骑着它经过了那个窟窿，腿没有再陷下去。而你的宰相偷盗国库里的钱财不止一次了，老百姓检举他也不止一次了，可直到现在，他还在向国库里伸手，陛下，我的毛驴难道不比宰相聪明吗？"国王觉得阿凡提很聪明，就把他留在宫中。

一天阿凡提和宰相开玩笑，说他明天就要死了。谁知道，第二天宰相从马上摔下来，真死了。国王怒气冲冲地问阿凡提："你居然知道宰相该哪一天死，你知道你该哪一天死吗？要是你说不上来，今天就是你死的日子。"阿凡提说："您死的前两天，就是我死的日子。我只比您早死两天。"国王一听，吓得不敢把阿凡提怎么样。不过，他想为难一下阿凡提，就对阿凡提说："好吧，我免你死罪，不过你得在我身上犯个罪，还要比我想象得严重一些。"

阿凡提机敏地在国王的大腿上拧了一把。"真是无礼的举动！"国王气愤地说。阿凡提笑道："我还把你当作王后呢。"国王吼叫道："放肆！你还想超越过我，去拧王后的大腿吗？"可阿凡提的回答却让国王无可奈何地点点头，你知道他是怎么回答的吗？

483.聪明的柯尔

柯尔跟父亲外出旅行，这天晚上住进了一个客店。第二天早晨，他们吃过早餐回到房间，父亲发现枕头下的手表不见了。他们急忙报告老板。老板查出这期间有新雇来的四个侍者先后进入过房间。老板查问时，他们都不承认拿了手表。

柯尔对他们说："我知道是谁拿了手表，主动承认吧，我会原谅他的！"这四个人都不作声。柯尔叫他们背过去，给他们一人一根草棒。柯尔说："四根草棒只有一根是长的，我给了拿手表的人。请你们举起草棒。"四个人慢慢举起草棒。柯尔走到一位侍者身后说："是你拿了手表！"

这个侍者只得承认了。柯尔是凭什么判断的呢？

484. 登山队员

五名登山队员去登山，遭遇雪崩，一人遇难。大侦探展开调查，发现发生事故时，四人都没有不在场证明。而被害人因过于胆怯，停留在半山腰某处。侦探发现发生雪崩的地方在上游某处，被害人在下。四人供称没有听到剧烈的爆炸声，只是事后放有交响乐磁带的录音机不见了。大侦探想了想后说道，这不是一场事故，而是精心策划的谋杀。那么凶手是如何杀人的呢？

485. 致命晚餐

罗梅是餐厅的老板，她深爱着付洪，但想不到付洪是一个爱情骗子只是在玩弄她，不久便见异思迁追求另一名女子了。

罗梅决心向付洪报复，她假借谈论分手的事情，邀请付洪到她的餐厅吃晚饭。付洪不疑有诈欣然赴约。晚饭时，因为天气太热，付洪觉得饭菜又相当咸，所以感到十分口渴，向女侍应要了一杯冰水，他喝光后，又要了一杯冰水。但当第二杯冰水送来时，付洪突然倒毙在座椅上。

经警方检验后，断定付洪是中毒而死的，但检验他所进食的饭菜却没有毒药成分。付洪是怎样被毒死的呢？

486. 谁偷了玉项链

广东某玉器厂，中午时分，店内人头攒动，大家川流不息地在挑选玉器，而玉器商亦忙着兜售。

这时，一名打扮时髦的女子，走入店内流连片刻，乘人不备，突然在橱窗内偷了一条价值5000多元的玉项链，立即夺门而逃。

客人及店员见状，立即从后追赶。这时，一名正在附近巡逻的辅警闻声赶到加入到追捕行列。最后终于把该名女子逮捕，但搜查全身却找不到赃物。准备放走她的时候，突然，督察陈安带来了三名女性疑匪。她们身上都有一条玉项链，几经调查，终于发现真正的赃物是在其中一人手上，你知不知道项链藏在谁人的手上呢？

请仔细思考，利用下列线索，尝试侦破这宗偷窃案。

（1）打扮浓妆艳抹的风尘女子，手袋内发现一条用纸包着的玉项链。

（2）一名头戴丝巾，身穿破衣，精神似有问题的女子，颈挂玉项链。

（3）一盲眼的女子，她身旁的小孩正在玩着一条玉项链，坐在横巷内行乞。

487. 暴露的罪行

从东南亚回国的龙建，从机场径直回到自己的寓所后，便躺到床上休息，这时女朋友雷春菊来了。

"怎么啦？那么没精打采的。""去国外旅行累的。"

"是在国外又见异思迁了吧？""别开玩笑，还是让你看看这个吧。"

龙建从口袋中拿出一盒奶糖。

"这每颗奶糖中，都分别藏有一颗钻石。我把奶糖开了个洞，将钻石藏到里面，一共六颗。大概值6千万元。"

"在机场海关没被发现吗？"

"怎么能被发现呢，一看是糖，连检查都不检查。""可怎么将钻石取出来呢？""放到嘴里，糖一化了钻石不就出来了？还甜哩！"龙建得意扬扬。

雷春菊见此突然改变了主意，她在咖啡里掺了毒将他毒死，然后携带钻石逃走了。当然，没留下任何证据。

龙建的尸体，翌日被发现。三天后，雷春菊也很快被逮捕。当时，她正在医院，诊断后正在等结果时，急救车赶来。将她护送到某场所后，刑警说："你以毒杀龙建的嫌疑被逮捕了。"

"有什么证据说我是凶手？""这个，这个就是证据。"刑警将医生的病志递过去。她一看病志，吃惊得昏了过去。这是为什么？

488. 劫机恶作剧

由美国旧金山市飞往纽约的飞机起飞不久，一中年乘客突然从洗手间慌张地走出来，对空中小姐说："不得了呀！我刚才去洗手间，发现镜上贴有一张纸，纸上写着飞机内已放置了炸弹呀！"

他的叫声，打破了整个机舱的沉寂，乘客面露绝望的神色，声嘶力竭地喊叫。空中小姐急忙走入洗手间，果然发现镜上贴了张纸，纸上写着：我已在飞机上放置了炸弹，你们必须听从指示，立即把飞机飞往迈阿密，否则飞机将会在15分钟后（9时20分）爆炸。

空中小姐一看手表，只余10分钟时间，便立即与机长及机场控制塔人员联络，为了乘客的安全，只有应允疑匪的要求，把飞机飞往迈阿密。

到达当地机场后，特警立即上机搜查，发觉机内并无炸弹，只是虚惊一场。

请问，这人劫机的动机是什么？

489. 消失的脚印

清晨，因病在海滨旅游别墅避暑度假的老侦探崔凯来到海边沙滩上散步。海水碧蓝，空气清新，崔凯感到赏心悦目。当他走到被礁石阻隔开的另一片海滨沙滩时，发现沙滩上仰面躺着一个体态婀娜的姑娘，黄白相间的游泳衣上缀着一大朵红色的花朵图案，美妙极了。这位姑娘真是雅兴极好，大清早就晒日光浴，崔凯心想。可是，当崔凯稍稍走近，注视那朵红花图案时，他发现那朵红花图案边缘似乎不规则。崔凯怀着不祥的预感近旁一看，那朵红花图案竟然是一摊血迹！

当地刑警勘查现场时，崔凯因为不方便就回避了。可是，几天后崔凯被当地警方召去，受到了非常仔细地盘问。崔凯的职业经验告诉他，自己成了嫌疑对象。经过几番盘问，当地刑警实在无法找到崔凯作案的嫌疑，无论动机、条件、时间。当崔凯好奇地问为什么怀疑自己时，对方告知因为沙滩上除了姑娘的脚印，只有崔凯的脚印。于是，崔凯又问了姑娘死亡的实际时间，然后为当地刑警解开了行凶者脚印消失的谜团。当地刑警不由得对崔凯佩服至极，并很快侦破了此案。崔凯解出的谜底是什么呢？

490. 消失的手枪

巡警哈克和毛姆正在巡夜，忽然从前方护城河2号桥处传来一声沉闷的枪响，两人立刻就向枪响方向跑去。快到桥边时，毛姆隐约看见一个中年男子的身影在向对岸逃跑，连忙大喝："站住，不许动！再跑就开枪了！"那男子停住了逃跑的脚步，随即发出一声"扑通"的声音，像是把什么东西扔到河里。

哈克、毛姆奔到桥上一看，一个青年妇女倒在桥中间，胸部中了一枪，已经死去。"是你打死了这个女人吗？"毛姆责问男子。"不，我是晚上睡不着觉，出来散散步，看见桥上有死人，我吓得就逃，你们看，被你们一喊，我吓得一只木拖鞋掉到河里去了。"哈克对男子打量了一番，看不出什么异常之处，便问："那你刚才看见有什么人从这里跑过吗？""没有。""不可能，罪犯一定从桥上跑过。"哈克肯定地判断。"也许是从桥那边开的枪呢？"男子猜测。

毛姆俯身又看了一下死亡女子的胸部，周围有着火药黑色的焦煳痕迹。"不，一定是你开的枪，你跟我们到警察局去一趟！""去就去，反正我没有杀人，不信你们搜身。"一搜身，男子身上果然没有枪。

到了警察局后，法医对尸体检验后的结论是，枪是在近处打的。对男子的右手进行检验，发现沾有火药微粒，但他仍不承认杀人。次日一早，警察们在桥两边筑坝抽干了河水，对四周也反复搜查，却仍然没有发现杀人凶器手枪。那么，既然这男子肯定是凶手，手枪却藏到哪儿去了呢？

491. 羊和自杀者同谋

西姆是英国农村的普通农民，也是一个基督教教徒。当他45岁时，与他共同生活了20年的妻子不幸在河里被淹死了。中年丧妻，使西姆在精神上受到了很大的打击。几天后，人们在西姆家的羊圈不远处发现了他的尸体。他的脑门上中了一枪，看上去，几乎没有挣扎就立刻倒地死了。警察赶到了现场，在羊圈里发现了射击西姆的小型手枪。羊圈离西姆倒下之处约15米。西姆是自杀还是他杀？警察推断说："根据现场的情况判断，西姆之死是他杀。因为被子弹击中脑部的西姆不可能像散步那样，从羊圈旁走到他倒下的地方。自杀者也不可能在死去的一瞬间把枪扔出15米远。"

布朗神父是一位著名的侦探，他对西姆之死持完全不同的看法。"各位，这只羊就是西姆自杀的同谋者！"布朗神父说，"西姆这家伙，以为这样就能骗过我，想让我为他祈祷，允许他与妻子葬在同一个墓地，没那么容易！不过，这说明西姆非常爱他的妻子，我还是同意让西姆与他的妻子葬在一起。对于一个临死时还能运用智慧的人，上帝会欢迎他进入天国的。"你知道布朗神父为何这么认为吗？

492. 指纹破案

罪犯在作案后往往会尽可能擦干净自己留下的指纹，甚至有的罪犯还要把别人或受害者的指纹印在现场，以求制造混乱，但是也有弄巧成拙的时候。

付洪和王海是生意上的合伙人，付洪后来起了谋财害命之心，将王海杀死，然后伪造王海自杀的现场。付洪先是假冒王海的笔迹，用铅笔写了份几乎可以乱真的遗书。由于有点儿紧张，写错了一个字；又用铅笔末端的橡皮擦干净，然后补写上。干完这些之后，付洪把自己留在铅笔上的指纹全部抹掉，印上王海的指纹。付洪又用同样方法，把王海的指纹印在毒酒杯上。付洪以为这样一来肯定是万无一失，没想警方到现场一调查，很快就判断出王海是被人杀死的。你知道警方发现了什么疑点和证据？

493. 大作家的遗书

大作家在深山别墅的书房中死去。死因系喝了掺有毒物的葡萄酒所致。死亡推定时间是两天前。他的桌子上放着一台没插电源的笔记本电脑，动了一下键盘，屏幕亮了起来，一个文档出现在上面，留下的文字内容是份"遗书"。从键盘上没有验出他人的指纹。

以下是勘查现场的两名刑警的对话。

刑警A："嗯……陷于困境的大作家在文字处理机上留下的遗书，是否可以说是有意识的服毒自杀呢？"

刑警B："奇怪，死亡不是两天前吗？要是这样的话，至少这份遗书不是大作家自己打的。"

果然，通过毒物的入手渠道找到了一名嫌疑犯，此人是大作家的竞争对手。搜查虽然取得进展，但警方并未能解开"电脑屏幕上遗书"的谜。

那么，刑警B何以确信电脑画面上的遗书不是大作家本人打的呢？

494. 柯南智难刺客

一天深夜，柯南正在事务所办公室里喝着威士忌，突然，一名刺客闯了进来，将枪口对准了柯南。柯南却端着酒杯，神情镇定自若地问道："别紧张嘛！谁派你来的？""一个被你追踪得感到厌烦的人。""佣金不多吧？我出3倍的价钱，怎么样？"刺客一听，好像有点儿动心。柯南倒了一杯威士忌，端到刺客面前，带有几分讥讽地继续说道："怎么样，不喝一杯？是不是喝下去你的手就拿不稳枪啦？"刺客不敢掉以轻心，右手举着枪对准柯南，伸出左手接过酒杯，一仰脖儿喝了下去，接着便急切地问道："你真有钱吗？""那个保险柜里有的是。"柯南指着桌子后面的保险柜说道。为了使对手放心，柯南一只手端着酒杯，另一只手去开保险柜，从里边拿出一个鼓鼓囊囊的信封放在桌子上。

就在刺客把手伸向信封的那一瞬间，柯南眼疾手快地把刺客用过的酒杯和保险柜的钥匙都放进了保险柜，并且关上柜门拨乱了数字盘。这样，保险柜便再也打不开了。刺客见状立刻把枪口对准了柯南。

柯南微微一笑说："那个信封里全是些旧收据。即使你杀死我逃走，你也一定会立即被捕的，因为你留下了决定性的证据。"刺客似乎突然想起了什么，"唉，我上了你的当了！"他懊丧地咂咂嘴，垂头丧气地溜走了。

是什么原因使得刺客悻悻而去呢？

495. 故布疑阵

S市最大的珠宝店于某日凌晨发现被盗。据当夜值班的阿B说，夜间他未听到任何动静，早晨起床后，他打开大门准备擦洗橱窗时，才发现橱窗玻璃被人割了一个大洞，里面放的一只贵重的钻石戒指被偷。

警方接到报案后，立即赶到现场调查。由于现场没有留下指纹，也没有任何其他痕迹，只是有的警察注意到玻璃是用很高级的玻璃刀割开的，破口处很整齐。

警方对这个案子感到十分棘手，不知道该怎么办才好，恰好这时有人发现阿B卖掉了那只钻戒，于是立即将阿B逮捕。但是在阿B的家里并未发现玻璃刀之类的作案工具，而阿B也确实不是用玻璃刀作的案。阿B到底是用什么把玻璃割破的呢？

496. 作案时间

在作案现场，警方发现有一堆支离破碎的手表残物。从中发现手表的长针和短针正指着某个刻度，而长针恰好比短针的位置超前一分钟。除此以外再也找不到更多的线索，可警方却从中推断出凶犯作案的时间。你能推断出作案时间吗？

497. 推理作家

百万富翁B先生临终之时，立下遗嘱，把全部财产留给后妻B夫人。和这位富孀共同生活的还有她的养女麦吉。

麦吉是一位典型的时髦女郎，社交极广，很能挥霍，养母管束很严，使她经常手头拮据，所以她总是盼望养母早点死去，自己可以合法继承巨额财产。可是，B夫人的身体非常健康。终于有一天，急不可待的麦吉在汤里放了砒霜，B夫人的健康状况突然恶化。幸亏保健医生发现的及时，才算保住了一条性命。

B夫人康复后，马上警告麦吉道："我知道你想要我的命。这次为了维护B家族的声誉，我不起诉。为了保证我的人身安全，现在我应该把你从这个家里驱逐出去。遗憾的是，按照你父亲生前的遗言，我不能这样做。所以，我为了能安度晚年，从今天起采取防范措施，你再也别想投毒害我了！"

B夫人彻底改造了二楼的卧室，在窗户上安装了铁栏杆，门上的锁也重新换过。一日三餐都不让仆人做，而是她亲自从超级市场买来罐头，在卧室新增设的厨房里做饭，所有的餐具也不许任何人触动，连饮水都只喝瓶装矿泉水。每星期都请保健医生来检查身体。就连这位医生，也只准许他测量一下脉搏和体温，打针、吃药都一概自理。

尽管防范得如此严密，B夫人仍然在劫难逃，不到半年光景死于非命。经解剖发现，是由于无色无味的微量毒素长期侵入体内，致使积蓄在体内的毒素剂量已经达到了致死的程度。推理作家奎因陪同他担任警长的父亲参加了这一案件的调查，父亲忙着在现场搜寻亨药，奎因却在翻检死者用过的医疗器械，沉思了一会儿，他就指出了投毒杀人的罪犯。

那么，究竟是谁，采用什么方法，把这位防范备至的B夫人毒死的呢？奎因又是怎样推理的呢？

498. 不同的时间

某天夜里，在一幢公寓里发生了一起枪击事件。住在这幢公寓的4个人同时被枪声惊醒，都各自看了自己的手表。当警察赶到现场询问4个人时，他们分别做了如下回答：

"我听到枪声是12点零8分。"

"不，是11点40分。"

"我记得是12点15分。"

"我的表是11点53分。"

4个人说的时间都不一样，因为他们的手表都不准。一个慢25分钟，一个快10分钟，还有一个快了3分钟，最后一个慢了12分钟。准确的作案时间到底是几点几分？

499. 飞出窗外的手枪

一个大富豪突然失踪，尸体两天以后在郊外的海滨别墅中被发现。他死于胸部的枪击，但在室内没有发现任何凶器，而室内的保险箱则被打开，里面空无一物，警方列为劫杀案处理。大侦探细心探查后，发现室内找不到有任何其他人进来的痕迹。在富豪床边窗口附近的桌台上，有一支烧了一大半的蜡烛，蜡烛下面有一条烧焦的橡皮筋：案发当晚并没停电，这位富豪为什么不用电灯呢？后来在楼下靠窗的水中发现了一支手枪，经检验正是打死这位富豪的凶器，从这些情况看来，他似乎又是自杀，但他用什么方法自杀，手枪又怎么能飞出窗外呢？

500. 芝加哥美术馆的失窃案

神偷从芝加哥美术馆轻而易举地盗出一张世界名画，驱车上了高速公路向东逃往纽约。进了纽约州后，没想到却在那儿碰上了福尔。

"哟，真是有缘千里来相会呀，没想到又在这儿相见了，是驾车旅行吧？"福尔凑上去搭讪。"是的。刚好……呀，怎么都这个时间啦！对不起，我失陪了。"神偷看了看手表，慌忙起身要走。福尔一把抓住他的手腕拦住了他。"那件事不是已经干完了吗，还是不必那么急着走吧？""啊，你指什么？"神偷心里惦记着放在汽车后备箱里盗来的画，可表面依然故作镇静。"刚刚电视新闻里说，昨天夜里芝加哥美术馆的一张名画被盗，难道那不是你的拿手好戏吗？"福尔盯着神偷的脸，笑呵呵地说。"你这是什么话？我这一个星期根本就没离开过纽约。""装傻也没用，你去过芝加哥，你手上的表已经告诉我了。"福尔直截了当地挑明了。那么，理由何在？

501. 三个嫌疑人

老约翰被发现死在别墅厨房的地上，后脑勺受到重击。警长小木找到老约翰的三个儿子，问道："你们的父亲被手枪打死了，死亡时间大致是下午3至5点，请告诉我事发时你们都在做什么，或者你们有没有怀疑的人？"

老大说："我一下午都在楼上房间里睡觉，什么都没有听到啊！怀疑谁吗，我认为是老二，他最近和父亲一直不和，还扬言要杀死父亲！"

老二说："我下午在回来的路上，交通很糟糕，我被堵在车流里面，我想是入室抢劫吧！我和父亲不和吗，是有些争吵，但我只是说说而已，哪里会真的动手呢？而且我有那么大的力气吗？"

老三说："我下午出去跑步了，就在这附近的街道，跑了大概一个多小时，回来后就直接去浴室洗澡了。我想是大哥吧？父亲把公司交给二哥打理，大哥好像一直都不怎么开心。"

你知道凶手是谁了吗？

502. 偶遇凶手

一个晚上，住在十三楼的马克被发现倒毙在家中客厅，当晚首先发现尸体及报警的是莱茵，马克的朋友。莱茵诉说她发现尸体的经过："我在晚上9时来找马克，按了门铃也没有反应，尝试打开大门，发觉没有上锁，一入内便见马克躺在地上了，手指指着大门。"

警长对于此宗案件毫无头绪，打算返回警局再做打算。因为一路思索的关系，他不小心与一个开锁匠撞了个正着，开锁匠喃喃有词："今天真是倒霉，约我上来开锁又没有人在，现在又给人撞倒，真是倒霉！"

突然，警长醒悟，知道凶手并非别人，就是开锁匠。他怎样知道锁匠就是凶手呢？

503. 谁的伪钞

凌晨1时45分，旅馆夜班服务员杰姆在核对抽屉里的现金时发现一张面额为100马克的钞票是伪钞……半小时后，警长霍尔赶到了这家旅馆。

"你是否记得是谁把这张100马克给你的？哪怕一点印象也好。"警长问。"我没留心。"杰姆似乎在回忆什么，随即用不容置疑的语调说，"我值班时，只有3个旅客付过钱，他们都没有离开旅馆。"警长眼睛一亮，竖起双耳："不开玩笑？”“决不会错！我今晚收到731马克现金，其中14马克是卖晚报、明信片等物品收进的，其余的现金都收自3位旅客。考纳先生给我一张100马克和24马克的零票；鲍克斯先生给我两张100马克加19马克零票；施特劳斯先生给我3张100马克以及74马克零票。”

警长的手指在桌面上轻轻弹着，若有所思。“你能肯定他们都是付给你100马克票面的钞票？”他问。

杰姆肯定地答道：“请放心，凡涉及钱，我的记忆特别好。”“那好吧，我想我已找到了我要找的人。”警长霍尔说。

你知道是谁使用伪钞的吗？

504. 聪明的债主

债主致电李先生，要求他9月底以前立即还清欠款，李先生请债主第二天下午到他家里取回欠款。翌日下午，当债主到达李先生家时，赫然发现李先生被绑在床上。债主连忙上前替他松绑，在松绑期间，李先生不断地表示他昨晚被贼人入屋抢劫，将他捆绑在床上，把他的财物洗劫一空，就连预备还款的金钱也被抢去，所以欠款恐怕要迟一些才能偿还了。但当债主迅速地为李先生松绑后，竟然还要求李先生立即还款。你认为这是为什么呢？

505. 深夜入侵者

深夜，在侦探外出不在家时，窃贼潜入他公寓5楼的住宅。他此行的目的是在侦探的电话机上安装窃听器。

首先，从卧室的电话机开始装起。因这间屋子没有窗户，所以即使打开桌上的台灯也不用担心灯光会泄到外面。窃贼正往电话上装微型窃听器时，忽听大门外有钥匙拧门的声音。好像是侦探突然回来了。窃贼惊慌失措，赶紧关掉台灯躲到床下边，打算在侦探去其他房间时趁机悄悄溜掉。

可是，卧室的门突然开了，是侦探进屋来了。他没有去按门旁边的电灯开关，而是在黑暗中站了一会儿。“谁在那儿，快出来！”侦探大声叫着，打开了电灯，窃贼也就藏不住了。“你非法侵入民宅，打算偷什么？”“什么也没拿呀，可你是怎么一下子就知道我在这儿的呢？”窃贼感到不解。“是那个闹钟告诉我的。你这个溜门撬锁的高手也太粗心了。”侦探指了指床头桌。桌上放着电话、台灯和一个闹钟。

那么，那个闹钟怎么会告诉侦探有了入侵者的呢？有哪种可能性？

506. 侦探的疏忽

在一幢不大的楼前出口处，侦探和警长不期而遇。"哎呀，真是少见呀。""是大侦探啊！好久不见了。您来此办事呀？""我把记事本忘在地下3楼的公用电话旁了，正要回去拿，你呢？""哎呀，我也是呀！我的通信录忘在了3楼公用电话旁了，怎么样，大侦探，咱们来场比赛吧？"警长提议说。"比赛什么？""不乘电梯，看咱们谁先取回来到正门，谁输了谁请客。""好吧，那就来吧！"说着，两个人同时奔向楼梯。

可刚跑到地下室的楼梯口，侦探却忽然停住了脚步。"糟了，上警长的当了。"他后悔不已。你知道为什么吗？

507. 录音机里的留言

侦探福尔发现哈克先生的身体倒在办公桌上，头部穿了一个弹孔。福尔还看见哈克先生的桌上有一台录音机，当他按下放音键时，惊奇地听到哈克的说话声：

"我是哈克。约翰刚才来电话说，他要到此来杀死我。本录音将告诉警察当局杀死我的是谁。我现在已经听到他在走廊里的脚步声，门开了……"接着咔嚓一声，说明哈克把录音机关了。

"我们要不要去抓约翰？"福尔的助手问。"不！"福尔说，"我确信是另一个能惟妙惟肖模仿哈克说话声音的人杀死了他，然后弄了这个录音来陷害约翰！"福尔的想法最后被证明是正确的。

你能说出是何原因吗？

508. 欲盖弥彰

已经很晚了，刑警队长赵某还在办公室里。有人给他拍来一封电报，电文如下："银星珠宝店的钻石项链被盗——友"。赵某看完电报，马上驱车赶到银星珠宝店。在珠宝柜的旁边站着两个人：一个是衣着讲究的少女，另一个是穿着礼服的保管员。下面是他们的对话：

"我是公安局的。"赵某说，"刚才接到通知，说店里的钻石项链被盗，显然我是来晚了。你是营业员吗？"他问那少女。"是的。"她回答，"几分钟前，老板来找我，说那条钻石项链被盗。""你对这一切的看法呢？"赵某又问那个女营业员。"我想，是偷项链的人自己给你拍的电报，可能他故意要把水搅浑。据我所知，刑事案件里这种贼喊捉贼的事还是屡见不鲜的。""你说得对，不过情况已经摆在这里了，偷项链的就是你。"

赵某的根据是什么？

509. 凶手是谁

患有癌症的雕刻家周云曾和一桩走私案有牵连，他怀疑他的两个弟子王滨和李振是举报者。一天，周云突然被杀，发现者正是他的两个弟子王滨和李振。

室内很暖和，周云陈尸在雕刻室的黏土与石膏之间，伤口在胸部及左手腕，左手腕上的血已经凝固了，血泊中有黏合黏土用的竹片，被认为是凶器的刀子在工作室外被找到。精明的何警长再三思考，"这是密室，凶手究竟是如何出去的。查过窗户，也没有使用线或铁丝的痕迹。""这是什么？"新来的刑警指着尸体旁的血字——"凶手是王……"字迹还未全干。"这是不是意味着凶手是王滨呢？"

"昨晚我除了外出办事之外，一直和李振在一起。"王滨说。根据调查，周云与王滨平时关系不好，再加走私案的败露，周云怀疑王滨是举报的主谋。

"王滨肯定是凶手。""不是，周云胸部的伤口并不是室外发现的刀子造成的。周云惯用右手，而左腕伤口的血已经凝固，血字却未干，所以凶手不是王滨。"何警长断然否定。

凶手是谁，你知道吗？

510. 为什么不开枪

宝石商H氏，在自家书房里养了许多热带鱼。就在其携家属外出旅游期间，窃贼溜进书房，从保险柜里盗走重达50克拉的一大块红宝石。

正当她要走出房间离去时，房门却猛地被推开，警长端着手枪闯了进来。

"举起手来，反抗就开枪了。赶快把偷的红宝石交出来吧！"

不愧是久经沙场的惯盗，此刻虽被手枪逼着，却显得若无其事。窃贼乖乖从衣服口袋里掏出红宝石，装着递给警长的样子，却突然扔进了身旁的大鱼缸中。鱼缸里养着数尾金黄色带黑斑点的热带鱼，个个都有十五六厘米那么长。

"喂！你想干什么？赶快从鱼缸里给我捡出来！""如果想要，那你就自己去捞好了。"窃贼冷笑着。"好吧，你老实站着别动。动一动我就开枪。"警长毫不松懈地将手枪对准窃贼，左手伸进鱼缸去捞宝石，连袖口被水浸湿了顾不上了。可就在这一刹那，意外的事情发生了……

"警长，我先告辞了，拜拜！"窃贼说着从警长身边擦过，赶快溜走了。

那么，为什么警长不开枪呢？

511. 一定不是猫叫

杰森的邻居向警署报告：10分钟前，杰森的住所里有人尖叫。警长驱车前往。他们是冒雨去的，雨已经下了3个多小时。在杰森住所门前遇到了杰森，他说有可能是邻居听错了，并说："10分钟前，我开着货车刚到家，一进门发现邻居的一只灰猫在门里睡觉，一脚把它踢了出去，它尖叫了一声。"

警长向着门外雨中的货车走过去，蹲下身子，双手贴着干燥的沙土地，慢慢向前移动，仔细地看了看，然后问："你一个人住在这里吗？"杰森有些紧张地回答："还有我老婆。"警长说："我希望你的妻子平安无事。如果有过叫声，一定不是猫叫。"

警长根据什么做这样的结论？

512. 真假修女

柯南在酒吧喝酒时，目睹了一起抢劫案。他看到3个人从银行里跑出来，穿过马路。这时，响起了枪声。一个作案者跳上了一辆等在路边的汽车。另外两个人，也就是修女和司机进了酒吧。

"你们俩受惊了吧。"柯南说，"来，我请客，一人喝一杯咖啡。"两个人谢了他。修女要了一杯咖啡，司机要了一杯啤酒，3人谈起了刚才的枪声和飞过的子弹。这时，街上又响起了警笛声。这时强盗被抓住了，送回银行验证。柯南走到前边的大玻璃窗前去看热闹。当他回到柜台边时，那个修女和司机再次谢谢他之后就走了。

酒吧招待已经把杯子收回去了，看到柯南回来，就说："对不起，先生，我还以为你也走了呢。"酒吧招待看了看刚刚收回去的两只杯子。把一只没有沾上唇膏的咖啡杯子递给柯南，一边说："你说这儿怎么会来司机？附近又没有汽车。"柯南看了一眼酒杯，叫起来："噢！这个修女是假的！这两个家伙是刚才抢银行的强盗的帮手！"说着，他冲出酒吧去抓那两个坏蛋。

请问，柯南是根据什么做出了这样的判断？

513. 神秘的凶案

退休的邮政局长路易每天都有早晨运动的习惯，这天早上，他在公园晨练时，被人袭击毙命。警方的调查显示，这是一宗劫杀案，路易是被凶手用硬物击中后脑，受重伤而死亡的。凶手还从他身上掠去了所有的财物。警方的调查又显示，凶手只有一个人。

在一连串的详细侦查之后，警方发现了3个有可能是凶犯的人：

A.哈里希特，他当日曾牵着狗在公园出现。

B.卡登夫人，她当日曾在公园织毛衣。

C.画家查理，他当日曾在公园写生。

警方相信，凶手是利用自己身边的工具袭击路易的。你认为谁是凶手呢？

514. 珠宝被劫

凌晨2时，名探柯南接到贵妇人玛丽太太的男管家的电话，说家中珠宝被劫，请他立刻赶来。柯南走进玛丽太太的卧室，迅速察看了现场：两扇落地窗敞开着，凌乱的大床左边有一张茶几，上面放着一本书和两支燃剩3英寸的蜡烛；门的一侧流了一大堆烛液；一条门铃拉索扔在厚厚的绿地毯上；梳妆台的一只抽屉敞开着……

玛丽太太说：“昨晚我正躺在床上，借着烛光看书，突然一股强劲的风把门吹开了，于是我就喊詹姆斯过来关门。不料，这时突然闯进来一个戴面罩的持枪者问我珠宝放在哪里。当他将珠宝装进衣袋时詹姆斯走了进来。他将詹姆斯用门铃的拉索捆起来，还用这玩意儿捆住我的手脚。”她边说边拿起一条长筒丝袜。“他离开时，我请他把门关上，可他只是笑笑，故意敞着门走了。詹姆斯花了20分钟方挣脱绳索来解救我。”

“夫人，虽然我不清楚您的目的是什么，但请允许我向您精心安排的这一劫案和荒唐透顶的表演致意。”柯南笑着说。

柯南警探是如何识破玛丽太太的漏洞的？

515. 西餐店的谋杀

三名男子汤姆、迈克、马丁在一家西餐店里喝啤酒，突然间，店堂内一片漆黑，原来是停电了。不一会儿，侍者送来了蜡烛，于是，他们接着又喝了起来。几分钟后，马丁痛苦地挣扎起来，很快就趴在了桌上，停止了呼吸。警方经过调查，发现马丁喝的啤酒中，有烈性毒药。

听了警方的报告，警长福尔问：“停电是偶然的吗？”“不，3天前就贴出布告通知了。”“那么，凶手一定是看到布告后做好杀人准备的。这狡猾的家伙利用停电的瞬间，迅速投毒到马丁的啤酒杯中！”警长自言自语地分析道，接着又问了一句：“当时在现场的顾客多不多？”“不多，只有他们3个人。”“那么，向酒杯里投毒的凶手不是汤姆，就是迈克。”

警方对汤姆和迈克随身携带的物品进行了仔细检查，汤姆携带的物品有香烟、火柴、手表、胶囊感冒丸、乘车月票和800元美金；迈克携带的物品有手表、手帕、口香糖、记事本、老式钢笔和600元美金。在两人所带的这些物品中，没有可以盛放毒液的容器。侍者证实，汤姆和迈克谁都没有离开座位一步。所以，他们没有机会丢弃任何容器。

警长福尔将他们两人携带的物品看过之后，立即指出了投毒者是谁。请你分析一下，精明的警长所断定的凶手是汤姆还是迈克？凶手又是用什么东西盛放毒液的？

516. 教师之死

酷夏的一天夜晚，发生了一宗奇特的凶杀案：中学教师鲁达倒毙在地上，上身赤裸。警方经过调查，发现鲁达是被人勒死的，并很快拘捕了两个嫌疑人。

一个是鲁达的弟弟鲁明。他是个不长进的流氓，吸毒成瘾，经常向哥哥勒索钱财，两兄弟也常发生争吵。第二个人是被开除学生的家长。他为人粗暴，脾气暴躁，他因为儿子被开除而大发脾气。

根据死者现场的环境，警方设想案情大概是这样的：死者在住所的窗前，看到来找他的人，于是开门，结果，却遭袭击死亡。

你认为，哪一个人才是凶手呢？

517. 扑克占卜师被杀

一天早晨，单身生活的扑克占卜师在公寓自己的房间里被杀。他是被匕首刺中后背致死的，推测被害时间是昨晚9点左右，看上去是在占卜时受到突然袭击的。尸体旁边丢的到处是扑克牌，被害人死时手里攥着一张牌，是张方块Q。

"为什么死时攥着一张方块Q呢？"法医感到奇怪。"大概是想留下凶手的线索，才抓在手里的。"警长说。"这么说，凶手与钻石有什么关系？""扑克牌里的方块与宝石中的钻石不同，是货币的意思。黑桃是剑，红桃是圣杯，梅花表示棍棒。"警长解释说。

不久，侦查结果出来了，锁定3个嫌疑犯：职业棒球投手、宠物医院女院长、男演员。"3个人似乎都与扑克牌里的方块没什么关系。"很多人感到纳闷。"即便没关系，这个家伙也是凶手。"警长果断地指出了真凶。

那么，凶手到底是谁？

518. 三名拍戏的疑犯

一名男子被人发现曝尸于荒山的沙堆中，警方抵达现场后，发现尸身有很多淤伤,相信是同人打斗致死的,而且尸身仍然温暖,相信是死去不久。

警方凭着线索,在半小时内迅速捉住3名嫌疑犯,他们都是临时演员,刚才在现场附近拍过戏。3个人打扮分别为恐怖分子、和尚及侠士,他们的身上都有淤伤,但皆称是拍戏时撞伤的。

警方还发现这3名疑犯在半小时内洗过澡及换过衣服,所以身上没有沙尘。但经过警方深入调查后,终于找出其中一人的嫌疑最大,而且他也承认失手杀人。究竟谁是真凶呢?

519. 林肯的亲笔信

温斯特检察官正用放大镜仔细看着一片残缺不全的破纸,喃喃低语道:"……在葛底斯堡公共广场,乐队奏着乐曲,人声鼎沸,大家唱着国歌涌向……"旁边又被撕去,但下面的签名很清楚:"林肯"。

站在一边的犯罪实验室主任弗莱博士说:"这大概值几百万美元。"

"就林肯总统的一封不完整的信,就值那么多?"检察官惊讶地问道。

弗莱博士点点头,示意道:"你瞧那一面。"

检察官轻轻地吹着声口哨,把纸片翻过来,一看,只见背面是举世闻名的葛底斯堡演讲的部分草稿!

弗莱博士说:"我是偶然在我姐姐放在阁楼上的一本《圣经》里找到它的,我要对它做些检验,这要花上几天工夫。"

后来检察官告诉海尔丁博士说,弗莱博士通过化学分析证明,那片纸是林肯时代的珍品。"我敢打赌,你肯定猜不出这一小片纸值多少钱!"

"大概一毛钱。"海尔丁慢悠悠地说,"可以把它卖给警察博物馆。"

海尔丁的话是什么意思?

520. 日本刀杀人案

一天早晨,侦探在自家附近的公园里散步时,发现空地中央处仰面躺着一个年轻女子。人已经死了,其左胸上插着一把细长的没有护手的日本刀。大概被刺中后没走几步便气绝身亡了。可奇怪的是,以尸体为中心半径25米范围内,只留有被害人高跟皮鞋的鞋印,却不见凶手的足迹。因刚刚下过雨,地面仍湿漉漉的,松软的地面上清晰地留着被害人的高跟鞋印。因空地外面是草坪和杂草,所以没留下脚印。

四处找不到刀鞘,既不能认为是被害人自己拿着一把明晃晃没有刀鞘的日本刀刺进自己的胸膛自杀,也不能认为是凶手把刀拴在25米长的竹竿或木棒一端行刺的。拿那么长的棒子，被害人会及时发现逃脱的。

那么，凶手究竟是用什么手段行刺的呢？这个案子就连老谋深算的侦探也思考了良久。当他注意到日本刀没有护手时才恍然大悟，进而识破了凶手巧妙的作案手段。侦探的根据是什么呢？

521. 摇钱树

从前，有个人从小就好吃懒做，长大以后仍然恶习不改，整天吃喝玩乐，东游西逛。后来，他把父亲的遗产都糟蹋得干干净净，连吃饭都没辙了。就这样，他还宁可饿着肚皮，也懒得去干活。有一天，他听人家说有一种摇钱树，只要找到这种树，用手一摇，那钱就哗哗往下掉。懒汉心想：我一定要找到摇钱树，找到它，这辈子就有享不尽的荣华富贵了。于是，他见人就打听："摇钱树在哪儿？你们这儿长摇钱树吗？"人们被问得莫名其妙，都以为碰到精神病人了，谁也不答理他。就这样他问了九十九天，也没问出个结果来。虽然累得精疲力竭，但他还是不死心。到了第一百天头上，他见到了一位精神饱满的老农夫在田里干活儿，就拱手问道："老大爷，您知道哪儿有摇钱树吗？"老人家上下打量了他一番，然后笑着对他说："你要找的这摇钱树，到处都有。"懒汉一听，急忙说："老大爷，您赶紧带我去找一棵。"老人家一摆手，说："你先别着急，让我把摇钱树的样子告诉你，你自己就可以找到它了。你听着：'摇钱树，两枝杈，两枝杈，十个芽，摇一摇，开金花，柴米油盐全靠它。'"懒汉听了，如梦初醒，连声向老人道谢。从此以后，他按照老人的指教，日子过得一天比一天富裕起来了。你们说，老人说的摇钱树是什么呢？懒汉后来为什么能过上好日子了？

522. 审讯嫌疑犯

5月12日，N市的一家银行被盗了。警察抓到了4名嫌疑犯，对他们进行了审讯。

每个人都只讲了4句话，并且都有一句是假话。现照笔录记述如下：

甲："我从来就没有到过N市。我没有犯盗窃罪。我对犯罪过程一无所知。5月12日我和瑞利一起在P市度过的。"

乙："我是清白无辜的。我在5月12日那天与瑞利闹翻了。我从来也没有见过甲。甲是无罪的。"

丙："乙是罪犯。瑞利和甲从来也没有到过P市。我是清白的。是甲帮助乙盗窃了银行。"

丁："我没有盗窃银行。5月12日我和甲在P市。我以前从未见过丙。丙说甲帮助乙干的是谎言！"

请你概括、分析一下4名嫌疑犯的上述供词，指出谁是盗窃犯？

523. 河水能喝吗

海洋中有一个谎话部落和真话部落共同生活的小岛。一个风和日丽的早晨，大侦探来到了这个小岛。由于饥渴难耐，大侦探决定先找水喝。他发现了一条小河，但是小河入海处，却漂浮着一些死鱼。大侦探犹豫了，不知河水是否有毒。这时，来了一位岛上的居民，大侦探决定询问一下。

"天气真好啊！"大侦探说道。

"啊呜啊呜。"居民回答道。

大侦探又问："这水能喝吗？"同时捧起河水，做喝水状。

"啊呜啊呜。"

居民做出同样的回答，也不知是肯定还是否定。而且这个人也不知道是真话部落的还是谎话部落的。大侦探陷入了沉思。

如果你是大侦探，如何判断河水是否能喝？

524. 火灾逃命器

获得美国专利的宾克斯火灾逃命器其实不过是在滑轮两边用绳索吊着两个大篮子。把一个篮子放下去的时候，另一个篮子就会升上来，如果在其中的一个篮子里放一件东西作为平衡物，则另一个较重的物体就可以放在另外的篮子里往下送。这项专利的发明家声称，此种装置应当安装在全世界每一个卧室的窗外。在我们国家的一家旅馆里曾经做过试验，但由于一些狡猾的旅客用此种办法，不经过正式退房结账而带了私人物品在夜间溜之大吉，因而旅馆老板对于这种救生设备就不感兴趣了。

下图画了一架宾克斯火灾逃命器安装在一家夏季度假旅馆的窗外。假如一只篮子空着，另一只篮子里放的东西不超过30磅，则下降时可保证安全无虞。假如两只篮子里都放着重物，则它们的重量之差也不得超过30磅。

一天夜里，旅馆突然发生火灾，除了夜间值班员和他的家属之外，所有旅客全都安全脱险。当夜间值班员一家被叫醒时，除了窗外的那个宾克斯升降装置可以利用之外，其他的通路全都被火封死。已知值班员体重90磅，他老婆重210磅，一只狗重60磅，婴儿重30磅。

每只篮子都大得足以装进三个人和一只狗，但别的东西都不能放在篮子里。不论升、降，只能利用与逃命直接有关的男人、女人、狗和婴儿。假定狗和婴儿如果没有值班员或他老婆的帮助，自己不会爬进或爬出篮子。

请问用什么办法能尽快使这3个人和一只狗安全地脱离险境？

525. 律师们的供词

艾伯特、巴尼和柯蒂斯3人，由于德怀特被谋杀而受到传讯。犯罪现场的证据表明，可能有一名律师参与了对德怀特的谋杀。这3人中肯定有一人是谋杀者，每一名可疑对象所作的两条供词是：

艾伯特：

（1）我不是律师。

（2）我没有谋杀德怀特。

巴尼：

（3）我是个律师。

（4）但是我没有杀害德怀特。

柯蒂斯：

（5）我不是律师。

（6）有一个律师杀了德怀特。

警察最后发现：

1.上述6条供词中只有两条是实话。

2.这3个可疑对象中只有一个不是律师。

是谁杀害了德怀特？

提示：判定（2）和（4）这两条供词都是实话，还是其中只有一条是实话。

526. 阿凡提猜珍珠

一天，国王召阿凡提进宫，煞有介事地对阿凡提说："阿凡提先生，听说你经常在外面讲我的坏话。这样吧，人们都说你很聪明，我这里有一个问题，你如果能解答出来，我就赦你无罪，如果答不出来，那就加重处罚。"原来，国王想用这个办法当作借口来报复阿凡提。国王让人拿来了3个盒子，对阿凡提说："这3个盒子中只有一个盒子里放着我的一粒珍珠。每个盒子上各写着一句话，但只有一句真话，其余都是假话，你给我找出珍珠在哪个盒子里。"阿凡提一看，第一个盒子是红色的，上面写着："珍珠在这里"；第二个盒子是蓝色的，上面写着："珍珠不在红盒子里"；第3个盒子是黄色的，上面写着："珍珠不在这里"。阿凡提看完了盒子上的字，略一沉思，马上就指出了珍珠在哪个盒子里。国王和手下大臣一听，一个个都惊讶得半天说不出话来。国王只好把阿凡提放了。

你能找出珍珠在哪个盒子里吗？

527. 三个珠宝箱

"请收我当您的徒弟吧！我十分想拜您门下当徒弟。"某日，一个青年来到黑老大的住处诚恳地请求说。

"要想当我的助手，必须经过考试才行。那么，先出个题考考你吧！"黑老大说着拿出3个完全一样的珠宝箱，放到桌子上，箱盖上分别别着签，上面写着钻石、红宝石、蛋白石。

"可是，箱子里装的东西与外面的标签内容完全不同。现在不知道哪个箱子里装的是钻石，哪个里面是红宝石和蛋白石，要想使箱外的标签与箱内的东西一致，你至少要打开其中的几个箱子才能搞清楚？"

"怎么样，够难的吧？你如果能通过，我就答应收你做我的徒弟。"

你知道至少要打开其中的几个箱子吗？

528. 藏宝图

犯罪团伙的黑老大突然捡到一张藏宝图。喜欢冒险的黑老大于是跑去找宝藏，并且找到了两个奇怪的大箱子和一张字条。

字条上面写着："这是我生前珍藏的黄金宝物。我将黄金装在其中一个箱子里。我希望能将黄金宝物传给有智慧的人。如果你的IQ有130以上，相信这个问题难不倒你，不过如果你没有，你还是趁早离开吧！否则开错箱子，你就将永远与我为伴了……哈！哈！哈！

——黄金老人留。"

黑老大接着看到两个箱子上也有字条：

甲箱："乙箱上的字条是真的，而且黄金在甲箱。"

乙箱："甲箱的字条是假的，而且黄金在甲箱。"

黑老大马上找来他的得力助手（就是你）。你决定打开哪一个箱子呢？

529. 黑老大的行踪

胡梭、巴道两人是黑老大梅友赤的保镖。为了确实保障主人的安全，他们决定要把梅友赤每天的行踪弄得神秘兮兮。于是做出如下的约定：

1.每逢星期一、二、三，胡梭说谎。

2.每逢星期四、五、六，巴道说谎。

3.两人在其他的时间里都说真话。

某天，砂仁泛有急事找梅友赤，他知道只有胡梭、巴道两人知道梅友赤的行踪，也知道他们俩说谎话的时段，却不知道哪一个人是胡梭，哪一个人是巴道。因此就想，要找到梅友赤一定要问他们，而要问出对的答案就必须先知道那天是星期几？如果是星期一、二、三，就不能问胡梭，如果是星期四、五、六，就不能问巴道。而如果是星期天则问谁都可以。砂仁泛便问他们俩：昨天是谁说谎的日子？结果两人都回答说：昨天是我说谎的日子。

请问，砂仁泛要找梅友赤的那天是星期几？

530. 红色运动车

某天傍晚，好友亨利警官来到侦探的事务所。

"哟，警官，有何贵干？""里边停车场那辆红色运动车是你的车吧？""是的。""要是这样的话，你可倒霉了。作为重要见证人，你要跟我去一趟警署。"亨利警官突如其来的几句话，使侦探大吃一惊。

"我到底做了什么事？""昨晚10点左右，一个产业间谍潜入了太阳能研究所，因被警备人员发现，仓皇越墙乘停在外面空地上的一辆红色运动车逃走了。""这么说那辆车是我的喽？""是的，空地上留有轮胎的痕迹。方才，让鉴定科的人勘察了你那辆车，结果与现场的轮胎痕迹完全一致。即使是相同产品的轮胎，磨损状况及损伤状况等也各有各的特征，所以，轮胎痕迹也同足迹一样，是决定性的证据。"让亨利警官这么一说，侦探越发吃惊了。

"可是，警官，我有不在现场的证明。昨晚9点左右，找到A公寓去拜访乔治先生，聊了两个半小时，11点20分左右才出乔治先生家的门。""这段时间内你的车呢？""就停在A公寓的停车场上，锁得好好的啊。""这么说罪犯是用配的钥匙偷了你的车吧。从A公寓到太阳能研究所有一个小时的路程，跑一个来回有富余的。""不，那是不可能的。我有个习惯，发车时总要看一下里程表，昨晚看时，里程表的数字丝毫未动。这就是说我在乔治先生家这段时间里，我的车没离开过停车场一步。""嗯……真奇怪啊。那么现场怎么会留下你的车胎痕迹呢？"亨利警官百思不得其解。然而侦探却看穿了罪犯的把戏。你知道是什么把戏吗？

531. 史前壁画

某失业青年整天想着发横财。一天，他找到一位古董商兴奋地说："您听说过在法国发现了洞穴人在山洞里画的壁画吗？可是我在西班牙的一个农庄发现了更堪称无与伦比的史前古人壁画。"说着，他递给古董商3张照片："这几幅壁画，是我钻入差不多有4000米深的暗洞才拍摄到的。"古董商看了一眼，第一幅是长毛犀牛图，第二幅的画面是猎人在追赶恐龙，第三幅是奔跑的猛犸象图。可是古董商立即指出失业青年在说谎。

请问这是为什么呢？

532. 土人的笛声

汤米和乔治是一对很要好的朋友，两人都嗜好打猎、探险。以下是他们去年夏季到南美洲探险的经历。

早晨，正当他们带齐探险装备，前往亚马孙河森林地区，想深入探讨当地食人族的生活习惯时，竟被食人族发现行踪。食人族立即吹响一种无声的笛子求救，两人见状立刻奔逃。

走呀走，两人精疲力竭地走着，后来回头一看，已经没有食人族追来，于是两人慢慢走向亚马孙河，在河边等船救援。返回岸边时，一批食人族突然从四方八面向他们涌来，把他们活捉到森林内。经较年轻的族人为他们翻译，问明来意后，知道他们是来探险的，不是袭击他们时，才把两人释放。

走出森林，乔治心想："为什么食人族会涌来河边捉拿我们的呢？他们靠什么方式传达消息的呢？"

你能为乔治解开疑问吗？

533. 吹牛侦探

一个富翁的儿子被人绑架了，警方侦查接近一个月，仍无头绪破案，于是富翁就另聘私家侦探代为破案。富翁许诺，如果救人成功，则以10万美元酬劳作谢。

在接见这批侦探时，富翁为了要考验他们的机智以及工作能力，要求各人把自己的工作成绩讲述出来，以便从中聘用他们。乔治是某私家侦探社的雇员，那笔赏金对他极具吸引力。可是他的资历却非常浅，只有一年私家侦探的经验。

当富翁问及他的功绩时，乔治立即说："有，我记得在3年前7月的某天，我与朋友在城外水塘钓鱼，我们坐在堤坝旁边，全神贯注钓鱼的时候，突然从水影中看到两个彪形大汉的影子。我回头一看，记起是看到的通缉犯之一，于是我立即转身把鱼竿一挥，鱼钩向后把他们钩住，最后交给警方处理。"

富翁听后，冷冷地回答："对不起，乔治先生，你编的故事非常动听，可是我想聘请的是一个诚实的侦探，而非吹牛侦探呀！"

你知道乔治的一番话，露出什么破绽了呢?

534. 奇怪的狗吠

周江是著名的企业家，独居于郊外的一幢豪华别墅，只饲养了一只北京狗陪伴他。他非常宠爱这只北京狗，因此，请了一名佣人照顾它。一天晚上，小偷潜入他的寝室，盗走了有关公司发展的重要文件。周江发觉后，愤怒异常，立即责问那些保安人员。其中一名保安人员对周江说："那晚我们一直守在这儿，没有察觉到任何异常；只听见那只北京狗在叫唤，我们以为它肚子饿了，所以没理睬它。对不起，这次是我们的疏忽。"

周江听罢，随即叫保安人员将照顾北京狗的佣人抓起来，并在他的房间里找到了那些文件。保安人员对周江这么快便知道小偷是谁，实在是非常佩服。周江是凭什么蛛丝马迹发现小偷就是那个佣人呢?

535. 埃菲尔铁塔的谜团

享誉世界的埃菲尔铁塔，是法国首都巴黎的代表性建筑。它高300米，总重量有7000多吨。但是在它建成之初时曾有三个谜团困扰了人们很久：

（1）这座铁塔只有在夜间才是与地面垂直的。

（2）上午，铁塔向西偏斜100毫米；到了中午，铁塔向北偏斜70毫米。

（3）冬季，气温降到零下10摄氏度时，塔身比炎热的夏季时矮17厘米。

当有人问一个著名的法国侦探时，他合理地解释了这些问题。你知道其中的奥妙吗?

536. 跑步脱险

第二次世界大战期间，一艘日本潜艇在海滩搁浅，被美国侦查机发现，这就意味着几分钟后会有轰炸机飞来，潜艇将被炸毁。日本潜艇艇员一时谁也拿不出脱险的办法，一种绝望的气氛笼罩了全艇。

艇长这时也不知该如何是好，但他没有慌乱。他让艇员们镇静，但没什么效果，于是他掏出香烟点燃，坐在一边吸了起来。他的这一举动感染了艇员，他们想，艇长现在还抽烟，一定是没什么问题了，于是艇员们镇静了下来。这时，艇长才让大家想脱险的办法。

由于不再慌乱，办法很快就想出来了：大家迈着整齐的步伐在舱内跑步！奇迹出现了，潜艇终于在美国轰炸机到来前，脱离浅滩，潜进了深海。

这样的脱险方法听起来不可思议吧！你知道其中的科学道理吗？

537. 毁灭证据

朱衡悄悄地潜入了一个住宅中，翻箱倒柜地搜寻，因为他知道勒索他的商业犯罪文件就放在这里。不过，搜遍了每一个角落，他都无法找到这些文件。于是，朱衡决定毁灭这些证据文件，不让它们落入警方之手。

他先把所有的门窗都小心关好，然后把冲凉房的煤气打开。之后，悄悄离开了房屋，又轻轻关上大门。5分钟后，朱衡来到街头的电话亭，打了个电话给住在该屋隔壁的邻居，大致说他家附近发生了严重的大火，请尽快逃命之类的提示。朱衡放下了电话，阴险地一笑，因为他知道目的将会达到。

朱衡究竟用什么手段去毁灭遍寻不获的证据呢？

538. 非同一般的狗

柯南在街上溜达时遇上了同乡杰姆，杰姆牵着一条普通的牧羊犬。为了还赌债，杰姆想将此狗高价卖给柯南。"老兄，我这条狗的名字叫梅森，它可非同一般啊！"杰姆接着绘声绘色地往下说，"在我家的农场旁边，有一条沿着山崖修建的坡度很大的铁路。一天，有块大石头滚到铁轨上，此时远远见一列火车飞快冲来。我想爬上山崖发警告信号，可扭伤了脚摔倒在崖下。在这紧急关头，我这宝贝狗梅森飞奔回家，拽下我晒在铁丝上的红色秋衣，叼着它闪电般冲上山崖。那红色秋衣迎风飘扬，就像一面危险信号旗。司机见了立即刹车，这才避免了一场车翻人亡的恶性事故。怎么样，我这宝贝梅森有智有谋，非同一般吧？"

杰姆正欲漫天要价，不料话头被柯南打断："请另找买主吧，老弟，不过你倒很会编故事，将来定是位大作家！"这显然是讽刺之言。

柯南为何要讽刺杰姆呢？

539. 黑人姑娘的知识

南非比勒陀利亚的土著黑人姑娘斯通在一个荷兰血统的白人家里当佣人。这家主妇是个爱唠叨的孤老太婆。因工钱不菲，所以斯通只好忍气吞声地在她家干活。一个酷热的傍晚，斯通干完了活儿正准备回土著人居住区时，女主人叫住她，并又没完没了地唠叨起来。斯通一气之下就顶撞了女主人，于是老太婆便暴跳如雷，大声骂道："你一个黑鬼，竟敢顶撞我……"由于过分激动，老太婆突然心脏病发作，当场就一命呜呼了。

惊慌失措的斯通，本想马上叫急救车，可又立刻打消了这个念头。她想刚曾受到老太婆的训斥，担心如果让警察知道了此事，肯定会怀疑是她杀害了老太婆。她急中生智，把老太婆的尸体拖进厨房，把厨房的窗户关好，再打开大型电冰箱的门。这样，电冰箱内的冷气就可以降低厨房室内的温度，尸体也很快会被冷却，待第二天斯通从土著人居住区来上班时，再把电冰箱的门关上，把窗户打开，让厨房恢复常温。然后，她就可以装作刚刚发现尸体的样子去报告警察了。何况，这孤老太婆与附近的邻居没什么交往，今天一个晚上一直冷却着尸体，尸体的变化状态就会与常温下的变化状态不同，势必会给推定死亡时间造成一定的难度。这样，怀疑自己的可能性就会大大减轻。至少斯通自己是这样认为的。这些知识还是她在白人家里当佣人时积累起来的。

那么，她伪造现场成功了吗？

540. 女画家被刺之谜

日本著名女画家A被发现死在自己别墅中。她是被人刺死的，但凶手显然是个老练的杀手，在现场没有留下凶器，也没留下任何指纹或其他痕迹，后来发现地上有些穿袜子的女子脚印，开始时警察以为是女画家A留下的，经过鉴定后知道是别的女子留下的，并且这个女子就是凶手。

女画家所住的是一座独立的花园式别墅，没有邻居，但过路人曾目击一个穿和服的日本女子和一个穿长裙的西方女子在女画家被刺杀期间分别在屋子附近徘徊过。这两个女子中谁有可能是凶手呢？警方人员根据现场调查，迅速确定了目标，很快就破了这个案子。

你觉得哪个女子更可疑呢？

541. 珠宝失窃

展览馆将要举办首饰博览会，派玛丽小姐将珠宝设计师新秀琳娜小姐接来，安排在3楼贵宾室里。

玛丽从琳娜手中接过装满参展珠宝的手提箱，放在床头柜上。

"您有什么需要吗？"玛丽问。

"明天早上给我送杯牛奶吧！"琳娜说。

第二天清早，琳娜在盥洗室里刚刷完牙，正用毛巾洗脸时，突然听见门外"啊"的一声惊叫，接着是"扑通"一声。琳娜立刻奔向门厅，只见玛丽歪倒在房门口，一股鲜血从她的额头流下来。

琳娜急忙去找枕巾，想帮玛丽止血。然而，当她去拿枕巾时，突然发现床头柜上装满珠宝的手提箱不见了。

顿时，琳娜脸色煞白，惊呼一声："天啊！"然后立刻打电话报警。

琳娜哭着告诉福尔警长她的手提箱不见了。玛丽接着说："刚才，我给琳娜小姐送来一杯热牛奶。可当我刚跨进房间，就觉得有一阵风，没等我回头，头上就被硬东西砸了一下，摔倒在地，恍惚间好像看见一个蒙面男人，拿着琳娜的手提箱逃走了。"

福尔警长走到床头柜前，见柜上放着一杯牛奶，对琳娜说："喝吧，牛奶还是热的。""我现在喝不下去。"琳娜泪如泉涌。玛丽摸了摸杯子说："凉了点，我再去给您热一下。"说着端起放有牛奶的盘子就要离开。福尔警长挡住她的去路，说："玛丽小姐先不忙离开，告诉我手提箱的去向吧？"

请问，福尔警长为什么会怀疑玛丽？

542. 智辨凶器

有人来报案说野外有一个重伤而死的人，县令去验证，是镰刀伤了十几处，而衣服鞋子都在，所带的零碎钱物也都在。县令说："这是仇杀！"找来死者的妇人，秘密问她："你的丈夫平时有仇人吗？"妇人想了很久说："没有，只是有一个无赖，曾来借债没借给他，他愤恨而去了。"于是县令派妇人告诉邻近村里的人，都拿上各自的镰刀来验证，隐匿不报的，就按凶手处置。不一会儿，乡里的人都拿着镰刀来了，大概有一百多把。当时正是盛夏，官府看了一会儿，忽然指着一把镰刀问是谁的，人群中走出来的正是借债未遂的无赖。县令问："你为何杀人？"无赖无言以对。

你知道县令是怎么知道无赖是罪犯的吗？

543. 谁偷了文件

某公司保卫科保密柜中的77118号机密文件被人偷了，保密员A立刻向安全局报案。安全局工作人员E接到报案后，立刻赶来调查此事。

失窃机密文件一事只有保密员A一人知道，E嘱咐A不要声张，经过调查和分析，推断可能是内部人员作案。E让A找来了知道保密柜号码的其他3个人。

"因为发生了一点事情，所以我想请你们说明昨天下班之后的行踪。"E对三人说。

"我在5点钟和朋友一起去吃饭，9点多我们分手回家。总务科的小石一直和我在一起。"孙林很坦然地说。

"我直接回家，走到半路才发现忘拿手提包了，于是又回来一趟，当时老王还没有回家。今天我因家里有事，打电话请了假。关于77118号文件失窃之事，我一点儿都不知道。"刘杰神色自若地说。

他们3人刚说完，E忽然指着其中一人说：

"就是你偷的！"

究竟谁是盗窃犯呢？

544. 意外冷箭

深秋时节，年轻的陈董事被人发现在一辆撞在山边的汽车之内，头部中了一支箭，早已死去多时。

对于这件案件，探长查理在箭上发现了线索，在箭柄之上刻有"射趣俱乐部"字样。这个俱乐部远在失事地点100千米之外的一个康乐营之内，是射箭发烧友常去练靶的地方。

经过多方调查发现，最有嫌疑的人是箭法最高强的休斯和心术不正的教练赫姆，还有一个是黑社会分子史密思，不过他箭法甚差，只是臂力超乎常人。

能在死者头上射上一支冷箭，会是什么人？查理在苦恼地推敲着……

545. 没有双臂的特工

34岁的尼古斯一出生就没有双臂，他从青少年时期就爱读侦探小说，爱看警匪片，很早便立志要成为一名侦探。他曾对自己密友说："我不敢把志向告诉别人，因为恐遭嘲笑，但我渐渐明白有志者事竟成，关键是靠自己努力。"经过长时间的苦练，尼古斯的脚趾练得像手指一样灵活，能翻阅文件、操作电脑、扣衣服纽扣、吃饭。

尼古斯从电脑学院毕业后，多次找工作，都因为是残疾人，很难找到工作，但他不灰心，终于在1979年考进美国内务部。凭着卓越的工作表现，他很快成为最杰出的十位伤残公务员之一。1981年他申请调职，进入联邦调查局工作，他以冷静的头脑和锲而不舍的精神，在洛杉矶屡破大案，深受上司重用。最近又参与了轰动全国的国防部贪污案调查工作。他的上司利根说："尼古斯是我们队伍中的精英，他的工作无懈可击。"

一天，尼古斯和同事一道去破一件窃密案，到现场后，罪犯已经开车逃跑。尼古斯尾随追捕罪犯，在半路下车步行侦查，他的同事开车向右拐去。躲在路旁的罪犯看尼古斯没有双臂，就毫不在乎地下了车。突然，尼古斯只身钻进罪犯的车子，这辆车被启动后向右方拐去。不一会儿，尼古斯的同事赶来，罪犯束手就擒。

尼古斯没有双臂，车辆怎么能启动开走呢？

546. 驯马师之死

冬季的清晨，警长正在看骑手们练习骑术，突然马棚里冲出一个金发女郎，大叫着："来人哪！杀人啦！"警长急忙奔了过去查看。只见马棚里一个驯马师打扮的人俯卧在干草堆上，后腰上有一大片血迹，一根锐利的冰锥就扎在他腰上。"死了大约有8个小时了。"警长自语道，"也就是说谋杀发生在半夜。"

他转过身，看了一眼正捂着脸的那位金发女郎，说："噢，对不起，你袖子上沾的是血迹吗？"那位金发女郎把她那骑装的袖口转过来，只见上面是一长道血印。"咦？"她脸色煞白，"一定是刚才在他身上蹭到的。他，他是彼特，他为我驯马。"警长问道："你知道有谁可能杀他吗？""不，"她答道，"除了……也许是福特，彼特欠了他一大笔钱……"

第二天，警员告诉警长说："彼特欠福特确切的数字是15 000美元。可是经营渔行的福特发誓说，他已有两天没见过彼特了。另外，金发女郎袖口上的血迹经化验是死者的。""我想你一定下手抓捕了吧？"警长问。"罪犯已经在押。"警员答道。

谁是罪犯呢？

547. 谁报的案

一天傍晚，某公司经理许晶独坐在家里，他的朋友张福打来电话，两个人刚说了几句话，突然许晶家的门铃响起来。"请等一下，有人按铃，我去开门。"

门开了，闯进一个戴墨镜的家伙，一拳将许晶打倒。不速之客一句话也不讲，用一根木棒向许晶的头部猛击。许晶立刻倒在血泊中，倒下之前只来得及喊一声："救命！"但声音十分微弱，邻居们谁也不会听到。罪犯奔向保险箱，想窃取里面的钱财。但出乎罪犯的意料之外，没等他把东西拿走，警察就赶到了现场。

请问警察是怎么知道的？是谁报的案？

548. 一毛不拔

杰克一路闯进门，气急败坏地找柯南，诉说着一件棘手的事情：

"我家有个老花匠叫艾伦，3天前他跑到我的办公室，一边点头哈腰，一边傻笑着公然向我索取10万美金。他自称在修剪家父书房外的花园时，拾到一份家父丢弃的遗嘱，上面指定我在新西兰的叔叔为全部财产的唯一继承人。这消息对我来说犹如五雷轰顶。父亲和我两人在11月份的某一天，曾因我未婚妻珍妮的事发生过激烈争吵。珍妮不过是比我大了几岁，父亲就反对这门婚事，有可能取消我的继承权。"

"艾伦声称他持有这第二份遗嘱。这份遗嘱比他所索取的更有价值。因为这份遗嘱的签署日期是11月31日凌晨1点钟。比已生效的遗嘱晚几个小时，所以它将会得到法律的承认。我当即拒绝了他的敲诈，于是他缠着我讨价还价。先是要5万，后来又降到2.5万。您看这该如何处理呢？"

"我说，你应该一毛不拔。"柯南说。

柯南为什么这样说呢？

549. 大胆的窃贼

阿D的家在城市近郊。那是一幢别墅式的住宅，房子外面有一个大花园，附近没有邻居。秋天的时候，阿D的夫人领孩子去了外婆家，只有阿D一人在家，他每天都在公司吃过晚饭后再回家。

有一天晚上，当阿D回到家时不禁大吃一惊：只见大门敞开，家里的一切都没有了，包括钢琴、电视机等，连桌子和椅子这些家具也全不见了，整间屋子空空如也。这显然是被盗，但是令人不可思议的是窃贼怎么会这么大胆，大白天居然把阿D家偷得这么彻底呢？并且，据说在窃贼们偷盗的时候，有两名巡逻警察还站在旁边看了一会儿热闹呢。这到底是怎么一回事呀？

550. 伪造的自杀现象

一天，警长无意走到好友杰逊的门前。他按了半天门铃也没有人开门，他看见窗户大开着，意识到很有可能出了什么事情，便用身体撞开了大门。他进到客厅，发现卧室的门紧闭着，但锁孔好像已经从里面锁死，他就从窗户爬进去，发现杰逊已死在床上。房间内的一切现象似乎都表明他是自杀而死。在锁孔上还插着一把钥匙，经提取发现留下的拇指和食指指纹同杰逊的右手拇指和食指指纹一样，这更证明了警长关于杰逊反锁门后自杀的推断。

但细心的警长经过反复推敲，还是看出了这是一个伪造的自杀现场。那么他又是从哪儿看出破绽的？

551. 破案线索何在

杂货店老板吴小凡是个从"山上"下来的人，他劣性不改，除了以次充好，坑害顾客之外，还常常向人借钱，赖账不还。

有天深夜，时钟敲过11下。他搓完麻将回家正准备上床睡觉，忽然传来一阵急促的门铃声。他不耐烦地打开大门，一看，一位债主找上门来了。他叫汤四海，下岗工人，晚上母亲心脏病复发住进了医院，急需用钱，不得不深夜上门追讨债款。

吴小凡却不通情达理。他不等汤四海开口就抢先一句说："要债吗？没钱！"说着就想关门，不让汤四海进来。汤四海用力推门挤进了屋。他见吴小凡一副无赖相，心中怒火顿起："没钱？刚才赌博赢的钱呢？"他拖来一把椅子，重重地往上一坐，"我妈病了，不还钱我就不走。""你恐吓我？""你没良心。""我没赌，我没钱。""你赌了，赢了八千多，人家都告诉我了。""赢了又怎样？就是不还给你，你能把我吃了？""我去公安局告你。""告去吧，老子不怕。""你不仅赖账，还赌博，还偷过人家一辆摩托车……"吴小凡急了，勃然大怒。不消灭他，自己就要"二进宫"。

他猛扑上去，死死掐住汤四海的脖子。不一会儿，汤四海眼珠凸起，面色青紫，渐渐停止了呼吸。为了毁灭罪证，吴小凡迅速把尸体装进一只麻袋，用自行车运到郊外，扔到一个土坑里。回家后又急急忙忙把屋子清扫了一遍，在大门内外擦了又擦，连门把手都擦得干干净净。当他认为一切可疑痕迹都没留下时，才停下手来。

第二天一早，吴小凡还未起床，就听到一阵响亮的敲门声。他穿衣、起床、开门，用惺忪的睡眼瞧了一下敲门人，不禁大吃一惊，派出所民警邱志锋站在面前。他尽量稳住阵脚，装出一副莫名其妙的样子，问道："这么早，有事吗？""我们在郊外发现了一具尸体，他身上有一张你写给他的债款借条，从借条上知道死者叫汤四海。我想问你，汤四海昨晚到你这里来过吗？"吴小凡耸耸肩，矢口否认："我和他半年没见面了。"邱志锋意味深长地笑笑："别说谎了，他昨晚肯定来过，你应该实事求是地把问题说清楚。""问题，我有什么问题？你不要冤枉好人，说话要有证据。""要证据吗？"邱志锋用手在门上敲敲，"这就是证据。"

"咚、咚、咚"的敲门声立即传进吴小凡的耳朵里，他顿时大惊失色，沮丧地低下了头。邱志锋用手敲门意味着什么？他认定汤四海来过吴小凡家的依据何在？

552. 失火还是纵火

某居民住宅发生火灾，造成3人死亡。由于该民宅系老式木结构房屋，故烧得非常快、非常彻底，以致迅速赶到的消防官兵已无法救火，而且对火灾现场的勘察也极其困难，因为几乎一切都化成了灰烬。

刑警侦探徐松被请来协助勘察火因，他到达现场勘察后，也非常失望。于是，徐松只得去找该户民宅唯一的逃生者进行调查访问。被调查访问的人是该户人家的儿媳。据她称：当天早上，公婆和丈夫均尚未起床，她早起为他们做早餐，当她在做油炸饼时，因返身去卫生间片刻，以致炸油过热起火，她从卫生间出来发现起火，立即救火并关掉煤气灶开关。不幸的是，她忙中出错竟将灶台上的一桶油当作水浇在起火的铁锅里，以致火势更大，她吓得逃离了现场，而公婆和丈夫发现大火为时已晚，且窗户外均有铁栅栏无法逃生而被烧死。

望着悲伤的少妇，徐松竟也有些伤感，但随即开动脑筋分析。你能分析出这是失火还是纵火吗？

553. "王朝"疑案

贪污犯李晓明得知有人举报自己贪污后，惶惶不可终日，左思右想决定嫁祸于同事张克荣，并在账目上做好了手脚。

当晚，李晓明怀揣装有氰化钾的小瓶来到独居的张克荣家，张正坐在沙发上边喝酒边欣赏电视里的时装表演节目。见老同事驾到，张热情地拿酒杯给李倒满酒，此时这瓶"王朝"葡萄酒正好空了，张克荣又去酒柜拿酒。趁此机会，李晓明将氰化钾倒入张克荣正在喝的大半杯酒中。张克荣拿来一瓶新的"王朝"葡萄酒后，给自己的大高脚酒杯又加满了酒。两人碰杯喝酒后，张克荣只喝了一口立即毒性发作而倒毙，摔倒时，碰翻了已倒完酒的"王朝"空瓶，空瓶在地上摔碎了。

李晓明立即拿起自己喝过的杯子去厨房洗净后放回酒柜，接着又将摔碎的空瓶玻璃收好带走，并清除了自己留在装氰化钾的小瓶上的痕迹，还伪造了张克荣所留的痕迹，然后离开现场。

次日中午，李晓明被传唤到公安局接受讯问，当他表示张是贪污公款后畏罪自杀时，警察明确回答说张克荣是被人投毒杀害。惊恐万状的李晓明只得交代了投毒杀害张克荣的罪行。交代结束时，李晓明忍不住问警察："你们是凭什么看出张克荣是他杀？"你能回答吗？

554. 谁割断了油管

清晨，斯凯岛上参加"海盗之行"的9名游客登上了"幸运"号机帆船。9名游客，五男四女。4位女客都已五十开外。在5位男客中，亨利26岁，是伦敦一家药店的老板；49岁的摩尔是开杂货铺的，业余摄影爱好者，左腿微跛；考克斯莱是一位出租车司机，50岁；匹克尔和莱斯特都已是63岁的老头，早已退休。他们此行的目的是效仿海盗，乘机帆船，顺海盗的踪迹，穿梭于赫布里奇群岛和各岛屿之间，最后到达摩勒岛——200年前海盗的巢穴。

下午4点30分，船靠岸了。9名游客登上了一条被人踩出来的小路，两旁是灌木丛林和长得齐人高的杂草。"看呀——亨利先生，真想不到在这荒岛上竟然还长这种植物。"女旅客海蒂拔起一捧像杂草样的植物给亨利看。

"这是什么植物？"亨利问。"你不认识它？"亨利摇摇头。"这是款冬，一种药草，可制作助阳剂。"海蒂介绍道。

不知不觉绕过一堆土丘，一座颓败的古堡赫然耸立在游客面前。"女士们、先生们，这就是海盗曾住过的土堡，现在是4点55分，海盗幽灵将接待你们15分钟，与你们合影留念，请你们准备好相机。"船长吉力尔介绍完后便让游客走进古堡，自己却和四位工作人员来到离古堡50米处的一幢木屋里，坐在桌前喝酒。

5点02分，船长和伙伴们刚想离开，突然见屋外人影一闪，待他们跑出屋去，已不见踪影。船长明白，这决不会是幽灵，肯定是"幸运"号上的一名游客在偷听他们的谈话。他们在屋外四周搜寻了一会儿，没有发现什么，便匆匆回到了古堡。时间是5点10分。此时，九名游客已准时集合在一起等他们了。

5点23分，他们回到"幸运"号上，等待着开船起航，却发现发动机进油管被人割断了。船长明白，一定有人搞鬼，而此人就在九名游客当中。

请问，这人是谁？为什么？

555. 火灾逃命器

获得美国专利权的宾克斯火灾逃命器其实不过是在滑轮两边用绳索吊着两个大篮子。把一个篮子放下去的时候，另一个篮子就会升上来，如果在其中的一个篮子里放一件东西作为平衡物，则另一个较重的物体就可以放在另外的篮子里往下送。这项专利的发明家声称，此种装置应当安装在全世界每一个卧室的窗外。在我们国家的一家旅馆里曾经做过试验，但由于一些狡猾的旅客用此种办法，不经过正式退房结账而带了私人物品在夜间溜之大吉，因而旅馆老板对于这种救生设备就不感兴趣了。

下图中画出了一架宾克斯火灾逃命器安装在一家夏季度假旅馆的窗外。假如一只篮子空着，另一只篮子里放的东西不超过30千克，则下降时可保证安全无虞。假如两只篮子里都放着重物，则它们的重量之差也不得超过30千克。

一天夜里，旅馆突然发生火灾，除了夜间值班员和他的家属之外，所有旅客全都安全脱险。当夜间值班员一家被叫醒时，除了窗外的那个宾克斯升降装置可以利用之外，其他的通路全部被火封死。已知值班员体重90千克，他老婆重210千克，一只狗重60千克，婴儿重30千克。

每只篮子都大得足以装进三个人和一只狗，但别的东西都不能放在篮子里。不论升、降，只能利用与逃命直接有关的男人、女人、狗和婴儿。假定狗和婴儿如果没有值班员或他老婆的帮助，自己不会爬进或爬出篮子。

请问用什么办法能尽快使这三个人和一只狗安全地脱离险境？

556. 旧爱的陷害

火车站月台上，一位中年富商和他的妻儿正候车准备去外地旅游。一列火车驶过月台时，中年富商被人推入铁轨，火车正好将富商撞死。

悲恸的富商妻儿尚未报案，铁路警方已赶到现场勘察询问。尤其是靠近富商候车的旅客，均被请到公安局接受调查。可是，由于当时月台上候车旅客很多，谁也未注意到富商被推的细节。

正当侦查毫无头绪时，一位女青年来到公安局，自称出于良心和正义，指控她的前男友是故意推富商下月台的凶手。警官从她的眼神中看出了她对前男友的仇恨。她说她和男友刚经过一场激烈的争吵和谈判决定分手，男友到车站送她离开这个城市。进月台时，男友遇见富商，互相勉强点头，可以看出他们是有隙的旧识。她说那列火车经过时，她正站在月台上，火车的强大风力将她吹得向后倒去，就在这一刹那，她看见前男友用右手猛推富商背部，使富商跌下月台被火车撞死。

接待警官听完她的叙述后，沉思良久，然后对她说："你是在陷害你的前男友！你所说的一切都是为了陷害他！你的行为是在犯罪！"

女青年愣住了，因为除了个别细节外，这一切都是真的。那么，什么是致命的、被识破的假象呢？

557. 聪明的化妆师

一位相貌温和善良的中年人，以维修煤气管道的名义，挤进了电影制片厂大化妆师的家。他从腰间抽出一把匕首，说："如果您老老实实按照我说的去做，就不会伤您半根汗毛，只要施展一下您的手艺就行了。耍一下手艺不会缩短您的寿命吧？"这位日本著名的女化妆师的化妆技术很高明。经过她化妆后的人，别人是看不出半点儿破绽的。

现在，那个中年人凶恶地说："我进监狱已经将近半年了，监狱生活，真叫人难受。今天，我逃了出来，可不愿意再回到那鬼地方去了，我要请您把我的脸化妆一下！"

女化妆师朝他手里的匕首瞥了一眼，顺从地说："那么，你准备化妆成什么模样呢？有了，把您化装成一个女人，行吗？""不行，脸变成女人，以后一切不大方便，还是想个办法，把我的脸变个样子就行了。""那好办，把您变成一个面目可憎的中年人行吗？"一会儿，镜子里映出了一张肤色黝黑、目光凶狠的中年男子的脸。

"怎么样，这样满意了吗？""不错，连我自己都认不出来了。"逃犯把女化妆师捆了起来，又拿一块毛巾塞住了她的嘴，然后带着一张变形的脸，推开门走了。过了片刻，一群警察来到女化妆师的家，对她说："多亏您帮忙，我们才把这个家伙捉拿归案。您受苦了！""我也在祈祷，希望尽快把逃犯缉拿归案。不过，那个家伙无论如何也不知道自己怎么会被抓住的。"

你知道这是怎么回事吗？

558. 博士的遗产

丁博士在自己家被人开枪打死。独自住在郊外的丁博士的尸体是在第二天早上帮工赵妈发现的。尸体倒在书房正中央，胸前中了一枪。带着灯罩的电灯从天花板垂下，80瓦的白炽灯还亮着。丁博士穿着礼服，恰恰倒在灯下。

窗户关着，窗帘也拉着。在窗帘和玻璃上有一个弹孔，死亡时间推定为昨晚9点左右。侦查科长老赵和助手小王奉命赶到，环视整个房间。当地治安队长把情况做了简略介绍："犯人是从院子对面的杂树林里开枪的，距离约40米，一枪命中，枪法确实不错。根据这点，不久就可找出犯人。"

老赵却提出疑问："黑色窗帘的布料很厚，即使屋内开着灯，室内的人影也映不到外面去，而且，丁博士是在电灯下方被击中的，他的影子更不会映到窗上。那么，犯人究竟怎么瞄准射击的呢？难道是偶然被打中的吗？"

赵科长的疑问，治安队长无法解答，只得答应天黑时做一下试验。这时，赵科长看见房门旁的电灯开关，便试着按了两三下，书房的电灯一亮一灭没什么异常。

经过试验，证实了赵科长的疑问。从窗帘缝隙处，仍可知室内是否开灯，然而，罪犯只一枪便命中了他，的确是个神枪手，也许罪犯非常自信瞄准了。治安队长感到有些奇怪。

"已经大致知道犯人是谁了吗？"老赵单刀直入地问。"有两名重大嫌疑犯，即丁博士的两个侄子，利明和利祥。博士现在是独身，又没留遗嘱，遗产将由他们两人各自继承一半。博士有相当一笔遗产。"

接着便询问了利明和利祥。由于没有确凿证据，无法定案。实际上，案发的当晚，两人在叔父家共进晚餐。之后，3人在书房隔壁的起居室里谈话。据说8点30分的时候，利明和利祥回家去了，而帮工赵妈已于7点30分先走了。此间，两个侄儿分别都进去过书房一次。先是利明在闲谈中，博士的烟抽完了，他进书房去取。临走之前，利祥从书房里借了书后回去的。其间，丁博士一次也没进过书房。这些，刚才利明和利祥都做出证词，而且丁博士一直把他们送到门口，然后关上门。不料进入书房后被射杀。第二天早上案发时，他家门还紧关着，呈密室状态。

再说，两个侄儿住在各自的公寓里。据他们说，在叔父家前告别后，一个向左，一个往右各自回去了。赵科长想到这里，闭目沉思着。片刻后，赵科长突然睁开眼睛，对治安队长说："据赵妈讲，发现尸体时，书房里的电灯还亮着？""是的，电灯亮着。""那我知道谁是凶手了。犯人是巧妙地利用电灯狙击博士的。"

那么，根据赵科长的推理，真正的犯人是两个侄子中的哪一个？

559. 火柴盒子上的地址

李进为躲债搬到了一个秘密住所，可还是被债主王勇发觉了。这天夜里10点钟，李进正在客厅里看电视，王勇找上门来，他嚼着口香糖，提出索还债款。李进一面央求他宽限一天的时间，一面从冰箱里取出啤酒，倒进酒杯，请他喝。趁王勇不注意，抄起空酒瓶砸在他头上。王勇受到突如其来的一击，一声也没吭便倒地身亡了。

李进从车库把汽车开出来，再把尸体装进行李箱，开到很远的S公园把尸体抛进池塘里。凌晨两点回到家，又把房间打扫得干干净净，桌椅、啤酒杯、大门把手及门铃的按键都擦了又擦。这样，王勇来访的痕迹一点儿也没留下。

由于神经过分紧张，李进吃了安眠药才入睡，第二天醒来已是傍晚时分了。门铃又响了起来，李进开门一看，有两个刑警站在那里。

"昨晚有个叫王勇的到你这儿来过吗？他的尸体今天早晨在S公园的池塘里被发现了，他上衣口袋里的火柴盒背面写着你家的地址。"

"不。昨天晚上没有任何人来我家。我和王勇先生很长时间没见面了。"李进故作镇静地回答。

然而，刑警们却轻蔑地笑着说："这可奇怪了。实际今天上午我们已经来过一次了，怎么按门铃也没人开门，以为你家里没人就回去了。赶巧，在大门前我们拾到了一个很有趣的东西。经鉴定正是被害人掉的。"刑警从衣袋里掏出一个小玻璃瓶，让李进看里边装的东西。李进见罪行已被揭露，只好从实招供。

你知道到底是什么东西吗？

560. 特异功能

这年5月，流浪汉华德因为涉嫌杀害女童而被捕。

华德有两次杀害女童的记录，这次受害人年仅八岁。

华德被捕后，矢口否认干下这丧尽天良的勾当。因为找不到证据，警方很是伤脑筋。四十五分局的李警探，却有一套让凶手不打自招的独特方法。

李警探把华德带到警署的天台上，以闲聊方法套取口供。

"华德，这些日子，你晚上睡得好吗？有没有梦见被你杀害的女童？"

"请你别开玩笑了，我根本没做这些坏事，又怎会睡不好呢？"

两人沉默了一会儿，这时有个细微的声音说道："叔叔，你干什么呀！……不要……不要……"

华德本能地看看四周，但只有他和李警探二人。这种声音不断地围绕着他，令他莫名的惊骇，但坐在对面的李警探又没有说话，怎么会是这样呢？

最后，他抵受不住良心的谴责，终于招供了。

女童的悲鸣惨号迫使华德认罪，那真是死去女童的声音吗？声音到底是怎样产生的？

561. 煤气自泄之谜

戏剧学院表演系的三年级学生宁丽琴，因煤气中毒死在一幢高级公寓的套房卧室中。

警察调查发现：宁丽琴是个非常漂亮的姑娘，而且具有演戏的天赋，在摄影机镜头前显得特别的轻松自如。宁丽琴从戏剧学院一年级开始，就经常被电影公司、甚至国外电影制片商邀去拍电影、电视剧，还经常参加一些演艺活动，是个正红得发紫的明星。

宁丽琴走红后，不住在学院的学生宿舍里，而是被一个大款养了起来，住在高级公寓中。

宁丽琴死亡的时间被推定为晚上9时，吸进煤气约三十分钟，尸体解剖时发现她临死前服了未超量不能致死的安眠药，腹中有一已4个月的胎儿。经现场勘察，煤气灶开关开着，上面只有宁丽琴自己的指纹，房间里也未发现宁丽琴有自杀意向的遗书留下，而且床边橱上还放着一只打开的冰激凌盒子，里面是吃了一半的无色果味冰激凌。看来宁丽琴并不担心在校大学生未婚先孕将被开除的后果。

经侦查，那位大款成卫东有谋杀宁丽琴的动机。因为他既不可能与宁丽琴结婚，也不能让宁将胎儿生下，如果宁丽琴告发与之通奸，那么这位大款的仕途就此将会结束。

对成卫东讯问并查实：成卫东当晚7时30分为宁买来冰激凌，8时许看着宁服下安眠药后离开公寓时碰到过邻居，路上花20分钟自己驾车到朋友家打麻将，直至次日上午。朋友反映成打牌时心神不宁，但绝对没有离开过牌桌。访问成、宁最知心的朋友，成的朋友反映成流露过解决掉宁的想法；宁的朋友则说宁流露过退学生下孩子的想法。

刑警会同技术人员仔细研究了煤气灶的结构，并且进行了实验，终于发现了煤气延长自泄的秘密。传讯成卫东后，成抵挡不住科学分析推断的结论，终于交代了在煤气灶上做手脚，使煤气延长一段时间后自泄的犯罪手法，且与刑警所作实验完全一致。

成卫东在煤气灶上做了什么手脚呢？

562. 绝妙的圈套

罗麦洛大使在自己的别墅里举办了一次酒会。008号谍报员也化装成外交官出席了。罗麦洛大使拿起照相机走到著名电影演员哈丽小姐面前："小姐，照张相留做今天的纪念吧！"

"在哪儿照呀？""请站到那棵松树下。"

于是，大使带着小姐走进院子，让她站到了松树下。"请不要动，好，要照了。"说完就要按动快门。就在这一刹那，来到台阶上的大使夫人手中的酒杯掉在了地上。几乎就在听到酒杯落地摔碎的同时，人们又听到了一声枪响，哈丽小姐应声倒下，子弹击中了她的心脏，当即死亡。客人们纷纷指着2楼的窗口嚷道："是从2楼发出的枪声。"008号敏捷地跳上2楼，发现在2楼的书房里，大使的长子麦克鲁呆呆地立在那里，麦克鲁眼睛蒙着绷带，是两周前猎枪出事故而造成双目失明的。

窗子开着，书房的桌子上放着一支手枪和一把老虎钳子。

"是你用这支手枪打的吧？"008号问道。"岂有此理！我眼睛看不见，即便会用手枪，可以扣动扳机，可又如何瞄准呢？""那是谁开的枪？""不知道，我只是在沙发上躺着的时候，感觉到好像有人走进来，有开窗户的声音。突如其来的枪声把我惊呆了。""这个铁钳是干什么用的呢？""什么铁钳？这里怎么会有那种东西呢？"麦克鲁反问一句。

客人和佣人们在枪响的时候全在1楼，也没见一个人上楼。看来罪犯还应该是麦克鲁。然而，他双目失明，怎么能瞄准楼下院子里的哈丽小姐呢？况且只一枪就行了，简直是不可能的事。

不一会儿，刑警来到现场，开始进行严密的勘察。这时，008号把罗麦洛大使叫到另一房间，悄悄地对他说："大使先生，罪犯就是你和夫人，还有长子麦克鲁三人吧？真是一个绝妙的圈套啊，配合默契，无懈可击。可是，为什么要杀掉哈丽小姐呢？"

大使的诡计被识破了，便向008号讲了实情："她是个双料间谍。敌国来指示要干掉她。请不要把这个情况告诉警察，我可以给你一笔保密费。"

大使一家三口是如何设计圈套杀害哈丽小姐的呢？

563. 熟悉的声音

卡尔侦探社来了个陌生客。他是个戴黑边眼镜、蓄胡子、年约五十岁的中年绅士。他请人保护自己，说有人要暗杀他。

他已结婚20年，夫妻恩爱，但有件鲜为人知的秘密就是他在外面有一个二十出头的年轻小姐，彼此交往甚密。而该女子也有一个法国男友，最近，她的男友得知自己的女朋友与中年人的密切关系后，非常妒忌，除派人跟踪他们外，更扬言要杀死那中年人。

最近，绅士的太太正出外旅行。绅士昨晚加班回家，开启家门时，只见屋内一片凌乱，心知不妙，特来请求卡尔帮忙。卡尔无奈，只得答应，并叫他明早再来，互相研究对策。

翌晨，卡尔一来到办公室，就被桌上报纸的头条新闻所吸引昨天一个中年绅士惨遭暗杀，卡尔细看照片，原来是昨天所见的男子。于是他急忙连同助手斯达赶赴现场。尸体安放在床上，脸被毁容，无法辨认。警方凭死者的指纹，结合现场环境，推测疑凶可能是撬开窗户，潜入屋内，把熟睡中的户主杀害。在书桌上，还发现有一张法文的报纸。

卡尔于是把昨天陌生人到访他的事，向警方陈述。警方于是登报通缉女子情夫法国男友。

不久，被害人妻子旅游回来，她知悉丈夫遇害，非常伤心。对于丈夫有外遇一事，更感奇怪，因为20年来，丈夫都是个顾家、爱护妻儿的好好先生。

此宗奇案一直没有破案的头绪。一天，当卡尔和斯达在餐厅吃饭，交谈破案资料时，突然听到邻桌有一个熟悉的声音，循声音看去，发现绅士妻子正与一陌生人谈话。这时，他恍然大悟，知道是怎么一回事儿了。

你知道吗？

564. 天衣无缝的谋杀

刑满释放的李强回到他生活了32年的城里。当他怀着一线希望走到那个他曾经漠不关心的家门口时，他嫉妒得浑身颤抖地看到了一幕最怕看到的情景：他美丽的前妻吴安妮正用热吻迎接她现任的个体户丈夫。

李强绝望了，但旋即决定要用余生创出一番发大财的事业来，到那时再腰缠万贯地来羞辱在自己入狱后迫不及待改嫁的前妻和她的小财主丈夫。

"怎样才能发财呢？"当晚，李强住在他承包鸭场时居住过现已废弃的小屋里，没床没被，缩身躺在一堆石棉纤维中辗转反侧了一夜。次日凌晨，李强潜入他那孤苦伶仃的盲人老母家中，偷走了老母的户口簿。

上午，李强赶到保险公司营业部，用释放费为自己投保了人身意外事故险，保险额为10万元，受益人写明是他母亲。三个星期后的一个傍晚，李强在街头遇见了一个长相、身材都与自己相仿的行乞者。当晚，李强和行乞者在那间小屋里开怀畅饮。烈酒灌肠，行乞者渐渐地醉倒了，双手伸进石棉纤维中睡着了。

李强摇了摇行乞者，不见反应后，伪造了烟蒂引起失火的现场，然后纵火焚烧了小屋。望着熊熊燃起的大火，李强为自己天衣无缝的计划得意忘形地狂笑：谁会关心一个行乞者的失踪呢？自己的发财计划就要成功啦！

临走时，李强将自己的释放证明和一只酒瓶扔在了门口烧不到火的地方，看上去像是醉汉摔倒时漏掉了东西。在老母家阁楼上蜗居了三天后，李强终于听到了户籍民警对自己老母宣布他失火烧死的消息，并看到民警给了老母一张失火死亡注销户口通知卡。次日一早，李强带着老母的户口簿、保险单、自己的失火死亡注销户口通知卡，来到保险公司营业部代替老母提取10万元保险金。不料，刚进大门，就有两名便衣刑警以杀人罪嫌疑逮捕了李强。

李强蒙了，他搞不清自己的天衣无缝计划何处有破绽？

565. 煤气爆炸之谜

有一天晚上9点，李督察和往常一样在家中书房里阅读书籍，正看得入神，忽然停电，四周一片漆黑，这时忽然一声巨响，连窗户的玻璃都被震得粉碎，李督察连忙出去看个究竟。原来是邻居的房子爆炸着火，看到这种情况，他不敢急慢，马上跑到现场。根据现场看，这很可能是一桩有计划的谋杀放火事件，因为里面住的一位独居老妇人被烧死在寝室里，法医解剖的结果，验明死因是煤气中毒。她是否自己先放煤气自杀？这也不见得，假使是自杀，那煤气怎么会爆炸呢？而且冒出火苗的寝室，只有电话和放器具用的一个木盒子而已，别无他物，而发生爆炸时，这一带正停电，也不可能是因为漏电而发生煤气爆炸，引起火灾的，看样子可能是有定时炸弹之类的东西爆炸。

李督察参加了此案的侦破工作。他认为最有可能的嫌疑犯是被害者的侄儿，也就是她唯一的财产继承人。因为外出，被害者有许多宝石股票都寄存在银行，并且投了寿险，而且指名的领款人也是她侄儿，由此推测很可能是她侄儿为了急于得到这份产业而下毒手。刑警虽有此种看法，可是事件发生的时刻，这位嫌疑者不在现场，而且有有力的证据证明他当时在别处。当时他住在一家旅社里，这家旅社距离现场有10千米之遥，而且旅社的服务生也出来做证，当时他确实在旅社里。

你知道凶手是谁吗？

566. 拉肚子的功劳

某日晨，漂亮的歌手丽莎死在公寓自己的房里。最先发现尸体的是她的经纪人。见她房门没上锁，心想她太粗心了，便走进房间里，却不见丽莎人影。只有卫生间的门是从里面闩着的，打不开，门缝底下流出的鲜血已经凝固，使经纪人大吃一惊。

他马上叫来公寓管理员，一起撞开卫生间的门，见丽莎穿着睡衣坐在便池上已经死了。是被匕首状的凶器刺中了背部。看起来像是在卧室遭到袭击后逃进卫生间，从里面插上门，以防凶手追击时断气的。警察勘察了现场，但未发现任何可成为凶手线索的证据。搜查陷入困境。

事后，警长赶巧碰上了好友杰克侦探，将搜查中遇到的难题向杰克侦探诉了一番苦。

"要是这样的话，请带我去看看现场。我还是她的热心听众呢，对这个案件也挺感兴趣。"杰克说道。警长虽不抱太大的希望，还是带他去了现场。

杰克侦探很感兴趣地察看了被害人死去的卫生间，谁知碰巧肚子不太舒服，便苦笑着关上了卫生间的门。

几分钟后，他才表情轻松地走了出来。"警长，凶手是大写字母A•K开头的人。"警长大吃一惊。"真的吗？在哪儿找到什么暗示了吗？""是拉肚子的功劳。"杰克侦探咪咪地笑着。

那么，杰克侦探是从哪儿发现凶手名字的缩写字头的呢？

567. 力士之死

剧场里，正在演出一场杂技节目。下个节目就是大力士铁汉的了，舞台监督让人去找铁汉作准备。正在这时，演员程华慌慌张张地跑了上来。

"不好了，铁汉死了！在装道具的小仓库里。"

几分钟后，黄警长和几个警察赶到了现场。小仓库里，铁汉直挺挺地躺在地上，两只手紧紧地掐着自己的喉咙，脸上充满了痛苦的神色。

黄警长等人仔细地勘察了现场，发现现场除了铁汉的脚印外，还有两个人的脚印。警长让人把程华叫来了。"你把刚才见到的情况再详细地对我说说可以吗？"

程华说道："刚才，台上有个布景架子活动了，我便到小仓库里拿根绳子把它捆绑一下。可是，我刚走到小仓库的门口，听见里面有动静。我从门缝往里一看，吓得几乎叫出声来。我看见铁汉正在使劲掐着自己的脖子！我使劲掰他的手，可是他的力气太大了，怎么也掰不开，我跑出去喊人。谁知当我把人找来时，他已经死了。"

听完程华的情况介绍，黄警长哈哈大笑起来："程华，我看你还是把真实情况说出来吧！你的同伙是谁？"他厉声喝问。

人们惊讶万分，都把目光集中到了程华身上。

"怎么怀疑到我头上了！"程华极力掩饰着内心的恐慌。

"那是你自己表演的结果。说吧，你和谁害死了铁汉？"

在黄警长威严目光的逼视下，程华只得交代了和本团一个叫兰武的演员同谋杀害铁汉的犯罪事实。原来，兰武在追求铁汉的女友小梅。小梅喜欢铁汉的淳朴，也爱慕兰武的英俊，因此心里很矛盾，犹豫不决。为了得到小梅的爱情，兰武用钱买通了和铁汉关系较好的程华。他让程华骗铁汉喝下了掺有安眠药的葡萄酒，待药性发作后，兰武从暗处走了出来，按着铁汉的手，把铁汉掐死了。

黄警长是怎样识破程华的谎言的呢？

568. 单身女郎与金发男子

在一个白雪纷飞的冬夜，京西路68号的房门里有一位单身女郎被人杀害，行凶时间大约为当夜8点。

警方一到现场就展开了深入的调查，发现现场的房间中，瓦斯炉被火烘得红红的，室内热的直流热汗，电灯依然亮着，然而紧闭的窗子却只掩上了半边的窗帘。

这时被害人住所附近的居民，一个年轻人向警方提供的目击证据如下：

昨晚11点左右，我曾目击凶案发生，虽然我的房间离现场有20米，但发现凶手是个金发男子，戴着黑边眼镜，并且还蓄着胡子。

警方根据他提供的线索，逮捕了一位死者的金发男朋友。

在法庭上，这位金发嫌疑人的律师很有把握地为他辩护，并询问了目击者："年轻人，案发当时你是偶然在窗子旁看到了这个凶手，是吗？"

"是的，因为对面的窗子是透明的，而且那天晚上她的窗帘又是半掩的，所以我才能从20米外清楚地看见凶手的脸。"

这时，律师很肯定地说："法官大人，这位年轻人所说的都是谎话，也就是犯了伪证罪。以我的判断，他的嫌疑最大，因为他在行凶后，才把被害人家里的窗帘拉开逃走的。还给警方提供假口供，企图掩盖自己的罪行。"

结果，经过审查，证明了律师的推断是正确的，你知道律师是怎样推断的吗？

569. 拖延了的侦破

哈莱金接过一份报告，看了一会儿，对警长说："根据验尸的报告，特里德太太是两天前在她的厨房中被人用木棒打死的。这位孤独的老妪多年来一直住在某山顶上破落的庄园里，与外界几乎隔绝。你想这是什么性质的谋杀呢？"

"哦，真该死！我昨天凌晨4点钟就接到一个匿名电话，报告她被人谋杀了，但我还以为这又是一个恶作剧，因此直至今天还没有着手调查。"警长莫纳汉尴尬地说道，"那么我们现在去现场看看吧。"

警长将哈莱金引到庄园的前廊说："由于城里商店不设电话预约送货，而必须写信订货，老太太连电话都很少打。除了一个送奶工和邮差是这里的常客之外，唯一的来客就是每周一次送食品杂货的男孩子。"

哈莱金紧盯着放在前廊里的两摞报纸和一只空奶瓶，然后坐在一只摇椅上问：

"谁最后见到特里德太太？"

"也许是卡森太太，"警长说，"据她讲前天早晨她开车经过时还看见老太太在前廊取牛奶呢。"

"据说特里德太太很有钱，在庄园里她至少藏有5万元。我想这一定是谋财害命。凶手手段毒辣，但我们现在还找不到线索。"

"应该说除了那个匿名电话之外，我们还没有别的线索。"哈莱金更正道："凶手实在没料到你会拖延这么久才开始侦破！"

哈莱金怀疑谁是凶手？

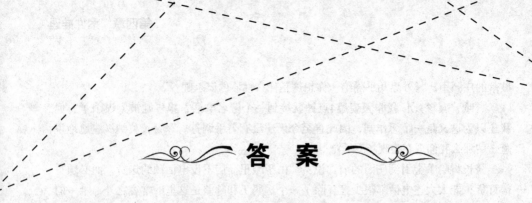

答 案

1. 假药
事物不仅有相对的一面，还有绝对的一面。与真药比较可以鉴别假药，同时，没有疗效或者疗效不佳的药也是假药。

2. 有错误的数学题
因为严格地说，建房子是系统工程，而且有个先后顺序，不能简单地用乘法计算。否则按照这个算法，1000个人不到15分钟就能建好一间房子。这是不可能的。

3. 什么关系？
你是我儿子。

4. 什么时候去欢乐谷
也许你会认为是不一定，因为72小时以后的事是说不定的。其实不然，因为现在是夜里10点，再过72个小时还是夜里10点，这个时候肯定是不会出太阳的。

5. 通缉犯的公告
因为抢劫案是一年前发生的，所以罪犯的年龄当然是作案的时候的年龄，而现在贴出来的公告上的年龄就比现在罪犯的年龄少了一岁。所以也就是这个年龄信息是错误的，应该加一。

6. 盲人的"眼睛"
因为小偷所在的位置恰好挡住了维特家的大座钟，本来维特听惯了座钟钟摆的"嘀嗒"声，现在听不到了，说明小偷就在大座钟前面，所以，他向座钟的方向开了枪，就打中了小偷。

7. 福尔摩斯
因为张三的旅行包超大，必须托运，而托运的行李上写有"张三"的名字，再加上张三在门口张望，李四看了一眼张三的行李就可以确定了。

8. **正前方游戏**

（1）2个人面对面站着。

（2）3个人分别站在三角形的三个角处。

（3）4个人分别站在长方形的4个角处。按顺序分别是A、B、C、D。

9. **看报纸**

在第7页前有6页，在第22页后也有6页，所以这份报纸有28页，按照正常的报纸版式，每4页一张，所以一共有7张，即小王还有4张没有看。

10. **种菜**

选B。

11. **谁的收音机**

如果你的答案是："收音机是他自己的"，那么你就错了。因为你错误地接受了心理暗示，没有仔细看条件。正确答案："收音机是李明的孩子的。"

12. **点餐**

根据（1）和（2），如果小张要的是鱼香肉丝，那么小王要的就是宫保鸡丁，小李要的也是宫保鸡丁。这种情况与（3）矛盾。因此，小张要的只能是宫保鸡丁。于是，根据（2），小李要的只能是鱼香肉丝。

13. **谁去了南非**

每个人都恰好去了3个国家。因此，根据（1）和（2），小李去的国家必定是以下组合中的一组：

去泰国，去日本，去荷兰

去泰国，去日本，去南非

去日本，去荷兰，去南非

去荷兰，去美国，去南非

根据（1）和（3），小王去的国家必定是以下组合中的一组：

去泰国，去美国，去日本

去美国，去日本，去荷兰

去美国，去日本，去南非

去日本，去荷兰，去南非

根据（1）和（4），小张去的国家必定是以下组合中的一组：

去日本，去荷兰，去美国

去日本，去荷兰，去南非

去荷兰，去美国，去南非

去美国，去泰国，去南非

根据上面的组合并且根据（1），如果小李去了南非，那么小王和小张都去美国而又去日本，小李就不能去美国或去日本了。这种情况不可能，因此小李没有去南非。

根据上面的组合并且根据（1），如果小王去了南非，那么小李和小张都去日本，小王不能去日本了。这种情况不可能，因此小王没有去南非。

于是，小张必定是去了南非的人。

14. 杰克逊之死

根据甲和乙的供词的真伪，可以把杰克逊的死因列表如下：

如果甲的供词是真的，那么：被乙所杀害或自杀或意外事故；

如果乙的供词是真的，那么：被谋杀或自杀；

如果甲的供词是假的，那么：被谋杀但非乙所为；

如果乙的供词是假的，那么：意外事故。

无论这两位女士的供词是真是假，警察的两个假定覆盖了一切可能的情况，由于两个假定不能同时适用，因此只有一个假定是适用的。

假定（1）不能适用，因为如果这个假定能适用，则乙的供词就不是实话。所以只有假定（2）是适用的。

既然假定（2）是适用的，那乙的供词就不能是虚假的，所以只有甲的供词是虚假的。于是，杰克逊必定是死于被谋杀。

15. 野餐

B。（2）和（3）这两个命题中要么一个真，要么两个真，但必有一真，所以，题干所说"三个判断中只有一个是真的"必在（2）和（3）之中，从而可推出（1）必为假，根据"小丽拿了食物"为假，可推出"小丽没有拿食物"是客观事实，由此可推（2）必为真。如果（2）为真，根据题干，那么（3）就为假，如果"有人拿了吃的"为假，可推出命题的矛盾命题"所有人都没拿食物"为真，从而推出"小新没拿食物"。

16. 谁考上了研究生

因为甲和丁说的内容矛盾，所以其中必有一假，如果丁说的是假的，那么乙和戊与甲所说均有矛盾，所以只能甲是假的，由此进一步推测出乙和丁都没有考上研究生。答案为A。

17. 到底谁结婚了
选A。

18. 是否去游泳
选B。命题的逆否命题是真命题。

19. 谁说得对
乙说得对。

20. 招聘要求
选C。

21. 成绩预测
选A。

22. 比身高
选C。

23. 电路开关
选A。

24. 数学成绩
选C。

25. 四兄弟吃饭
根据（2），老大有3枚25美分的硬币。因此，根据（1），他持有的硬币是下列三种情况之一（Q代表25美分，D代表10美分，N代表5美分）：

QQQDDN，QQQDNNN，或QQQNNNNN。

于是，根据1，每个人的硬币枚数只可能是6枚、7枚或者8枚。反复试验表明，用只包括两枚25美分硬币的6枚硬币组成1美元，和用只包括一枚25美分硬币的8枚硬币组成1美元都是不可能的。因此，每人身上都带有7枚硬币。各种不同的组合如下（H代表50美分）：

6 枚硬币	7 枚硬币	8 枚硬币
QQQDDN	QQQDNNN	QQQNNNNN
QQ????	QQDDDD	QQDDDDDNN
QHDNNN	QHNNNNN	Q???????
HDDDDD	HDDDDNN	HDDDNNNNN

然后根据（3），每份账单的款额（以美分为单位）是以下各数之一：5，10，15，20，25，30，35，40，45，50，55，60，65，70，75，80，85，90，95，100。依次假定每份账单的款额为上列各数，我们发现：除了款额为5、15、85或95美分之外，四人都能不用找零。如果款额为5、15、85或95美分，唯独是有两枚25美分硬币的老二需要找零。因此，老二需要找零。

26. 谁是肇事者

利用排除法可以知道，选C。

27. 疑问的前提

刘丽认为王辉不是苹果公司的高级副总裁，原因在于王辉只用IBM公司的产品，这里就缺少一个前提：所有高级副总裁只用本公司的数码产品，所以王辉如果是IBM的高级副总裁，就应该只用IBM的电子产品。答案为C。

28. 决赛

题干的逆命题是：参加决赛的一定是冠军；否命题是：如果没有得到冠军，那就一定没有参加决赛。这两个都不是和原命题等价的真命题。原命题的逆否命题才是和原命题一致的真命题，即：如果某人没有参加决赛，那就得不了冠军。所以答案为B。

29. 前提条件

高三（2）班有的同学没有得到A。

30. 交通问题

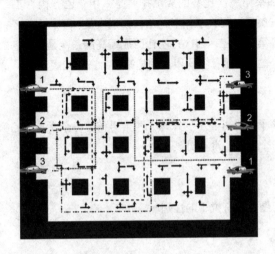

31. 六种颜色

选C。由条件（1）可得，其余的四种颜色（黄、绿、蓝、白）为两组互为对面的颜色，又由（2）、（3）可得必定是白色与黄色为对面，蓝色与绿色为对面。所以，选C项。

32. 分发报纸

永远不会。不信你画个示意图看看。

33. 零花钱

可以用假设法。

如果第一个碗里有钱，那么第2、3个碗上的话就是真的，所以假设错误。

如果第二个碗里有钱，那么第1、3个碗上的话就是真的，也不对。

如果第三个碗里有钱，那么只有第一句话是对的。所以，钱在第3个碗里。

34. 出租车司机

因为A城市的车过后10分钟，B城市的车就会到达，而B城市的车过后要50分钟，A城市的车才能来。如果这个司机在A城市的车到达之后再来，他会等着接B城市的客人，这只有10分钟时间；如果在B城市的车到达之后，他需要等A城市的客人50分钟。所以他接到A城市的客人和B城市客人概率比为5：1，所以接到的A城市客人要多得多。

35. 比赛的成绩

是可以的。如果第一次比赛的成绩排名是：甲，乙，丙，丁；第二次是：乙，丙，丁，甲；第三次是：丙，丁，甲，乙；第四次是：丁，甲，乙，丙。那么，甲比乙成绩高的三次是第一、三、四次；乙比丙成绩高的三次是第一、二、四次；丙比丁成绩高的是第一、二、三次；丁比甲高的是第二、三、四次。

36. 有几个孩子

甲家有三个孩子，哥哥、甲、妹妹，两个男孩，一个女孩；乙家有三个男孩，一个女孩；丙家有三个女孩，没有男孩。

37. 血缘关系

姨或者舅舅，题目没有说丁的性别。

38. 新手表

D的评价是正确的。婧婧犯的正是"混淆概念"的错误，两个"3分钟"是不相同的，一个标准，一个不标准，因此，婧婧的推断是错误的。

39. 怎么坐的

从爷爷的左边开始，依次是儿子、女儿、爸爸、妈妈。

40. 三个同学

因为A的男朋友是乙的好朋友，那么A的男朋友就应该是甲或者丙。但是丙的年龄比C的男朋友大，即丙不是最年轻的，所以A的男朋友是甲。丙不可能是C的男朋友，那丙就是B的男朋友。而乙是C的男朋友。

41. 走得慢的闹钟

标准时间是12点40分。

42. 三张扑克牌

黑桃K、黑桃Q、红桃Q。

43. 成绩排名

小丽是第一名，小王是第二名，小刚是第三名，小明是第四名，小芳是第五名。

44. 最少有几个人

最少有0位，如下表所示，1表示符合条件，0表示不符合。

	1	2	3	4	5	6	7	8	9	10
北京人	1	1	1	1	1	1	0	0	0	0
20 岁以上	1	1	1	0	0	0	1	1	1	1
北大毕业	1	0	0	1	1	1	1	1	1	1
男性	0	1	1	1	1	1	1	1	1	1

由图表可见，没有人同时符合这四个要求。

45. 兄弟姐妹

从"A有3个妹妹""B有1个哥哥"可知全家有3个女的。再从"C是女的，她有2个妹妹"及"E有2个姐姐，F也是女的，但她和G没有妹妹"可以推出C、F、D是女的，其余是男的。

46. 店里是卖什么的

可以至少推算出图中这样的结果。

	面包店	花店
街道		
	1 号	书店

根据（5）和（6）可以知道，酒吧和文具店在道路的同一边。再看看图就会发现只有在1号店这一边才有可能。而且，6号店也会在这一边，可知6号店的位置一定是在1号店的左边或右边。而6号店的隔壁是酒吧，所以就知道1号店是酒吧了。

47. 排座位

从左到右：主任，局长，副局长，秘书。

48. 猜猜看

3点。第三个人猜对了。

49. 现在是几月

7个人的观点如下：小红：1月；小华：3月；小刘：2月；小童：4月；小明：5月；小芳：四月到12月；小美：除了11月外的其他月。

综上所述，除了11月外，都不止一个人说到，所以，今天是11月，小芳说得对。

50. 出门踏青

丙去了玉渊潭。

51. 鞋店

哥哥的手艺用a表示，弟弟的手艺用b表示，就用a=1000b，b=10000a，只能a=b=0。就是说他根本不会做鞋，既然他根本不会做鞋，那你还让他做，只能吃哑巴亏了。

52. 坐座位

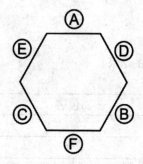

53. 学生籍贯

选A。

54. 时晴时雨

根据（3）、（4）可知，下午下雨的日子比上午下雨的日子多一天，而且上午或下午下雨的情况有7次，所以上午下雨3次，下午下雨4次。

所以红红一共住了4+5=9天。

55. 猜数字

能。这四个数字是2、5、6、8。

先列出四人猜的情况。甲猜对了两个数，可能是2—3，2—4，2—5，3—4，3—

5，4—5。

乙猜对了一个数，可能是（1、3、4、8）中的1个数，他未猜的四个数（2、5、6、7）中有3个数是纸条上的数。

丙猜对了两个数，可能的组合为1—2，1—7，1—8，2—7，2—8，7—8。

丁猜对了一个数，可能是（1、4、6、7）中的1个数，他未猜的四个数（2、3、5、8）有3个数是纸条中的数。

8个数字中，甲与丙两人都猜了的数字是2，两人都没有猜的数字是6。

8个数字中，乙与丁两人都猜了的数字是1、4，两人都没有猜的数字是2、5。

我们先假设2不是纸条上的数。那么从乙未猜的数字中可得出5、6、7是纸条上的数字；同时从丁未猜的数字中可得出3、5、8是纸条上的数字；这样纸条上的数字就会有5个，分别是3、5、6、7、8。显然，推论与题干中纸条上只有4个数字相矛盾，因此假设是错的，也就是说2是纸条上的数字。用同样的方法可推出5也在纸条上。

再假设1在纸条上，那么从乙猜的数字中可得出3、4、8不在纸条上。同时，从丁猜的数字中可得出4、6、7不在纸条上。这样不在纸条上的数字有5个，分别是3、4、6、7、8，纸条上只能有3个数字，显然也不正确。所以假设错误，1不在纸条上。用同样的方法，可推出4不在纸条上。

我们知道了2、5在纸条上，从甲猜测对了两个数字可知3、4不在纸条上。这样，在纸条上的数字可能是2、5、6、7、8中的4个。

最后，我们来看丙猜的情况，从他猜测的4个数可知7与8只能有一个数在纸条上。如7在纸条上，纸条上的数为2、5、6、7。我们发现丁猜对了6、7，显然与题干矛盾。再来检验8，发现刚好能符合条件。

所以，只有一种可能，纸条上的数字是2、5、6、8。

56. 谁做对了

选C。此题使用假设法，假设张燕做对了，那么王英、李红都做错了，这样，王英说的是正确的，李红、张燕说的都错了，符合条件，答案为C。

57. 猜明星的年龄

选B。此题可用排除法。四人中只有一个人说对，若甲对，则乙、丙、丁都应不对，推知丁的说法也对，与假设矛盾，故A项排除；同理乙也不可能对；若丁对，则不能排除甲、乙，因此D项可排除；若丙对，则丁有可能不对，如果B项成立，则丙的说法一定成立，符合题意。因此可判断B为正确答案。

58. 猜颜色

因为五个人都猜对了一瓶，并且每人猜对的颜色都不同。所以猜对第一瓶的只有丙，也就是说第一瓶是红色。那么第五瓶就不是黄色的，所以第五瓶只能是蓝色。戊说的第二瓶是黑色的也就不对了。既然第二瓶不是黑色的，那就应该如第一个人所说，第三瓶是黑色的。所以第二瓶就不能是蓝色的，只有第二瓶是绿色的了。

所以说：第一瓶是红色，第二瓶是绿色，第三瓶是黑色，第四瓶是黄色，第五瓶是蓝色。

59. 谁被录用了

因为只有一个人的预测是正确的，而甲乙都说A有希望，所以A不可能。也就是说丁预测正确。所以甲、乙、丙三人预测的都是错误的。所以只有没有提到的D被录取了。

60. 各自的体重

甲、丙、乙、丁。

61. 北美五大湖

因为每个人都说对了一个，所以假设2号是苏必利尔湖，那么3号就不是休伦湖。而戊所说的2号是休伦湖，5号是苏必利尔湖就都不正确了。所以甲说的后半句是正确的，也就是3号是休伦湖。根据丁的话，确定4号是安大略湖。根据乙的话，确定2号是伊利湖。再根据戊的话，确定5号是苏必利尔湖。最后1号是密歇根湖。

所以，1、2、3、4、5号分别是密歇根湖、伊利湖、休伦湖、安大略湖、苏必利尔湖。

62. 汽车的颜色

如果是黑色的，那么三句话都是正确的；如果是银色的，前两句是正确的，第三句是错误的；如果是红色的，三句都是错误的。所以只有银色符合条件。

63. 谁是间谍

假设一：假设丙是间谍，即丙句句是假，则丙必定不来自荷兰，因为乙说丙来自荷兰，那么乙也说了假话，则甲句句为真。

当甲句句为真时：

甲说乙为刚果，丙也说乙为刚果，丙也说了真话，矛盾。

所以，丙不是间谍。

假设二：假设乙是间谍，即乙句句是假，因乙说丙来自荷兰，那么丙一定不来自荷兰；而丙自述自己来自荷兰，那么丙说了假话，则甲句句为真。

当甲句句为真时：

甲自述来自阿拉伯，乙说"他肯定说他来自阿拉伯"，乙说了真话，矛盾。

所以，乙不是间谍。

假设三：假设甲是间谍，即甲句句为假。

当丙是好人时，即丙句句为真时，乙便来自刚果，甲也说乙来自刚果，甲说了真话，矛盾。

当乙是好人时，即乙句句为真时，则丙半真半假。

甲句句是假，甲自述来自阿拉伯，故甲不来自阿拉伯。

乙句句是真，乙说："……他肯定说他来自阿拉伯。"甲的确说谎了，乙没说错，乙说了真话，而且句句是真。

结论是：甲是间谍，乙是好人，丙是从犯。

64. 争论

A是正确的。小王和小张对可能的理解是正确的，而小李对可能的理解是不正确的。可能下雨，就是即可能会下雨，也可能不下雨，而不是小李所说的，可能下雨就表明今天要下雨。

65. 炸碉堡

选A。

66. 家庭住址

画一个简单的位置图就可以判断出来了，选C。

67. 收入高低

选D。由题目可以得出收入有如下排序：爸爸>妈妈；爷爷>奶奶；奶奶≤姑姑；姑姑=妈妈。由此可以推出：爸爸>妈妈=姑姑≥奶奶。从而可知爸爸的收入比奶奶高。

68. 喝酒与疾病

正确答案为D。本题的结论是喝酒的人将大大增加；小前提是喝酒与心脑血管疾病发病率无关，找另一个大前提。我们看选项，只有D许多人不敢喝酒是完全相信喝酒会诱发心脑血管疾病，现在既然研究显示喝酒与心脑血管疾病无关，这样以前不敢喝酒的也会喝，带来销量的变化，所以D正是我们要找的大前提。其他选项均不是论述的前提假设，所以应排除掉。

69. 防护墙

正确答案为D。问最支持的选项，最好应用排除法。题干说因为风暴从水的一边对沙子进行侵蚀的时候，沙子不会向内陆扩展，而在海滩与建筑物之间建立起防护墙，不仅遮住了建筑物的海景还使海岸变窄了，所以用防护墙的方法保护建筑物的做法并不能起到很好的作用，所以D是题干的意思，是最支持的论断；其他A、B、C三项均不是题干最支持的论断，排除掉。故选择D。

70. 苹果

选C。

71. 考试成绩

选D。

72. 吃药

本题选择答案C。

不都没吃药=有的吃了药。

A和C的断定互相矛盾，不能同假，必有一属实；又由条件，只有一人属实，所以B和D的断定失实，即事实上D没吃药，并且由D断定失实，可推出A的断定失实，可推出C的断定属实。

73. 选举权

选C。本题采用排除法。罪犯如不被剥夺政治权利，是具有选举权和被选举权的，故A不正确；学生如未满18周岁，不具有选举权和被选举权，故B不正确；选举权受年龄和国籍限制，故D不正确。符合题意的只有C。

74. 班长选举

选A。

75. 顺序推理

选A。

76. 正确推理

选B。

77. 是相同的吗

选B。

78. 关于上课的决定

选A。

79. 黑帮火并

只有E正确。

80. 川菜还是粤菜

选择A。

81. 无知者无畏

选D。

82. 高明的骗子

答案为B。

根据林肯所说的，骗子不可能在所有时刻欺骗所有的人，那就有可能在某个时刻有人不受骗，也就是说，存在某一个时刻，在这个时刻有人可能没有受骗。

83. 申请基金

1. 答案为D。根据"如果钱教授获得的票数比周博士多，那么李教授将获得该项基金"，而事实为陈博士获得了该项基金，因只有一个人能获该项基金，所以李教授未获得该项基金，根据充分条件假设命题的推理规则，"否定后件则否定前件"，可得出钱教授获得的票数不比周博士多。

2. 答案为D。根据"赵教授没有获得该基金"这一事实，对"如果孙教授获得的票数比沈局长多，同时周博士获得的票数比钱教授多，那么赵教授将获得该项基金"。这一充分条件假言命题进行推理，可知，孙教授获得的票数不比沈局长多或者周博士获得的票数不比钱教授多。又根据已知，周博士获得的票数比钱教授多，得出孙教授获得的票数不比沈局长多。

84. 考试及格

选D。如果孙涛的成绩没有及格，这就否定了充分条件假言命题"如果李佳考试及格，那么李华、孙涛和赵林肯定也及格了"。所以可以推出否定的前件，即李佳考试不及格，所以便可推出李佳和赵林不会都及格。

85. 语言逻辑

选D。首先假设理发师是不给自己理发的人，而陈述表明不给自己理发的人都来找理发师理发，结果是理发师给自己理发，与假设不符，所以假设不成立；再假设理发师给自己理发，又与陈述"只给所有不给自己理发的人理发"矛盾，假设亦不成立。所以，不存在这样的人。

86. 说谎检测

选D。

87. 辩论

选D。

88. 推论

答案为C。根据题意，简写如下：如果A，那么B，只有B，公司资金才正常周转，如果公司资金不能正常周转，那么C产品研发不能如期进行，C产品研发如期进行→资金正常周转→B，所以选择C答案。

89. 大鼻子

选D。

90. 血型问题

选C。A答案的错误在于无法从题干中推出O型血是否越来越受欢迎；B答案的错误在于O型血的特殊用途不是"它与大多数人的血型是一样的"而是"O型血可供任何人使用"；D答案的错误在于在美国O型血的人数只占45%，不足50%无法推出"O型血是大多数人共同的血型"。

91. 减肥

选A。

92. 判断水果
选C。

93. 地点
选B。

94. 菜的味道
选C。

95. 位置关系
选E。

96. 有才华的律师
选B。

97. 职业
选C。

98. 打麻将
选A。

99. 潜水艇
选B。

100. 逻辑错误
选A。

101. 比重问题
选B。由陈述可推断出木头加铁块在一起的平均密度比水大，故B为正确答案。其他选项都无法从陈述中推出。

102. 高明的伪造者
选C。题干的推理过程是：高明的伪造家不会被发现伪造，一旦被发现了伪造，即证明该伪造者不是高明的伪造家。C项过程类似：高明的魔术师不会被人看穿，一且被看穿的话，就说明不是高明的魔术师。

103. 生命的条件

选C。题干推论的得出需要一个假设，即只有其他星球的生命形态需要的条件和地球上生命形态需要的条件一致，因为在宇宙中难以找到具备两个必要条件的星球推导出地球可能是唯一存在生命的地方，故答案为C。

104. 继承权问题

选C。根据教授的结论，长子继承权是特定男性婴儿的权利，但并不排除女儿也有可能继承财产，学生忽略了这个可能，所以造成了误解。在只有女儿的情况下，女儿当然具有继承财产的权利，这并不会对长子继承权构成反驳。答案为C。

105. 水够吗

选B。

106. 萝卜与茄子

选B。

107. 台球运动员

选B。

108. 推论

选C。

109. 反省自己

选B。

110. 己所不欲

选B。

111. 计算机与人

选B。

112. 推理结论

选C。

113. 错误推论

选D。

114. 对比

选E。

115. 相对关系

选C。

116. 大小关系

选A。

117. 涨价事件

涨价的是鸡蛋和牛奶。

118. 对比规律

选B。因为两者同为蔬菜，而且都在地下生长。

119. 区别

选D。是非人造的。

120. 意义相近

选C。

121. 句子的含义

选C。

122. 不同类

选B。因为只有它不用插电。

123. 数字之门

15。窗户上的数字（都看成个位数）相加后等于门上的数字。

124. 与众不同（2）

牛，因为它有角。（这类问题从不同角度去思考，可能会有多种答案。发动你的脑筋多想想吧。）

125. 找不同（1）

选择C。

其他都是长在藤蔓上，只有茄子不是。

126. 找不同（2）

选择C。

其他都是用手工作，只有播音员靠嘴工作。

127. 对比词（1）

选择C。

矿泉水装在瓶子里，信装在信封里。

128. 对比词（2）

选择D。

树长在大地上，烟囱立在房子上。

129. 差别（1）

选择D。

其他的都是感官动词，笑是表情。

130. 差别（2）

选择D。

其他的都是服装，钱包是饰品。

131. 重新组合

选择B。

可以组成的单词是orange，橙子，橘子。

132. 三个家庭

答题1：根据条件（2），A、B首先应予以排除；根据条件（3），C、D也应予以排除。因此，选E。

答题2：A应予排除，因S和T是同性别的大人，违反已知条件（1）；B和E也应该排除，因为X必须和S或U同一家庭。由条件（1）可知S、T、V肯定在第二家庭或第三家庭，但C中缺V，故也应排除别的（当然用此法也可否定E）。因此，选D。

答题3：A违反已知条件（2）；E违反已知条件（3）；U和V是同性别的大人，不能是在一家，D应该除排。B也应该排除，因为W、S、U在一家，显然违反了已知条件（3）。因此，应该选C。

答题4：选A。因为参加游戏有2男、3女和4个孩子，根据条件（1），2男分别在两家里，3女分别在三家里。还有4个孩子必须这样分配，在有男人又有女人的家里可搭上1个孩子，而没有男人只有1个女人的家里搭上2个孩子。因此A肯定是对的，其他答案B、C、D不一定对，E则完全错误。

答题5：选D。选A不行，因为R和S同一家庭，违反条件（1）。选B不行，因为R和W同一家庭，违反条件（2）。选C不行，因为X没有和S或U同一家庭，违反条件（3）。选E不行，因为U和V同一家庭，违反条件（1）。故选择D。

133. 社团成员

答题1：选C。根据题意与已知条件（4），很明显C是肯定对的。既然C不能与D在同一个社团工作，那么，如果C在围棋社，D必定在曲艺社。

答题2：选B。不是C在围棋社，就是D在围棋社（已知条件4）。除此之外，还有一位是A（已知条件3）。而在选择中，这三个人的名字只有C一人出现，因此只能选他了。

答题3：选C。根据题意可推出F与D在同一个社团。既然F与D在一起，那么C就不能跟他在一起，否则违反已知条件（4）。

答题4：选D。类似这种题目，我们只能用排除法来做，看哪个选择完全符合条件才能断定。下面我们一个一个来分析：

先看A。如果A是正确的，那么根据选项所给条件和已知条件（3）和（4），我们可以得出，肯定在围棋社的人是C、B和E。但是F没有得到限制，他既可以在围棋社，又可以在曲艺社，这就不可能是唯一可能的分配方案。

再看B。由题意和已知条件（3）可推出：E和B在围棋社，F、G和A在曲艺社。尽管我们可以从已知条件（4）知道C与D不在同一个社团，但是我们还是不能确定究竟谁分在哪个社团，因此这也不是唯一的分配方案。

然后我们来看看C。根据题意和已知条件（3），我们可以知道，围棋社里有B、

G和E，曲艺社里有A，而C、D和F的位置不能确定，这样就会有更多的选择，因此C肯定是错的。

现在我们来看看D。根据题意我们可推出围棋社有5人，而曲艺社有2人。既然C在围棋社，那么D肯定在曲艺社（已知条件4）。现在曲艺社只能再进一人，根据已知条件（3），可推出这个人一定是A，而其余人员只能到围棋社工作，这是唯一的分配方案，因此D肯定是正确的。

最后我们再看看E。根据题意和已知条件（4），我们只能推出D和其他三人在曲艺社，C和其他两人在围棋社，其余人员在哪个社团根本无法再推下去，故E也是错误的。

134. 销售果汁

答题1：选A既违反已知条件（2），又违反已知条件（5）。选B违反已知条件（5）。选D、E都违反已知条件（1）。因此，应选C。

答题2：你应该立即判定：选B。因为B是违反已知条件（4）的。

答题3：选C。选A违反已知条件（2）和（5）。根据已知条件（5），选B是不行的。如果该箱含有草莓果汁，必定含有苹果果汁，再加上葡萄果汁、橘子果汁，这一箱中便会有多于三种口味的果汁。这就违反了题意和已知条件。选D、E都会产生类似于选B时出现的问题。像这样的类似题目，你可以根据已知条件（5）直接找苹果果汁，这样就可以提高做题速度。

答题4：选A，由橘子果汁、桃子果汁、葡萄果汁装成一箱符合所有的题设条件。选B和D违反已知条件（2）。选C违反已知条件（2）、（4）、（5）。选E违反已知条件（2）、（4）。

答题5：选D。根据已知条件（2），只有B和D有可能对，而B违反已知条件（5）、（1）和题设条件，故只能选D。

答题6：选A。因为根据已知条件（5），含有草莓果汁必然含有苹果果汁，又根据已知条件（4），苹果果汁与桃子果汁不能同时装在同一箱内。再根据已知条件（5），草莓果汁和桃子果汁也不能装在同一箱内。

答题7：选E。理由是：两瓶桃子果汁或再加一瓶橘子果汁，或加上一瓶苹果果汁，或加上一瓶葡萄果汁，或加上一瓶草莓果汁，都会违反题设条件。若加上一瓶橘子果汁，就需加一瓶葡萄果汁。若加上一瓶葡萄果汁，就需加一瓶橘子果汁。若加上一瓶苹果果汁，显然违反已知条件（4）。若加上一瓶草莓果汁，就该再加上一瓶苹果果汁。因此，一箱内肯定不能含有两瓶桃子果汁。

135. 成绩高低

答题1：应选B。根据已知条件（4）、（5）可排出其中四人的数学成绩好数学成绩差顺序：F、G、H、D。由此可见，如果G比H数学成绩好，那么F肯定比D数学成绩好。

答题2：应选C。由已知条件（2）、（3）和本题附加条件可知，C、D、F和E4人中，C的语文成绩最好，其次是D和F，E的语文成绩最差，而选择C中所示恰恰相反，即E的语文成绩好于C的语文成绩，所以错。

答题3：应选D。

答题4：应选C。根据已知条件（1）、（5）和本题附加条件可排出下列5人从数学成绩好到数学成绩差的顺序：B、A、X、H、D，这样我们就可以很明显地看出B数学成绩好于D，因此C对。而选项A、B、D由于条件不充分，推出结果当然也是不可靠的。

136. 公司取名

答题1：选D。因为在BOXER这个单词中已含有字母X和R，因此在第一个和第三个单词中就不能含有这两个字母，而且这两个单词中肯定只能有1个字母T，否则便会违反已知条件（2），由此看来，A、C、E都是错的。而B则违反已知条件。所以选D。

答题2：选B。这三个单词之所以不符合一个好的公司名，是因为它们违反了已知条件（3）和（4），所以要选B才能改正过来，这个公司名字的正确形式为：RAMVEXMOTHS。

答题3：选D。根据已知条件（3），最后一个单词一定要比第二个单词长，所以第二个单词只可能为3个或5个字母，不可能是7个字母。

137. 选修课程

答题1：选B。根据已知条件（1）、（3）、（4）和本题的条件，N只能选修博弈论课程和心理学课程，而不可能再选修经济学课程。

答题2：选A。此题要用排除法来完成。根据已知条件（4）和本题条件，N不能再参加经济学课程，因此，选B、C和E都是错误的。另外根据已知条件（6），可推出如果O选修了经济学课程，则L也会选修经济学，再加上K，就会有5人选修该课程，不符合本题题意，因此D也错。故只有选A才是正确的。

答题3：选E。根据已知条件和本题题意，这7个人当中，除了N，其他人均不可既选修心理学又选修经济学课程。他们要么选修心理学和博弈论课程，要么选修经济学和博弈论课程。根据已知条件（2），我们可以判断，I是后一种人。因此选E必定正确。根据已知条件（5），我们还可以看出选B是错误的。当然最明显的错误是D，它明显违反已知条件（1）。而A也错，根据已知条件（6），O也必须选修，加上N、I、M共有5人选修经济学课程，这样就违反了题设条件"经济学课程必须有3至4人一起选修"的规定，因此错。至于C有可能对，但不一定对。

138. 成绩排名

答题1：选A。根据本题题意和已知条件（1）、（2），可推出V、P、Q分别是第五名、第六名和第七名，既然Q是最后一名，那么S就一定是第一名（已知条件3），所以选A一定对。

答题2：选C。根据本题题意和已知条件（3），可知道R是第一名，则T是最后一名。我们在第一题已经知道V肯定在P和Q之前（已知条件（1）和（2））。因此，至少有三人（P、Q、T）在V之后，因而他的最差名次不会超出第四名。

答题3：选E。既然S是第二名而不是第一名，那么第一名肯定是R，最后一名肯定是T（已知条件（3））。由此可见A、B、D肯定是错的，而C违反已知条件（1），因此只有E有可能是对的。

答题4：选D。根据题意和已知条件（3），可推出R、Q、S、T分别为第一名、第五名、第六名和第七名，而A、B、C、E都与所推结论相违背，因此只有D是有可能对的。

答题5：选D。由题意和已知条件（3），可推出S、R、Q、U，分别是第一名、第二名、第五名和第七名；再由已知条件（1）和（2）可推出V和P必定分别是第三名和第四名。剩下的T只能在第六名。因此选D必定正确。

139. 星光大道

回答这一组题群，你只要掌握一个答题技巧：即根据题设条件，从总体上把握，便可以先确定：2号和3号选手，已经有3个评委淘汰（H、O、N）；1号选手已经有两个评委通过（O、N），两个评委淘汰（H、J）。知道了这些后面就好回答了。

答题1：选E。根据条件（2），每个评委至少通过一名选手。既然O淘汰2号和3号选手，因而他必然通过1号选手。

答题2：选C。因为H、N、O三位评委肯定淘汰。

答题3：选B。根据条件（3）、（4），J淘汰1号选手，O淘汰2号和3号选手，因此他们两人不可能通过同一选手。

答题4：选B。若1号选手晋级，则K、L、N通过；若2号选手晋级，则J、K、L、M通过；若3号选手晋级，则J、K、L、M通过。综上所述，3个选手中某一选手晋级，K或L都通过，故选B。

答题5：选D。因为如果M的态度跟O一样，那么2号和3号选手都必将被淘汰（条件（1）、（4）、（6））。同理选C和E都是明显错误的。选A和B也不一定对。因为肯定通过1号选手的只有3位评委，他们是M、N、O。因此1号选手可能晋级，也可能被淘汰。

答题6：选B。因为1号选手已有两人淘汰（H和J），再加上K和L（根据条件5），共4人淘汰，因此必被否定。同理选A是明显错误的。而C、D、E的结论可能是对的，也可能是错的，这要看J和M的立场如何，本题未表明他们的态度，所以我们也就无法确定2号选手或3选手是晋级还是被淘汰。

140. 杂技演员

做此题时，先根据已知条件（1）和（2）画出站人位置，这样可以更直观地解答题目。

从图中我们可以看出5个成人杂技演员分别站在最底层的四个位置和第二层中间那个位置上，其余的位置都供儿童杂技演员站立。

答题1：应选A。因为这是第二层的位置排列，所以除了中间一人是成人杂技演员外，旁边的两人应是儿童杂技演员。由此可先排除B。由本题题意"X站在V的肩膀上"可知，如果X站在第二层，那么V势必站在第一层，这样就违反了已知条件（4），因此C也错。又由本题题意"M和W肩并肩地站在同一层上"可知：M就是站在第二层中间的那一位成人杂技演员，因此D和E都错。只有V、M、N的排列符合所有条件，有可能组成第二层的排列，故选A。

答题2：应选A。由本题题意可知，Q是站在第二层中间的那位成人杂技演员；N不是站在第一层的第二个位置上，就是站在第一层的第三个位置上。但是不管N站在哪个位置上，根据答案中没有跌倒的所剩人数，可推出M站在第一层靠边的1个位置上。从答案分析的所列图形中可看出，如果M跌倒了，那么他上面的3个儿童杂技演员也同时跌倒，这样所剩人员将是3个大人和两个小孩。B、C、D、E均违反这一条，即所剩小孩人数在3个或3个以上，因此错。

答题3：应选D。从答案分析中，我们已经知道，五位儿童杂技演员分别站在第二层（2人），第三层（2人）和第四层（1人），因此如果X和Z站在第二层，那么V和W将分别站在第三层和第四层，这样第三层还有一位置可供Y站立；如果X和Z站在第三层，那么V和W将分别站在第二层和第四层，这样第二层有一位置可供Y站立，故选D。

答题4：应选E。由题设条件和本题题意可推出O是站在第二层中间的那位成人杂技演员，N、M、P站在第一层，由M将N和P隔开，因此不管Q站在第一层哪一边上，M始终站在中间的位置。即第二或第三个位置上，而N和P则有可能站在中间，也有可能站在边上。下面我们来逐个分析排除：由M所站位置可看出，如果他跌倒，那么他上面的1个成人杂技演员和4个儿童杂技演员将同时跌倒，这个结果与A的结果不符，故A错。从上面分析可知，我们不能确定N和P是站在第一层中间还是旁边，因此B和D推断的结果也就无法成立。我们已知O是站在第二层中间的那个成人杂技演员。如果他跌倒，他肩上的3个儿童杂技演员也将同时跌倒，因此C也错。而Q是站在第一层边上的成人杂技演员，如果他跌倒，那么他上面的3个儿童杂技演员也将同时跌倒，E的推断结果与这一结果相符，因此肯定正确。

答题5：应选C。假设X和Y肩并肩地站在同一层上，由于X、Y都是儿童演员，由条件（1）、（4）得知，他们只能站在第三层。又因为，W和V均是儿童，他们可以站的位置只能是第二层和第四层，这就与W站在V的肩上这一条件不符，所以，X、Y不能站在第三层。综上所述，X、Y肩并肩地站在同一层是不可能的。

答题6：应选A。由本题"W站在N和P的肩上"可推出W站在第二层，N和P站在第一层，因为二层以上不可能有两个成人杂技演员站在同一层上；再由"X站在M和V的肩上"可推出：X站在第三层，M和V站在第二层，因为V是儿童杂技演员，不可能站在第一层，否则违反已知条件（4）。本题中V和M站在同一层，那么一定是第二层，因为第二层有一个成人杂技演员，他就是M，而第三层和第四层是不可能出现成人杂技演员的。现在我们已知站在第二层上的三位杂技演员是W、M和V，其中W和V不管站在哪一边，M肯定站在他们中间，因此A肯定正确，其他选择由于条件不充分而不能推出。

答题7：应选C。由题中"N和Y站在M的肩膀上"可推出：M站在第一层，N和Y站在第二层，N是站在第二层中间的成人杂技演员；由"Z站在P和O的肩膀上"可推出：P和O站在第一层，Z站在第二层（详细分析见上题）。现在我们已知：站在第二层中间的成人杂技演员是N，Y和Z分别站在N的两旁。因此，C肯定对，其他选择则不一定。

141. 十张扑克牌

答题1：应选D。A、B和E明显违反已知条件（1）和（3）。C的排列也是错的。如果这样，根据已知条件（3），K只能统统放在第四排，这样就违反了已知条件（2）。只有D符合所有已知条件。

答题2：应选A。因为A不能放在第四排，且A数目又最多，共4张，因此这4张扑克牌必须放在前三排六个位置上。如果选B、D、E，第三排就会出现3张A，这样就违反了已知条件（2），所以错；如果选C，则明显违反了已知条件（3），所以也错；只有A符合所有条件，而且也只有这种排法才可能避免排其他扑克牌（如K）违反已知条件，故选A。

答题3：应选C。由上题我们已知，四张A应排在第二排（两张）和第三排（两张），三张K，分别排在第一排（1张）和第四排（两张）。因此我们可以直截了当地选出两张A与一张J或一张Q那个组合就行了。如果你想进一步分析其他选择的错误，你会看出：选A明显违反已知条件（3）；选B、D、E会违反已知条件（2）。

答题4：应选C。从前两题中我们已知：为了满足所有题设条件，四张A已经占去了第二排和第三排的四个位置，三张K占去了第一排和第四排的三个位置，余下可供J和Q放的位置只有第三排一个位置和第四排两个位置，本题要求两张Q放在一行内，那么只有第四排的两个空位可满足这一要求，因此选C。

答题5：应选B。为了满足已知条件（2）和（3），3张K必须分别放在第一排（1张）和第四排（两张）。其实，这一点我们在解答前几题时就已经讲得很清楚了，其他选项则不一定对。

答题6：应选C。如果第一排是一张A，根据已知条件（3），那么三张K就只好放在第四排，这样便违反了已知条件（2），故一定错。其他选项中，A和D肯定对，B和E也有可能对，详细分析可参见前几题。

答题7：应选E。五个选择中，A肯定错；B、C、D陈述的情况不是每种排列中都会出现的，只有E陈述的这种情况在每种符合条件的排列中一定如此，故选E，详细分析见答题5。

142. 打扫卫生

答题1：选D。A违反已知条件（5）和（6）；B和C违反已知条件（1）和（3）；E违反已知条件（3）和（6）；只有D符合所有条件，故选D。

答题2：选A。由题设条件（1）和本题条件可知，B在星期二打扫卫生；由已知条件（5）可知E在星期五打扫卫生；再由已知条件（3）可知A在星期三打扫卫生；最后由已知条件（2）可知，C不在星期四打扫卫生，故选A。

答题3：选C。由已知条件（2）和本题条件可知，C在星期四打扫卫生，F在星期五打扫卫生，故排除B和E；由已知条件（3）可知E在星期三打扫卫生；余下还有星期二和星期六，根据已知条件（5）可推出E不在星期五打扫卫生，B也不在星期二打扫卫生，因此B将分配在星期六打扫卫生；余下的星期二只能分配给D，故选C。

答题4：选E。由已知条件（5）与本题条件可知，E在星期五打扫卫生；再由条件（3）可知，A在星期三打扫卫生。除此之外，我们不知道其他人该在哪天打扫卫生，因此F有可能在星期一，也有可能在星期四或星期六打扫卫生。因此选E。

143. 两卷胶卷

首先根据题设条件（4）可推出：X卷照的是彩色照片，供这个候选人获胜时用；Y卷是黑白照片，供这个候选人落选时用。

答题1：应选B。由以上答案分析，我们可以立即推出B的结果，当然这是根据已知条件（1）和（4）推出的。

答题2：应选A。因为尽管Y卷中的底片只有X卷的一半（已知条件3），然而X卷中大部分底片即超过二分之一以上的底片报废无用，因此Y卷中有用的底片肯定比X卷中有用的底片多。

答题3：应选D。

144. 出国考察

答题1：应选C。此题可用排除法解：A和B违反已知条件（6）；D违反已知条件（4）；E违反已知条件（5）；只有C符合所有题设条件，故选C。此题还可用排列组合的方法来解答。根据排列组合原理，组合的种数为18种，除去条件限制不能组合的13种，能够组合的只剩下五种：

J，M，O，R，S；

K，M，N，P，R；

K，M，N，R，S；

K，N，O，R，S；

K，M，O，R，S。

这里只有C与其中的一种组合相符合，故选C。

答题2：选E。根据已知条件（4），三个学生中P和S是相排斥的，而三人中必须选出两名学生代表，因此不管是P还是S入选，R必定入选，因为P和S不可能同时入选。

答题3：选D。根据题设条件和本题条件可以推断，这个考察团的成员将由P、R、M、N和K五人组成。因为两名学生代表确定后，根据已知条件（5），可推出两名老师代表是M和N；再根据已知条件（6），可推出一名校领导代表为K。因此只有X和

Y的判断对。故选D。

答题4：选D。根据题设条件及本题题意，两个校领导中J入选后，K便不能入选，由此可推出老师中N不能入选（已知条件6）。N不能入选，O就一定入选，这样学生代表中P不能入选（已知条件5）。因此入选的五位考察团成员肯定是：J、M、O、R、S，而名单中含有K、N、P中任何一个人的那份名单均不可能正确。

答题5：选E。根据本题题意和已知条件（6），可知校领导代表为K。而老师的两名代表既可以是M和N，也可以是N和O，因为不管哪种情况都符合所有条件。因此E肯定正确。

答题6：选C。因为J被选入考察团，K就不能选入，否则违反已知条件（3）；而K不选入，N也不能选入，否则违反已知条件（6）；N不选入，O必被选入，因为老师3人中必有两人选上；既然O被选入，P便不能被选入，否则违反已知条件（5）。

145. 操场上的彩旗

答题1：应选B。因这一组中，蓝旗子与白旗子毗邻，违反已知条件（3），故错。

答题2：应选D。A违反已知条件（4）；B和E违反已知条件（1）；C违反已知条件（3）；只有D符合所有条件，故选D。

答题3：应选A。因为B违反已知条件（1）。C违反已知条件（1）和（2），而D和E都违反已知条件（1）。如果要符合所有的题设条件和本题题意，A是唯一的选择。

146. 乘出租车

答题1：你最好能一眼看穿：选A是正确的。选A，将会得到其中的一种组合：儿子、母亲、母亲；儿子、父亲、女儿；儿子、女儿、父亲。这种组合可以满足所有的题设条件。

答题2：选B。作为验证，我们将指出选A、C、D、E都是不行的。选C，显然违反已知条件（2）。选E，显然违反已知条件（3）。选D，根据题意和D的选择将会产生如下组合：吉姆、珍妮、玛丽；受已知条件（2）的限制，罗伯特不能和埃伦、苏珊同坐一辆车，那么这辆车上将是埃伦、苏珊、威廉（或托米、或丹）；而第三辆车上坐的将是罗伯特和他的两个儿子，这就违反了已知条件（3）。选A的情况类似于选D。如果选A，将会出现如下的情况：吉姆、珍妮同坐一辆出租车；埃伦、苏珊同坐一辆出租车；这样，第三辆出租车上肯定坐的是罗伯特一家人中的三个，这显然也违反了已知条件（3）。

答题3：选B。因为这样一来，四个父母辈的人分坐在两辆出租车上，第三辆出租车上坐的全是儿、女辈的人，这就违反了已知条件（2）。

答题4：选D。根据题意和条件（2），P和R的断定肯定是对的。因为，为了满足已知条件（2）和（3），吉姆家的两个孩子不能坐在同一辆出租车上，罗伯特和玛丽也不能坐在同一辆出租车上。而Q的断定有可能对，也有可能错。可能性就不能保证每种组合的绝对正确。因此除D外，其他选择都是片面的或不一定正确。

答题5：选A。由题目我们已知罗伯特家的两个男孩已经跟着吉姆下车了，因此剩下的三个孩子只能是吉姆家的两个女儿和罗伯特家的一个儿子。只有A和这个结果相符，故选A。

147. 生病的人

答题1：应选C。根据已知条件（2），L病不会有喉咙痛的症状，因此，这个病人患的肯定不是L病。

答题2：应选B。根据已知条件（3）和（4），患了T病的人不一定发皮疹，而患了Z病的病人肯定不会发皮疹，但他至少表现出头痛这种症状，我们无法判断这个病人究竟患的是哪一种病。但是有一点我们已经知道：患这种病的病人都会有头痛的症状。因此，B肯定对。

答题3：应选E。下面，我们逐项地来分析：根据已知条件（2），可推出米勒得的不是L病，因此，选A肯定错。根据已知条件（4），可推出Z病病人可能会表现出喉咙痛，也可能不会表现出喉咙痛这种症状，我们无法断定米勒得的是不是Z病。因此，选B和D都不行。根据已知条件（1），我们也可推出同样的结果，即米勒可能患的是G病，也可能患的不是G病，所以，C也不对。根据已知条件（3），可知患T病的病人肯定会表现出喉咙痛的症状，而米勒没有喉咙痛的症状，因此，他患的肯定不是T病，由此，选E肯定正确。

答题4：应选D。根据已知条件和本题题意可推出罗莎患的肯定不是G病、L病和T病，那么她患的只能是Z病。而患Z病的病人必定会头痛而又决不会发皮疹，因此判断（1）和（2）都是正确的，而判断（3）是错误的。

答题5：应选A。根据已知条件（1）和（2），可推断哈里斯患的肯定不是G病和L病，那么他患的可能是T病或Z病。根据已知条件（3）和（4），哈里斯不管患的是T病还是Z病，他都会有头痛的症状，所以，判断（1）肯定正确，而判断（2）和（3）则不一定，故选A。

答题6：应选D，根据已知条件（1），患G病的人除了发烧和头痛两种症状外，他还会发皮疹，因此，A错。根据已知条件（2），患L病的人不会头痛，因此B也错。根据已知条件（3），可知患T病的人有喉咙痛的症状，因此，C和E都错。根据已知条件（4），患Z病的人除了头痛，还伴有其他一种症状，因此这个病人患的肯定是Z病。

148. 密码的学问

答题1：选B。我们只要记住已知条件（3），就可以立即选出正确答案。

答题2：选A。由已知条件（2）、（4）、（5）可知，三个字母中K和M两个字母在这样的条件中是不可能有用场的。因此只有L一个字母可用；再根据已知条件（3），可得知这样的密码文字只有LL一种，故选A。

答题3：选C。选A违反条件（2）；选B违反条件（4）；选D违反条件（6）；选E违反条件（4）。故选C。

答题4：选B。既然条件限制在三个字母内，那么根据已知条件（2）、（4）、（5）、（6），可先排除K、M、O三个字母，因此剩下的只有LLL及MN两种。

答题5：选C。因为用O替代N后，原来的密码文字变为MMLLOKO，这样就违反了已知条件（5），故为错。

答题6：选D。遇到这种题目我们可先将这个错误的密码文字找出来，然后再看是否可根据题中所限制的条件将它改正。我们可以发现，D组中的密码文字明显违反已知条件（4），但只要将M与前三个字母NKL任一位置交换即可变成一个完全符合条件的密码文字，因此选D。

答题7：选E。让我们逐个来排除：A组中的X一定要L替换才能符合已知条件（6），但这组字母中没有L，故不行。B组中的密码文字本身就违反了已知条件（4），因此也不行。C与A同理。D中的X必须由N代替才能符合已知条件（5），而这个密码文字中没有N这个字母，因此同样不行。只有选E，才能符合所有的已知条件，故选E。

149. 两对三胞胎

从已知条件中，我们可先推出每对三胞胎都是由二男一女组成，N和Q是兄弟关系，O和R是同胞关系。明白这一点，我们在推理中可省去不少时间。

答题1：应选E。从题意分析中我们已经知道，N和Q是兄弟关系，O和R是同胞关系。M或P，可居于N和Q这一对，也可能居于O和R这一对，但是N、Q绝不可能是O、R的同胞兄弟姐妹，由此可知：R和Q不可能是同胞兄弟姐妹关系。而其他几对都有可能是同胞兄弟姐妹关系。故选E。

答题2：应选E。此题可用排除法一个一个分析：如果M和Q是同胞兄弟姐妹，那么我们可以假设M是女的，P是男的，但我们仍不知道究竟O或者R是女的，因此A错。选B也错，因为Q和R不可能是同胞兄弟姐妹（分析见答题1），因此更不能知道R是否一定是女性。如果P和Q是同胞兄弟姐妹，由此我们可以假设P是女的，M是男的，但我们还是不知道究竟O或者R是女的，因此选C也错。如果O是P的小姑，那推断的结果必定是R是男性，故选D同样错。在O是P的小叔这一条件下，我们可以推断出在M、

O、R这对三胞胎中M、O都是男性，R必定是女性。因此选E正确。

答题3：应选B。

答题4：应选A。根据题意，我们已经知道，N和Q是男性。如果Q和R结为夫妇，我们可以推断R是女的；O是男性，因此B和D肯定错，而C和E则不一定对，只有A肯定正确。

答题5：应选D。根据已知条件与本题附加条件，可推断出P、R、O三人是同胞兄弟姐妹，其中O是女的；N、Q、M三人是同胞兄弟姐妹，其中M是女的。由此我们可以看出，除D之外的其他选择都错。

150. 展厅之间的通道

技巧：你最好能画出一幅平面图，只有依照平面图对题目的要求做出直观的理解，才能在10分钟之内完成这道题。

平面图如下：

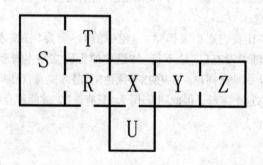

答题1：选E。从平面图上可以清楚地看出，Z不可能是从R开始进入第三个房间，要到达Z，需经过R、X、Y三个房间，也就是说，Z只能是从R直接进入的第四个房间。所以，应该选E。

答题2：选A。关掉的或是R、S之间的通道，或是R、T之间的通道，或是S、T之间的通道。

答题3：选E。Z房间只有一条通道与Y相通，故进出都需经过Y。也就是说，进出Z都要经过Y。

答题4：选C。对照平面图，你将清楚地看到只要在T、U之间开条通道，就可满足题目的要求。参观者的路线将是R–S–T–U–X–Y–Z。

151. 被偷的答案

将阿莫斯、伯特和科布三人分别设为A、B、C。

A、B、C 共上了9节课，其中B一节、C两节不是在D教授那儿上的，因此必然有一个C，BC组合，还剩下6个组合A，B，ABC，AB，AC，空（其中空不可能出现），另外从中选出三个组合，并要总节数达到6节，ABC显然是必选的，余下AB，AC中挑一个，那么A组合不可能再出现，因此这5种组合是C，BC，ABC，B，AC。所以偷答案的是B。

152. 倒班制度

根据（4）和（5），第一位和第二位实习员工在星期四休假；根据（4）和（6），第一位和第三位实习员工在星期日休假。因此，根据（3），第二位实习员工在星期日值班，第三位实习员工在星期四值班。

根据（4），第一位实习员工在星期二休假。再根据（3），第二位和第三位实习员工在星期二值班。

上述信息可以列表如下（"X"表示值班，"–"表示休假）：

星期	日	一	二	三	四	五	六
第一位	–		–		–		
第二位	X		X		–		
第三位	–		X		X		

根据（2），第二位实习员工在星期一休假，第三位实习员工在星期三休假。根据（5），第二位实习员工在星期六休假。因此，根据（1），三位实习员工在星期五同时值班。

一星期中其余三天的安排，可以按下述推理来完成。根据（2），第三位实习员工在星期六休假。根据（3），第一位实习员工在星期一、星期三和星期六值班；第二位实习员工在星期三值班；第三位实习员工在星期一值班。

153. 三位授课老师

根据条件（1），化学老师和数学老师住在一起，说明教化学的和教数学的老师不是一个人。

根据条件（3），数学老师和丙老师是一对优秀的象棋国手，说明丙不是数学老师。

根据条件（4），物理老师比生物老师年长，比乙老师又年轻，说明生物老师最年轻。

根据条件（2），甲老师是三位老师中最年轻的，所以甲老师是生物老师，且不是物理老师。

根据条件（5），三人中最年长的老师的家比其他两位老师远，住得最远的老师是乙，且不是化学老师和数学老师。

从而，我们可以得出以下答案：

老师	所教课程
甲老师	生物、数学
乙老师	语文、历史
丙老师	物理、化学

154. 英语竞赛

根据（1），小王、小李和小赵各比赛了两场；因此，从（4）得知，他们每人在每一次竞赛中至少胜了一场比赛。根据（3）和（4），小王在第一次竞赛中胜了两场比赛；于是小李和小赵在第一次竞赛中各胜了一场比赛。这样，在第一次竞赛中各场比赛的胜负情况如下：

小王胜小张 小王胜小赵（第四场）

小李胜小刘 小李负小赵（第三场）

根据（2）以及小王在第二次竞赛中至少胜一场的事实，小王必定又打败了小赵或者又打败了小张。如果小王又打败了小赵，则小赵必定又打败了小李，这与（2）矛盾。所以小王不是又打败了小赵，而是又打败了小张。这样，在第二次竞赛中各场比赛的胜负情况如下：

小王胜小张（第一场）小王负小赵（第二场）

小李负小刘（第四场）小李胜小赵（第三场）

在第二次竞赛中，只有小刘一场也没有输。因此，根据（4），小刘是第二场比赛的冠军。

注：由于输一场即被淘汰，各场比赛的顺序如上面括号内所示。

155. 大有作为

答案为：菲利普是歌手；罗伯特是大学生；鲁道夫是战士。

分析：因为根据条件B，可以知道菲利普不是大学生，而根据C也可以知道鲁道夫不是大学生，所以罗伯特是大学生。而根据A，罗伯特的年龄比战士的大，条件B中，罗伯特比菲利普的年龄小，那么，鲁道夫就应该是战士。所以菲利普是歌手。

156. 买工艺品

答题1：选D。

根据已知条件（2），不能选A。根据已知条件（4），不能选C。根据已知条件（3）和（5），不能选B。根据已知条件（6），不能选E。因此，选D。

答题2：选C。

因为根据条件（5），T必须买4号工艺品；根据条件（6），W必须买6号工艺品；根据条件（3）、（4）和（6），可以推断V将买3号工艺品，由此剩下的只能是1、5、7号三个工艺品。根据题意T、V、W三人每人两个工艺品。1、5、7号三个工艺品与3、4、6号三个工艺品配对，不可能出现1号工艺品与7号工艺品搭配的情况，故选C。

答题3：选E。

根据题意只能由S、T、W三人来买七个工艺品，而其中有一人买2号工艺品后就不可再买其他工艺品，因此，不可能只有一人买三个工艺品。由此看来A、B、C都是错的。现在我们来看D、E两个选择：根据已知条件（6），W必须买6号工艺品，由此可以推断，他不可能买2号工艺品，他必须是买三个工艺品的两人中的其中之一；而且T也不可能买三个工艺品，因为如果S买了2号工艺品，则4号工艺品只能给T，而W不能买3号工艺品，这个工艺品又得给T，这就违反了已知条件（3）。因此只有E是对的。

157. 左邻右舍

根据（1），每个人的嗜好组合必是下列组合之一：

①咖啡、狗、网球

②咖啡、猫、篮球

③茶、狗、篮球

④茶、猫、网球

⑤咖啡、狗、篮球

⑥咖啡、猫、网球

⑦茶、狗、网球

⑧茶、猫、篮球

根据（5），可以排除③和⑧。于是，根据（6），可知②是某个人的嗜好组合。接下来，根据（8），⑤和⑥可以排除。再根据（8），④和⑦不可能分别是某两人的嗜好组合；因此①必定是某个人的嗜好组合。然后根据（8），排除⑦；于是余下来的④必定是某个人的嗜好组合。

根据（1）、（3）和（4），住房居中的人符合下列情况之一：

（1）打篮球而又养狗

（2）打篮球而又喝茶

（3）养狗而又喝茶

既然这三人的嗜好组合分别是①、②和④，那么住房居中者的嗜好组合必定是①或者④，如下表所示：

（2）	（1）	（4）	（2）	（4）	（1）
咖啡	咖啡	茶	咖啡	茶	咖啡
猫	狗	猫	猫	猫	狗
篮球	网球	网球	篮球	网球	网球

根据（7），④不可能是住房居中者的嗜好组合，因此，根据（4），陈小姐的住房居中。

158. 五本参考书

很简单，按照已知的条件逐渐推理即可得到答案。

甲：1、2、3、4、5；

乙：4、5、1、2、3；

丙：5、1、4、3、2；

丁：2、3、5、1、4；

戊：3、4、2、5、1。

159. 谁得了大奖

是乙。显然如果是甲、丁、戊三人中的一个人的话，那么乙和丙就都猜对了，与题目矛盾。如果是丙的话，那么甲和乙的话就是正确的。如果是乙的话，只有丙说的话是正确的。你猜对了吗?

160. 几个人去

两个。以小杜为例，假如小杜去，那么小刘不去，小黄也不去，小冯去，小郭不去；而假如小杜不去，那么小刘去，小黄去，小冯不去，小郭不去。

161. 避暑山庄

四人的滞留时间之和是20天。

根据（1）得知，时间最长的是丁，有6天，根据（2）和（3）来看，丁虽然入住时间最长，也是从2日到7日离开的。

假设乙和丙分别滞留了4天以下，因为丁是6天以下，甲若是6天以上，就不是最短的，所以乙和丙都是5天。

根据（3）可知，丙是从1日入住到5日。如果乙是从3日入住的话，7日离开，那就与丁重合了，所以乙是从4日入住到8日。剩下的甲就是从3日到6日（滞留了4天）。

因此，甲是从3日入住6日离开的；乙是从4日入住8日离开的；丙是从1日入住5日离开的；丁是从2日入住7日离开的。

162. 名字与职业

首先列出所有情况：

张三	李四	王五	赵二	孙六
板理医师职	板理医师职	板理医师职	板理医师职	板理医师职

由（1），老板不是王五，也不是赵二。则：

张三	李四	王五	赵二	孙六
板理医师职	板理医师职	理医师职	理医师职	板理医师职

由（2），教师不是赵二，也不是张三。则：

张三	李四	王五	赵二	孙六
板理医职	板理医师职	理医师职	理医职	板理医师职

由（3），王五和孙六住在同一幢公寓，对面是公司职员的家。则：

张三	李四	王五	赵二	孙六
板理医职	板理医师职	理医师	理医职	板理医师

由（4），李四、王五和理发师经常一起出去旅游。则：

张三	李四	王五	赵二	孙六
板理医职	板医师职	医师	理医职	板理医师

由（5），张三和王五有空时，就和医生、老板打牌。则：王五→师。

张三	李四	王五	赵二	孙六
理职	板医职	师	理医职	板理医

由（6），而且，每隔10天，赵二和孙六一定要到理发店修个脸。则：

张三	李四	王五	赵二	孙六
理职	板医职	师	医职	板医

由（7），公司职员则一向自己刮胡子，从来不到理发店去；而赵二孙六去理发店。则：

张三	李四	王五	赵二	孙六
理职	板医职	师	医	板医

所以赵二→医，则：孙六→板。

张三	李四	王五	赵二	孙六
理职	职	师	医	板

所以李四→职，则：张三→理。

从而得出：

张三	李四	王五	赵二	孙六
理	职	师	医	板

163. 谁养鱼

首先确定：

房子颜色：红、黄、绿、白、蓝→Color 1、2、3、4、5

国籍：英、瑞、丹、挪、德→Nationality 1、2、3、4、5

饮料：茶、咖啡、牛奶、啤酒、开水→Drink 1、2、3、4、5

烟：PM、DH、BM、PR、混合烟→Tobacco 1、2、3、4、5

宠物：狗、鸟、马、猫、鱼→Pet 1、2、3、4、5

然后有：

由（9）→N1=挪威

由（14）→C2=蓝

由（4）→如C3=绿，C4=白，则（8）和（5）矛盾，所以C4=绿，C5=白

剩下红黄只能为C1、C3

由（1）→C3=红，N3=英国，C1=黄

由（8）→D3=牛奶

由（5）→D4=咖啡

由（7）→T1=DH

由（11）→P2=马

那么：

挪威	?	英国	?	?
黄	蓝	红	绿	白
?	?	牛奶	咖啡	?
DH	?	?	?	?
?	马	?	?	?

由（12）→啤酒只能为D2或D5，BM只能为T2或T5→D1=开水

由（3）→茶只能为D2或D5，丹麦只能为N2或N5

由（15）→T2=混合烟→BM=T5

所以剩下啤酒=D5，茶=T2→丹麦=D2

然后：

挪威	丹麦	英国	?	?
黄	蓝	红	绿	白
开水	茶	牛奶	咖啡	啤酒
DH	混合烟	?	?	BM
?	马	?	?	?

由（13）→德国=N4，PR=T4

所以，瑞典=N5，PM=T3

由（2）→狗=P5

由（6）→鸟=P3

由（10）→猫=P1

得到：

挪威	丹麦	英国	德国	瑞典
黄	蓝	红	绿	白
开水	茶	牛奶	咖啡	啤酒
DH	混合烟	PM	PR	BM
猫	马	鸟	?	狗

所以，最后剩下的鱼只能由德国人养了。

164. 谁偷了考卷

由（2）、（3）、（5）知道A、C都不可能会偷考卷。

由（1）知道A、B、C至少有1个人偷了考卷，那么一定是B。

由（4）知道只有B一人，没人与他同案。

165. 写信

不能。由（1）知：标有日期的信——用粉色纸写的；由（2）知：小王写的信——以"亲爱的"开头；由（3）知：不是小赵写的信——不用黑墨水；由（3）知：收藏的信——不能看到；由（5）知：只有一页信纸的信——标明了日期；由（6）知：不是用黑墨水写的信——做标记；由（7）知：用粉色纸写的信——收藏；由（8）知：做标记的信——只有一页信纸；由（9）知：小赵的信——不以"亲爱的"开头。

综上所知：小王写的信——不是小赵写的信——不是用黑墨水——做了标记——只有一页信纸——标明了日期——用粉色写的——收藏起来——小李不能看到。所以，小李不能看到小王写的信。

166. 副经理姓什么

副经理姓张。

过程：

由条件（1）：老陈住在天津，和条件（6）：与副经理同姓的人住在北京，可知：副经理不姓陈。

由条件（5）：副经理的邻居的工龄是副经理的3倍，和条件（2）：老张有20年工龄，因为20不是3的倍数，所以副经理的邻居不是老张，而是老孙。

回到条件（6）：与副经理同姓的人住在北京，而老孙是副经理的邻居，再由条件（3）可知，老孙住在北京和天津之间。

因此，由条件（1）和以上结论可知，老张住在北京。

再结合条件（6）可得出结论，副经理姓张。

167. 小王的老乡

赵和孙属于相同年龄档，李和周不属于相同年龄档，3位是80后，两位是90后。所以赵和孙是80后。

钱和周的职业相同，孙和李的职业不同，两位在学校工作，其他3位在工厂工作。所以钱和周在工厂工作。因此，在学校工作的90后只有小李一人了。所以小王的同乡是小李。

168. 排队

首先根据小孙没有排在最后，而且他和最后一个人之间还有两个人，可以确定小孙在倒数第四位；根据在小王的前面至少还有四个人，但他没有排在最后，可以确定小王在倒数第二；根据小李没有排在第一位，但他前后至少都有两个人，可以确定小李在第四位；根据小赵没有排在最前面，也没有排在最后，可以确定小赵在第二位；根据小吴不是最后一个人，可以确定，小吴在第一位；剩下一个小张在最后。所以他们的顺序依次是：小吴、小赵、小孙、小李、小王、小张。

169. 四兄弟

由（1）、（4）可以推出教师不是老大老二；由（5）、（6）可以推出律师也不是老大老二。所以，老三、老四是律师和教师，老大、老二是编辑和记者。再由（2）、（7）可推出律师是老四，所以教师是老三；由（3）、（6）可知，老大是编辑，老二是记者。所以得出答案：老大、老二、老三、老四四人分别是编辑、记者、教师、律师。

170. 逛商场

甲在一层逛女装店，乙在三层逛男装店，丙在二层逛内衣店，丁在四层逛童装店。

171. 满分成绩

根据（3）和（5），如果小明数学满分，那他英语也满分。根据（5），如果小明物理满分，那他英语也满分。根据（1）和（2），如果小明既不物理满分也不数学满分，那他也是英语满分。因此，无论哪一种情况，小明总是英语满分。

根据（4），如果小刚语文满分，那他也英语满分。根据（5），如果小刚物理满分，那他也英语满分。根据（1）和（2），如果小刚既不物理满分也不数学满分，那他也是英语满分。因此，无论哪一种情况，小刚总是英语满分。

于是，根据（1），小华英语没有满分。再根据（4），小华语文也没有满分。从而根据（1）和（2），小华既数学满分又物理满分。

再根据（1），小明和小刚语文都满分。于是根据（2）和（3），小明数学没有满分。从而根据（1），小刚数学满分。最后，根据（1）和（2），小明应该物理满分，而小刚物理没有得到满分。

172. 夏日的午后

解法一：可用排除法求解。

由（1）、（2）、（4）、（5）可知，爸爸、妈妈没有在乘凉，姐姐也没有在乘凉，因此乘凉的只能是弟弟；但这与（3）的结论相矛盾，所以（3）的前提肯定不成立，即爸爸应该是打电话；在（4）中姐姐既没有在看书又没有在乘凉，由前面分析，姐姐不可能在打电话，所以姐姐在洗澡，而妈妈则是在看书。

解法二：我们可以画出4×4的矩阵，然后消元。

	爸爸	妈妈	姐姐	弟弟
乘凉	－	－	－	＋
洗澡	－	－	＋	－
打电话	＋	－	－	－
看书	－	＋	－	－

注意：每行每列只能取一个，一旦取定，同行同列都要涂掉。我们用"－"表示某人对应的此项被涂掉，"＋"表示某人在做这件事。

1. 根据题目中的（1）、（2）、（4）、（5）我们可以在上述矩阵中涂掉相应项，用"－"表示（可知弟弟在乘凉，妈妈是在看书）。

2. 题目中的解为爸爸≠"打电话"，则弟弟≠"乘凉"；那么其逆否命题为：若弟弟＝"乘凉"，则爸爸＝"打电话"。由（1）可知，爸爸应该是"打电话"，所以在"打电话"的对应项处画上"＋"。

3. 现在观察1、2所得矩阵情况，考察爸爸、妈妈、姐姐、弟弟各列的纵向情况，可是在"洗澡"一项所对应的行中，只能在相应的姐姐处画"＋"，即姐姐在洗澡。

至此，此矩阵完成。我们可由此得出判断。

173. 谁中了状元

如果张三中了状元，那么根据（2），他的进士成绩就是满分；而根据（8），他的明经成绩就没有满分。如果张三没有中状元，那么根据（7），他的明经成绩就没有满分；而根据（8），他的进士成绩就是满分。

如果李四中了状元，那么根据（4），他的明经成绩就是满分；而根据（8），他的进士成绩就不是满分。如果李四没有中状元，那么根据（3），他的进士成绩就不是满分；而根据（8），他的明经成绩就是满分。

如果王五中了状元，那么根据（6），他的明经成绩就是满分；而根据（8），他的进士成绩就不是满分。如果王五没有中状元，那么根据（5），他的明经成绩就不是满分，而根据（8），他的进士成绩就是满分。

现在可以得到下表：

如果	那么他获得满分的科目为
张三中了状元	进士
张三没有中状元	进士
李四中了状元	明经
李四没有中状元	明经
王五中了状元	明经
王五没有中状元	进士

张三不可能中状元，否则张三和王五的进士成绩就都是满分，从而与（7）发生矛盾。

王五也不可能中状元，否则李四和王五的明经成绩就都是满分，从而与（7）发生矛盾。

如果李四中了状元，那他倒是唯一明经成绩满分的人，与（7）相符合，他也是唯一进士没有满分的同学，与（8）相符。因此，李四中了状元。

174. 排名次

假设：（1）、（2）是真实的。

那么：（3）、（4）、（5）、（6）、（7）是假的。

因为：

E是第二名或第三名，C比E高四个名次，A比B高，B比G低两个名次。

B是第一名，D比E低3个名次，A比F高6个名次。

（1）和（2）冲突，（3）和（5）冲突，（4）和（5）冲突，（5）和（7）冲突。

得出：（5）是真实的，（1）和（2）至少一个是真实的。

假设：（1）、（5）是真实的。

那么：（2）、（3）、（4）、（6）、（7）是假的。

因为：E是第二名或第三名，C比E高四个名次，A比B高，B比G低两个名次。

B不是第一名，D比E低3个名次，A比F高6个名次。

（1）和（2）冲突。

得出：排除（1）是真实的可能性。

假设：（2）和（5）是真实的。

那么：（1）、（3）、（4）、（6）、（7）是假的。

因为：E没有得第二名或第三名，C没有比E高四个名次，A比B高，B比G低两个名次，B不是第一名，D比E低3个名次，A比F高6个名次。

（2）和（1）、（6）冲突。

得出：（2）也不可能是真实的。

假设：（3）和（5）是真实的。

那么：（1）、（2）、（4）、（6）、（7）是假的。

因为：E没有得第二名或第三名，C比E高四个名次，A比B高，B比G低两个名次，B不是第一名，D比E低3个名次，A比F高6个名次。

（2）和（6）冲突。

得出：（3）也不是真实的，（6）才是真实的。

假设：（5）和（6）是真实的。

那么：（1）、（2）、（3）、（4）、（7）是假的。

因为：E没有得第二名或第三名，C比E高四个名次，A比B高，B比G低两个名次，B不是第一名，D没有比E低三个名次，A比F高6个名次。

得出：A、C、G、D、B、E、F。

与所给命题没有冲突。

综上：七人的名次分别为A、C、G、D、B、E、F。

175. 谁偷了珠宝

是甲和丁。

因为如果乙去了，那么甲肯定没去，而丁也没去。又说是两个人合伙作案，那么丙一定去了，但是根据（3），丁一定会去，矛盾。所以乙没有去展厅。那么甲去了，丁也去了。所以作案的是甲和丁两人。

176. 什么关系

从（1）、（2）和（3）说的话入手：

（1）说B是我父亲的兄弟，（2）说E是我的岳母，（3）说C是我女婿的兄弟。说明B和C是兄弟关系，B是E的女婿。那么（2）是B，（3）是E。（4）说A是我兄弟的妻子。

B已经说过话，说明第（4）句是C说的，A是B的妻子。那么关系很明确了：

岳母E

女儿A

女婿B

女婿兄弟C

（1）说B是我父亲的兄弟，说明（1）是C的子女，女婿兄弟的子女D。

177. 政府要员

是D先生。

四个人的座次如下图所示：

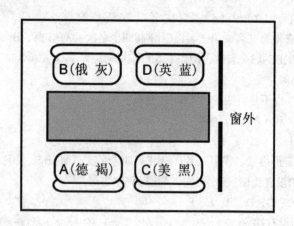

178. 考试成绩

首先可以确定G在第四位。

				G				

因为B、C、D三人中B最高，D最低，但不是第八名，C应该小于第七名。F的名次为A、C名次的平均数，且B、C、D中，C在中间，所以C前面至少有A、B、F三个，也就是说C的位置只能在第五或者第六。假设C在第六，D只能在第七；F比E高四个名次，只能F在第一，E在第五；这与F为A、C平均数矛盾。所以C只能在第五位。F是A、C的平均数，则F在第三位，A在第一位；F比E高四个名次，E在第七位；D不在最后，D在第六位；B在第二位，最后剩下H在最后。

所以名次顺序为：A、B、F、G、C、D、E、H。

179. 最后一名

"丙没有获得第一名"，"戊比丁高了两个名次"，丁不是第一名；"甲不是第一名"，"丙比乙高了一个名次"，乙不是第一名。这样第一名就只能是戊，丁是第三名。

"丙比乙高了一个名次",两人名次连续,只能是第四第五名了。剩下甲就是第二名了。

所以,丁是明明。

180. 谁被雇用了

在以下各表中,A代表甲,B代表乙,C代表丙,D代表丁,G代表研究生学历,W代表至少两年的工作经验,V代表会用office软件,R代表有符合要求的证书,X代表满足要求,O代表不满足要求。

根据(4)和(5)可以得到下面的结果。

	A	B	C	D
G				
W				
V		X	X	
R				X

接着,根据(2)和(3),得到下列填好了一部分的四张表。

I

	A	B	C	D
G	X	X		
W			X	X
V		X	X	
R				X

II

	A	B	C	D
G	X	X		
W			O	O
V		X	X	
R				X

Ⅲ

	A	B	C	D
G	O	O		
W			X	X
V		X	X	
R				X

Ⅳ

	A	B	C	D
G	O	O		
W			O	O
V		X	X	
R				X

在Ⅳ中，没人能同时满足G和W这两项要求；所以根据（1），把表Ⅳ排除。

根据（1），可在表Ⅰ、Ⅱ和Ⅲ中填上一些O，从而得到：

Ⅰ

	A	B	C	D
G	X	X	O	
W		O	X	X
V	O	X	X	O
R			O	X

Ⅱ

	A	B	C	D
G	X	X	O	
W			O	O
V	O	X	X	
R				X

Ⅲ

	A	B	C	D
G	O	O		
W		O	X	X
V		X	X	O
R			O	X

还是根据（1），在表Ⅰ、Ⅱ和Ⅲ中，都可以各填上一个X，其余的位置填O，从而得到：

Ⅰ

	A	B	C	D
G	X	X	O	O
W	X	O	X	X
V	O	X	X	O
R	O	X	O	X

Ⅱ

	A	B	C	D
G	X	X	O	O
W	O	X	O	O
V	O	X	X	O
R	O	X	O	X

Ⅲ

	A	B	C	D
G	O	O	X	
W		O	X	X
V		X	X	O
R			O	X

根据（1），在表Ⅲ中没人能同时满足G和V这两项要求，所以把表Ⅲ排除。

Ⅰ

	A	B	C	D
G	X	X	O	O
W	X	O	X	X
V	O	X	X	O
R	O	X	O	X

Ⅱ

	A	B	C	D
G	X	X	O	O
W	O	X	O	O
V	O	X	X	O
R	O	X	O	X

至此，已可看出，只有乙能比其他三人满足更多的要求，所以被雇用的是乙。

181. 电话线路

首先可以确定的是：E镇与A镇之间有电话线路，因为A镇同其他5个小镇都有电话线路，那当然包括E镇在内了。

其余的是哪两个小镇呢?我们从B、C两个小镇开始推理。

设：B、C两个小镇之间没有电话线路。那么，B、C两镇必然分别可以同A、D、E、F四个小镇通电话；如果B、C两镇分别同A、D、E、F四个小镇通电话，那么，只有三条电话线路的D、E、F三个镇就只能分别同A、B、C三个镇通电话。如果是这样，那么，在D、E、F之间是不能通电话的。但是，已知D镇与F镇之间有电话线路，因此，B、C之间没有电话线路的假设是不能成立的。换句话说，B、C两小镇之间有电话线路。

那么，有4条线路的B镇和C镇又可以同哪些小镇通电话呢?

从以上的推理中得知：B镇、C镇分别同A镇有电话线路，而它们相互之间又有电话线路。另外的两条线路是通向哪里的呢?假设：B镇的另外两条线路1条通D镇，1条通F镇；C镇的电话线路也是1条通D镇，1条通F镇。如果这个假设成立，那么D镇、F镇就将各有4条线路通往其他小镇。但是，我们知道，D、F两镇都只同3个小镇有电话联系，所以，上述假设不能成立。

假设：B、C两镇同D、F镇之间都没有电话线路。如果这个假设成立，那么，B、C两镇就只有3条线路同其他小镇联系，这又不符合B、C各有4条电话线路的已知条件。所以，以上的假设也不成立。从以上的分析只能推出B、C两镇各有1条电话线路通向E镇。B镇的另一条线路或者通向D镇，或者通向F镇，C镇的另外一条线路或者通向D镇，或者通向F镇。而对于E镇来说，它肯定可以同A、B、C三个小镇通电话。

182. 教职员工

由于教授和讲师的总数是16名，从（1）和（4）得知：讲师至少有9名，男教授最多是6名。于是，按照（2），男讲师必定不到6名。

根据（3），女讲师少于男讲师，所以男讲师必定超过4名。

根据上述推断，男讲师多于4名少于6名，故男讲师必定正好是5名。

于是，讲师必定不超过9名，从而正好是9名，包括5名男性和4名女性，于是男教授则不能少于6名。这样，必定只有1名女教授，使得总数为16名。

如果把一名男教授排除在外，则与（2）矛盾；把一名男讲师排除在外，则与（3）矛盾；把一名女教授排除在外，则与（4）矛盾；把一名女讲师排除，则与任何一条都不矛盾。因此，说话的人是一位女讲师。

183. 六名运动员

从A、B中至少去一人，那么可能有的情况：A去B不去，A不去B去或者A、B都去。

如果A去B不去，那么"A、D不能一起去"，则D不能去，同时"B、C都去或都不去"，则C不去，"C、D中去一人"就不成立。与题目矛盾。

如果A不去B去，那么C也会去，D就不会去，E也就不去，如果A、E都不去，那么A、E、F中最多只能有一个人F去。与题目矛盾。

所以A、B都去，那么C也会去，D不去，E也不去，所以A、E、F中就是A和F两个人去。所以去的人是：A、B、C、F。

184. 相识纪念日

根据（1）和（2），杰瑞第一次去健身俱乐部的日子必定是以下二者之一：

A. 汤姆第一次去健身俱乐部那天的第二天。

B. 汤姆第一次去健身俱乐部那天的前六天。

如果A是实际情况，那么根据（1）和（2），汤姆和杰瑞第二次去健身俱乐部便是在同一天，而且在20天后又是同一天去健身俱乐部。根据（3），他们再次都去健身俱乐部的那天必须是在二月份。可是，汤姆和杰瑞第一次去健身俱乐部的日子最晚也只能分别是一月份的第六天和第七天；在这种情况下，他们在一月份必定有两次是同一天去健身俱乐部：1月11日和1月31日。因此A不是实际情况，而B是实际情况。

在情况B下，一月份的第一个星期二不能迟于1月1日，否则随后的那个星期一将是一月份的第二个星期一。因此，杰瑞是1月1日开始去健身俱乐部的，而汤姆是1月7日开始去的。于是根据（1）和（2），他们两人在一月份去健身俱乐部的日期分别为：

杰瑞：1日，5日，9日，13日，17日，21日，25日，29日；

汤姆：7日，12日，17日，22日，27日。

因此，汤姆和杰瑞相遇于1月17日。

185. 点餐

只要画个简易的图就可以知道他们的位置关系，桌子一边三人为赵、钱、孙，另一边为李、周、吴。再看六个人分别点了什么东西，就能够知道答案：吴点了红烧牛肉。

186. 参加舞会

4对订婚的，2对结婚的。

单独男士2个独身、2个结婚。

单独女士3人。

女士中人数最多的是订婚的。

所以B属于订婚的。

187. 分别是哪国人

A是意大利人，B是俄罗斯人，C是英国人，D是德国人，E是法国人，F是美国人。

分析：由（3）知道C不是德国人，由（5）知道C不是意大利人，由（6）知道C不是美国人也不是法国人。又因为C是技师，而根据（2）知道C不是俄罗斯人，所以C是英国人。根据（1）知道A不是美国人，根据（2）和（3）知道A不是俄罗斯人也不是德国人。根据（5）知道A不是法国人，所以A就应该是意大利人。根据（6）知道B不是美国人也不是法国人，根据（4）知道B不是德国人，所以B应该是俄罗斯人。根据（1）、（2）、（3）知道E不是美国人也不是德国人，那E就应该是法国人。根据（4）知道F不是德国人，所以F应该是美国人。最后，D就是德国人。

188. 杀手的外号

飞鹰。

分析：从（1）、（5）和（6）情报得知，杀手E就是在这些情报中均未提及外号的某人，换言之，从杀手A到杀手D都不是此人。根据上述这个关键和（4）和（5）项情报做推敲，我们可以知道：杀手A就是"雪豹"。再从这个关键和（2）项情报做推敲，我们便可以知道：杀手D就是"丁香"。

然后，再根据这个关键和（3）项情报做推敲，我们又可以知道：杀手C其实就是"白猴"。知道A、C、D三名杀手的绰号之后，剩下的杀手B无疑就是"飞鹰"了。

189. 兄弟姐妹

首先可以确定的是老三是女的，老六也是女的。因为老二有一个哥哥，所以老大是男的，也就是说女的应该有3个。由（3）可知，老二也是男的。因为老四有两个弟弟，所以老五、老六、老七中只有老六是女的。所以老四只能是女的。

因此，老大、老二、老五、老七为男性；老三、老四、老六为女性。

190. 春游

小赵、小钱、小孙、小吴去了，小李、小周没去。

分析：首先，小钱去的话，小孙也一定去，因此小李就不去，所以小赵也去。又因为小李不去，所以小周也不去，而小赵、小周、小吴中有两人去，所以只能是小赵、小吴了，小赵、小钱至少有一人去，而小赵、小钱都去了，所以最后答案应该是小赵、小钱、小孙、小吴。

191. 分别教什么课

李老师教历史和体育，向老师教英语和生物，崔老师教数学和物理。

192. 彩旗的排列

顺序依次是：紫，蓝，黄，银，红，黑，绿，白。
（1）银色旗子离紫色旗子较近；
（2）红色旗子与白色旗子隔两面旗子；
（3）蓝色旗子在紫色旗子边上；
（4）黄色旗子在银色旗子与蓝色旗子之间。

193. 谁拿了我的雨伞

由已知条件可知：
甲拿走的雨伞只可能是丙或戊的。

乙拿走的雨伞只可能是甲或戊的。

丙拿走的雨伞只可能是甲或丁的。

丁拿走的雨伞只可能是甲或乙的。

戊拿走的雨伞只可能是乙或丙的。

假设甲拿走的是丙的，那么戊拿走的只能是乙的，丁拿走的只能是甲的，丙拿走丁的，乙拿走戊的。这样，乙和戊就相互拿了雨伞，与条件不符。

所以甲只有拿走了戊的，乙拿走了甲的，丙拿走了丁的，丁拿走了乙的，戊拿走了丙的。这样才符合条件。

194. 亲戚关系

（1）是丁讲的；（2）是乙讲的；（3）是戊讲的；（4）是丙讲的。其中乙和丙是兄弟；甲是乙的妻子；戊是甲的父亲；丁是丙的儿子或女儿。

195. 选修课程

甲选修了数学，语文，化学，历史；乙选修了语文，物理，英语，化学；丙选修了数学，物理，英语，历史。

196. 卖肉

1. 有8人只买了猪肉。

2. 有2人三样都买了。

3. 一共有35个顾客。

4. 有10人只买了两样。

5. 有11人买了鸡肉。

197. 袋子里的货物

1.薯片，2.牛奶，3.饼干，4.苹果，5.果汁，6.面包，7.蛋糕。

198. 出差补助

因为4日是星期六，所以这个月中，5日、12日、19日、26日这四天都是星期日。又因为在接下来的四个星期中每个星期都出差一次，所以得到的补助应该是这四个数分别加上星期数。也就是说，他这个月可以领到的出差补助为：4+5+12+19+26+3+4+5+5=83元。

199. 连续自然数

首先我们知道这四个自然数里不可能有10，因为如果有10的话，结果的最后一位应该是0；其次，这四个自然数不能比10大，因为那样，最小的结果也要比 $10 \times 10 \times 10 \times 10 = 10000$ 大；再次，这四个数不能有5，因为如果有5，那么乘以紧挨着5的那个自然数，结果最后一位肯定是0。综上所述，这四个自然数只可能是1，2，3，4或者6，7，8，9。经过检验，发现 $1 \times 2 \times 3 \times 4 = 24$，而 $6 \times 7 \times 8 \times 9$ 恰好等于3024。所以这四个连续的自然数为6，7，8，9。

200. 公交路线

因为小明从东站到西站，每隔3分钟会遇到一辆从西站到东站的车。也就是说从小明遇到一辆从西站到东站的车，到他遇到第二辆从西站到东站的车这段时间是3分钟，自己乘坐的车也开了3分钟，所以两辆车的发车间隔就是3+3=6分钟。

201. 沙漏计时

首先把两个沙漏同时翻转开始计时，7分钟的沙漏漏完把它翻转过来，这时是7分钟；然后到第10分钟的时候，10分钟的沙漏漏完，也翻转过来。等7分钟的沙漏漏完后，此时为14分钟，而且10分钟的沙漏漏下去4分钟的沙子。把10分钟的沙漏翻转过来，直到漏完，就是18分钟了。

202. 奇怪的等式

1=14
2=6
3=10
4=4
5=6

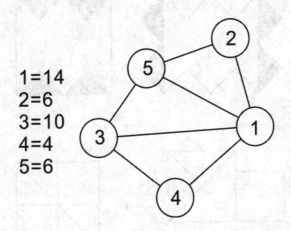

203. 分成六份

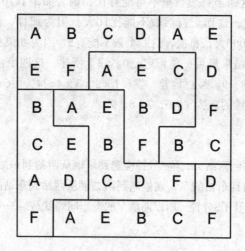

204. 展开图

选择A。

大家可以自己用纸片做做实验。

205. 拼正方形（1）

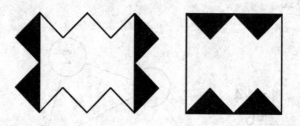

206. 拼正方形（2）

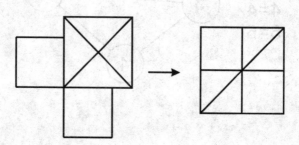

207. 拼正方形（3）

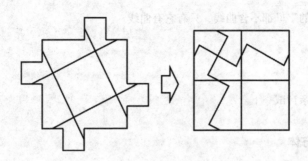

208. 一变二

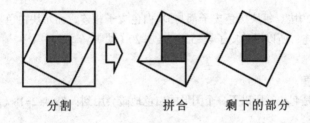

分割　　　　　　　　拼合　　　剩下的部分

209. 展开图

选C。观察三角与小长方形的角度，只有C符合。

210. 多米诺骨牌

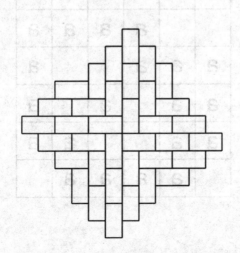

211. 找不同

字母C。

因为其他的字母都不含曲线，只有它有曲线。

212. 剪纸

选择C。

大家可以亲自试一下。

213. 拼成立方体

只有B可以。

214. 足球

白色皮子20块。每块黑色皮子都与5块白色皮子相连，而每块白色皮子又都与五块黑色皮子相连，所以白色皮子数=$5 \times 12 \div 3 = 20$（块）。

215. 铺人行道

它的规律是4^N+2。所以下一个图形中白色地砖会用到：$4 \times 4 + 2 = 18$（块）。

216. 划去字母

a		a	a	a
		a	a	a	a
a	a	a		a
a	a		a		a
a	a			a	a
	a	a	a	a

217. 错误的图形

第一个图形画错了。

218. 折叠立方体

选择C。

根据各面图案及角度判断，如果还是无法判断，可以自己做个立方体折一下。

219. 消防设备

放在1号和6号仓库即可。

220. 不同的图形

选择三角形，因为只有它是左右对称，其他的既左右对称又中心对称。

221. 圈羊

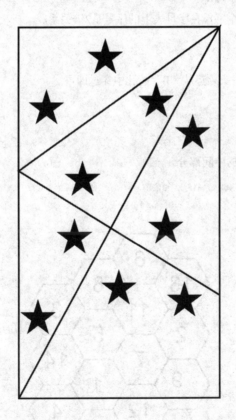

222. 面积大小

B和D两幅图中灰色和白色部分的面积相等，另外两幅图都不相等。

223. 逻辑关系

按照字母表的顺序，火柴根部的字母向火柴头处前进，前进的位置有几个火柴头指着，这个字母就前进几步。例如从M到O的位置，因为O处有两个火柴头指着，所以字母M应该前进2步，变成O。而R到问号处，需要前进4步，这样就变成了V。

所以问号处应该是字母V。

224. 剪纸带

这个图形剪开后得到的是一个长方形的环，你可以试试看。

225. 六角形

问号处应该填入字母R。

规律为相对的两个字母在字母表上的序号是2倍关系。

226. 取出"B"

只要把"C"的一头顺势从"B"的孔中穿过即可。

227. 剪纸

选择C。

剪去的是每条边的中间部分。

228. 排列数字

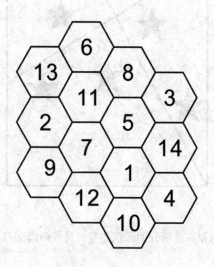

229. 挪球

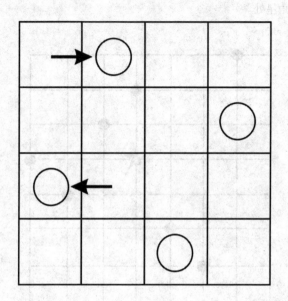

230. 正十二面体

如下图所示，按照序号的顺序走即可。

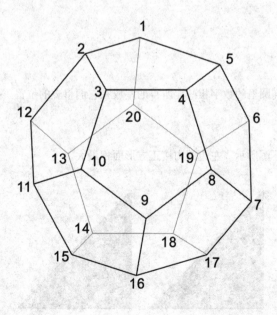

231. 聚会地点

应该定在五角星处。

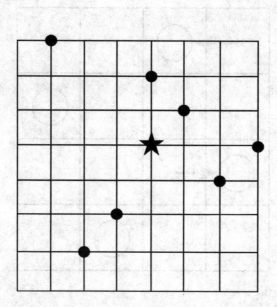

232. 玻璃杯

八杯。

233. 数字圆圈

数字4。

相邻的两个椭圆里的数字相减，所得的差放在它们重叠的位置。

234. 内接正方形

有两种，如下图所示。左边的内接正方形面积最大。

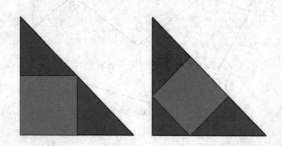

235. 移到一端

用两只手指堵住U形管的两个口，然后翻转过来，让两个乒乓球到一面去，然后顺势再翻转回来即可。

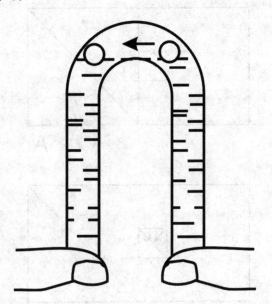

236. 含星星的正方形

1×1的正方形有2个；2×2的正方形有5个，3×3的正方形有2个，所以含有星星的正方形一共有9个。

237. 栽树

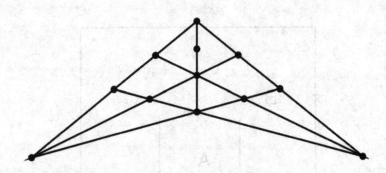

238. 笔不离纸

先把白纸的一个角沿45度折起来，然后如A图所示，画出三条边，然后打开折叠的纸片，这样在白纸上只剩下两条平行的直线了。然后继续画剩下的线条，就可以笔不离纸画出这个图形了如图B所示。

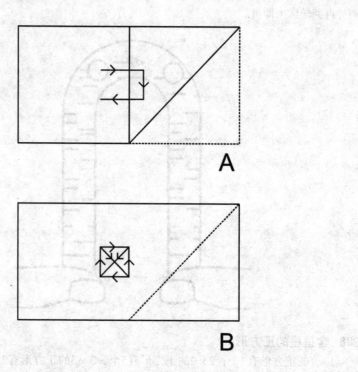

239. 折纸

　　首先按下面的图示剪开，然后把A部分向上折叠，竖立起来。接着保持C部分贴在桌子上不动，把B部分沿虚线翻转180度，使其背面朝上，就折成了这个看似不可能的图形。

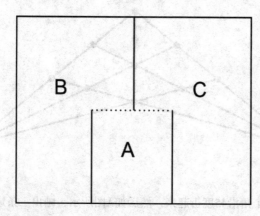

240. 按要求填字母

首先，可以知道K的位置；由（1）可以推出，A只可能在3、5、8、12中；由（7）可推出，M不在14中，所以A不在12中，也不在5中；由（2）可推出，F不在1中，所以A不在3中，这样A只能在8中；从而确定F在5中，M在11中；这样，14中一定是E；由（3）可以推出，H可能在1或2中；由（2）可知，H只能在2中，D在4中，B在9中；再由（2）可知，C在1中；由（4）可知，N在3中，I在13中；最后，由（8）可知，G在12中，L在10中，剩下的J在6中。

241. 填空

E	D	C	A	B
B	A	E	D	C
D	B	A	C	E
A	C	B	E	D
C	E	D	B	A

242. 路径

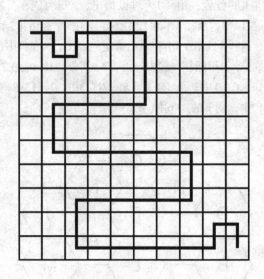

243. 填字母

	A		C	B
B	C		A	
A		B		C
		C	B	A
C	B	A		

244. 周长

周长最长的是D。因为只有D中的小正方形之间相互接触的面最少（除了两端的正方形都是2个），而其他的图形中都含有接触面为3或者4的小正方形。

245. 栽树（1）

246. 栽树（2）

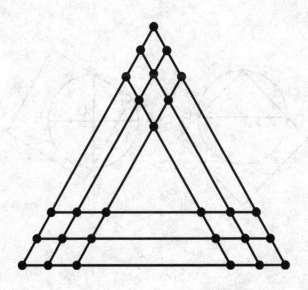

247. 叠纸片

至少需要5张。

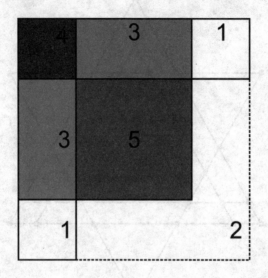

248. 找圆心

如下图所示，将纸板的一个角对准圆边上的任意一点，然后两条直角边分别与圆相交成A、B，这样AB即为圆的直径。同样可以找出另外一条直径。任意两条直径的交点处即为圆心。

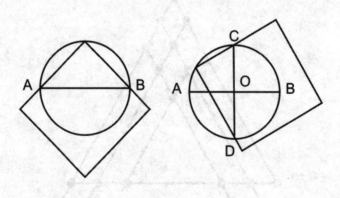

249. 填数字

6	4 < 5	7	3 > 2	1
7	5	2	3	1	4 < 6
2	6	7	4	5 > 1	3
3	1	4	5 > 2	6	7
5	3	6 > 1	4	7	2
1	7	3	2	6 > 5	4
4	2	1	6 < 7	3	5

250. 搭桥

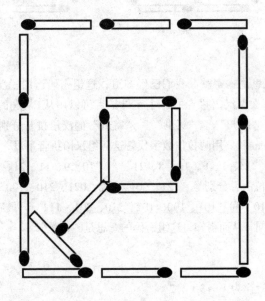

251. 没有正方形

拿走9根。

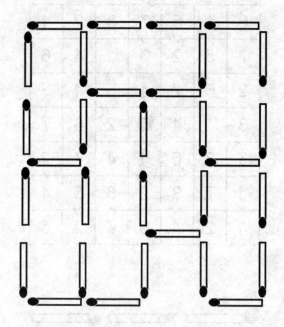

252. 中尉身上的密码

这组密码的意思是：寄款。我们已经知道，这组密码运用了汉语拼音的规律和"三进位制"。那么，汉语拼音的26个字母是否可以用从1～26的阿拉伯数字来代替呢？不妨试试："盼归"、"买书"、"寄款"的汉语拼音分别是"panggui"、"maishu"、"jikuan"。用阿拉伯数字代替这三组汉语拼音字母，分别是"16、1、14、7、21、9"，"13、1、9、19、8、21"，"10、9、11、21、1、14"。再把这三组数字换成三进位制，分别是"121、001、112、021、210、100"，"111、001、100、201、022、210"和"101、100、102、210、001、112"。最后一组数字与题目所给的一组密码相同，从而得知，这组密码的意思是"寄款"。

253. 找规律

（1）填122，规律为（n+3）×2

（2）填132，规律为（n-7）×3

（3）填19，规律为2n-3

n均为前一个数字。

254. 接铁链

把四个铁环的链子上的每个铁环都切开，然后用切开的铁环分别把剩下的五条链子连在一起即可。所以最少需要切开四个铁环。

255. 圈出的款额

运用（2）和（3），经过反复试验，可以发现，只有四对硬币组能满足这样的要求：一对中的两组硬币各为四枚，总价值相等，但彼此间没有一枚硬币面值相同。各对中每组硬币的总价值分别为：40美分、80美分、125美分和130美分。具体情况如下（S代表1美元，H代表50美分，Q代表25美分，D代表10美分，N代表5美分的硬币）：

DDDD　　DDDH　　QQQH　　DDDS

QNNN　　QNQQ　　NDDS　　QNHH

运用（1）和（4），可以看出，只有30美分和100美分能够分别从两对硬币组中付出而不用找零。但是，在标价单中没有100。因此，圈出的款额必定是30。

256. 手心的名字

是B的名字。

很明显，因为A说：是C的名字；C说：不是我的名字。这两个判断是矛盾的。

所以A与C两人之中必定有一个是正确的，一个是错误的。

因为如果A正确的话，那么B也是正确的，与老师说的"只有一人猜对了"矛盾。

所以A必是错误的。

这样，只有C是正确的。不是C的名字。

因为老师说"只有一人猜对了"，那么说明其他三个判断都是错误的。

我们来看B的判断，B说：不是我的名字。而B的判断又是错的，那么他的相反判断就是正确的，就是B的名字。

所以老师手上写的是B的名字。

257. 合租的三家人

老王、李平和美美是一家；老张、杜丽和丹丹是一家；老李、丁香和壮壮是一家。

因为老王的女儿不叫丹丹，那他的女儿一定是美美。又因为老张和李平家的孩子都参加了女子篮球队，说明老张和李平不是一家，而且两家都有女儿。所以老王和李平、美美一家；因为老李和杜丽不是一家的，那么老张和杜丽、丹丹一家，剩下的老李、丁香和壮壮就是一家了。

258. 每个人的课程

	音乐	体育	美术
甲	2	4	3
乙	1	5	2
丙	5	3	4
丁	4	1	5
戊	3	2	1

259. 首饰的价值

这5件首饰的价值由大到小的排列为：A、B、E、D、C。

设其中一个首饰的价值为x，其余的都以x表示，即可比较出价值的大小关系。

260. 谁的工资最高

小王最高。我们根据经理的话可以得到下面三个不等式：

①小王+小李＞小赵+小刘；

②小王+小赵＞小李+小刘；

③小王+小刘＞小赵+小李。

由①+②可推知小王＞小刘，由①+③可推知小王＞小赵，由②+③可推知，小王＞小李。

所以，小王的工资最高。

261. 血亲

有4个。

262. 谁是犯人

罪犯是亚洲人。可以采用假设的方法推理。

263. 汽车的牌子

如果罗伯特买的是奔驰，那第三句也是对的，所以罗伯特买的不是奔驰，故排除了B、C。

根据选项，可以确定欧文买的是奔驰，也就是说第三句话猜对了，所以前两句话都是错的，所以叶赛宁买的是皇冠。所以选A。

264. 消失的扑克牌

原来，第二次出现的牌，虽然看上去和第一次的很相似——都是从J到K，但花色却都不一样。也就是说，第一次出现的六张牌，第二次都不会再出现。不论你选哪一张牌，结果都是一样的。

但是我们为什么会上当呢？因为我们死死地注意其中的一张牌，你的注意力只集中在这一张上面，当然就只看到"它""没有了"。什么"默想"，什么"看着我的眼睛"，都是烟雾和花招。实质就是这么简单。

265. 谁是罪犯

问题（1）选A，问题（2）选B。

266.谁是盗窃犯

不管A是盗窃犯或不是盗窃犯，他都会说自己"不是盗窃犯"。

如果A是盗窃犯，那么A是说假话的，这样他必然说自己"不是盗窃犯"。

如果A不是盗窃犯，那么A是说真话的，这样他也必然说自己"不是盗窃犯"。

在这种情况下，B如实地转述了A的话，所以B是说真话的，因而他不是盗窃犯。C有意地错述了A的话，所以C是说假话的，因而C是盗窃犯。至于A是不是盗窃犯是不能确定的。

267. 女朋友

如果汤姆的女朋友是蕾切尔，那么第三句也肯定是对的。所以汤姆的女朋友一定不是蕾切尔，排除A、B选项。根据C、D选项，罗斯的女朋友是蕾切尔，这样第三句话是错的，第一句话也是错的，那么第二句就一定是正确的。所以托尼的女朋友是莫妮卡。选D。

268. 自杀还是谋杀

分别假定陈述（1）、陈述（2）和陈述（3）为谎言，则麦当娜的死亡原因如下：

陈述（1）如果为谎言，则为谋杀，但不是乙干的；

陈述（2）如果为谎言，则为乙谋杀；

陈述（3）如果为谎言，则为意外事故。

以上显示，没有两个陈述能同时为谎言。因此，要么没有人说谎，要么只有一人说了谎。

根据警探所说，不能只是一个人说谎。因此，没有人说谎。

因为没有人说谎，所以既不是谋杀也不是意外事故。因此，麦当娜死于自杀。

注：虽然警探所说是真话，但（1）和（2）也都是真话，麦当娜居然是死于自杀，这似乎有点奇怪。存在这种情况的理由是：当一个陈述中的假设不成立的时候，不论其结论是正确还是错误，这个陈述作为一个整体还是正确的。

269. 女子比赛结果

选D。甲和丙的预测相矛盾，其中必有一真，这样，丁和乙都预测错误，也就是说辽宁队前三名不只拿了一个、辽宁队和山东队都没拿到第一名，这样可知前三名顺序是：河北、辽宁、辽宁。

270. 篮球比赛

A、B、C、D四个班

列个表，假设A的最差情况，Win1 Lose2

	A	B	C	D
Win	1	X	X	X
Lose	2	X	X	X

填写这些X位置的数字，须遵守以下规则，每横行之和为6，每竖列之和为3。

有以下两种情况：

（1）

	A	B	C	D
Win	1	3	2	0
Lose	2	0	1	3

（2）

	A	B	C	D
Win	1	2	1	2
Lose	2	1	2	1

所以能保证附加赛前不被淘汰，但不能保证出线。

271. 怀疑丈夫

设a为8点时参加聚会的人分成的组数，则根据（1），这时参加聚会的共有5a位。设b为9点时参加聚会的人分成的组数，则根据（2），这时参加聚会的共有4b位，而且5a+2=4b。设c为10点时参加聚会的人分成的组数，则根据（3），这时参加聚会的共有3c位，而且4b+2=3c。设d为11点时参加聚会的人分成的组数，则根据（4），这时参加聚会的共有2d位，而且3c+2=2d。经过反复试验，得出在第一个和第二个方程中a、b和c的可能值如下（根据1，a不能大于20）。5a+2=4b，4b+2=3c。b在两个方程中必须有相同的值，所以b=13。于是a=10，c=18。因为c=18，所以从第三个方程得：d=28。因此，参加聚会的人数，8点时是50人，9点时是52人，10点时是54人，11点时是56人。根据（1）、（5）和（6），如果是赵丽丽按原来打算在她丈夫到达之后一小时到达，则8点时参加聚会的人数就会是49人。根据（2）、（5）和（6），如果是李师师按原来打算在她丈夫之后一小时到达，则9点时参加聚会的人数将会是51人。根据（3）、（5）和（6），如果是王美美按原来打算在她丈夫到达之后一小时到达，则10点时参加聚会的人数将会是53人。根据（4）、（5）和（6），如果是孙香香原来打算在她丈夫到达之后一小时到达，则11点时参加聚会的人数将会是55人。在49人、51人、53人和55人这四个人数中，只有53人不能分成人数相等的若干个小组（为了能进行交谈，每组至少要有两人）。因此，根据3和6，对自己丈夫的忠诚有所怀疑的是王美美。

272. 三项全能

	跳远	跳高	铅球
一婧	及格	良好	及格
宇华	及格	优秀	良好
长江	优秀	优秀	优秀
雷雷	优秀	优秀	良好

273. 谁买的礼物

老二和老四买的。可以用排除法。

274. 找出死者和凶手

根据陈述中的假设，（1）和（2）中只有一个能适用于实际情况。同样，（3）

和（4），（5）和（6），也是两个陈述中只有一个能适用于实际情况。

根据陈述中的结论，（2）和（5）不可能都适用于实际情况。因此，能适用于实际情况的陈述组合是下列组合中的一组或几组：

A.（1）、（4）和（5）

B.（1）、（3）和（5）

C.（1）、（4）和（6）

D.（1）、（3）和（6）

E.（2）、（4）和（6）

F.（2）、（3）和（6）

如果A能适用于实际情况，则根据（1）的结论，凶手是男性；根据（4）的结论，受害者是女性；可是根据（5）的假设，凶手与受害者性别相同。因此A不适用。

如果B能适用于实际情况，则根据有关的假设，凶手与受害者有亲缘关系而且职业相同、性别相同。这与各个家庭的组成情况有矛盾，因此B不适用。

如果C能适用于实际情况，则根据有关的结论，凶手是男性，受害者是个女性医生。接着根据（1）和（4）的假设，凶手是律师，凶手与受害者有亲缘关系。这与各个家庭的组成情况有矛盾，因此C不适用。

如果D能适用于实际情况，则根据（1）的结论，凶手是男性；根据（3）的结论，受害者也是男性；可是根据（6）的假设，凶手与受害者性别不同。因此D不适用。

如果E能适用于实际情况，则根据（2）的结论，凶手是医生；根据（6）的结论，受害者也是医生；可是根据（4）的假设，凶手与受害者职业不同。因此E不适用。

因此只有F能适用于实际情况。根据有关的结论，凶手是医生，受害者是男性医生。于是根据（6）的假设，凶手是女性。接着，根据各个家庭的组成情况，凶手只能是丙。（2）的假设则表明，受害者是乙；而且，（3）的假设和（2）、（6）的结论相符合。

275. 担任什么职务

由"丙比体育委员年龄大"知道，丙不是体育委员，丙的年龄比体育委员的大。

由"学习委员比乙年龄小"知道，乙不是学习委员，乙的年龄比学习委员的大。

由"甲和学习委员不同岁"知道，甲不是学习委员。

既然知道了甲和乙都不是学习委员，那么丙就一定是学习委员了。三个人的年龄顺序是：乙>学习委员，丙>体育委员。从这一顺序上看，乙不是体育委员，那他就是班长了，而体育委员一定是甲了。

276. 猜年龄

小刘、小陈、小李三个人的年龄分别是23、25、22。

主要抓住小刘和小李说的话，他们的话中有两处明显的矛盾。

便可依次判断出年龄了。

277. 住在哪里

A先生住在亚洲印度的新德里；

B先生住在南美洲巴西的巴西利亚；

C先生住在欧洲法国的巴黎；

D先生和E先生分别住在北美洲美国的纽约、芝加哥。

278. 谁吃了苹果

选D，小丽吃的。可以用排除法，假如是小明吃的，那么第一个人和第三个人说的都是真话。假如是小红吃的，同样第一第三位说了真话。假如是小黄吃的，那第二第三位说了真话；假如是小丽吃的，那么只有第二位说了真话。由此可知：答案为D。

279. 聪明的俘虏

因为在周围的10个人都看到了9个丝巾，他们猜不出来的原因，就是都看到了5个红丝巾，4个蓝丝巾，所以猜不出自己的是红还是蓝。这样唯一的情况，就是中央的人戴的是红丝巾，而被中间的人挡住的那个人戴的丝巾和自己的颜色正好相反。所以，在周围的人就猜不出自己头上丝巾的颜色了。

280. 玻璃球游戏

4个男孩。

因为每人拿的球中，红>蓝>绿，而每人一共拿了12个球，所以红球最少要拿5个，最多只能拿9个。

红球一共是26个，每人至少拿5个，所以最多能有5个人。

小强拿了4个蓝球，那么他最多只能拿7个红球了；就算小刚和小明都拿了9个红球，他们三个也只拿了25个红球，少于26个，所以至少是4个人。

假设是5个人，那就有4个人拿了5个红球，1个人拿了6个红球。

对于拿了5个红球的人来说，蓝球和绿球只有一种选择：4蓝3绿，和只有小强拿了4个蓝球这个条件矛盾。所以是4个人。

拿球的组合情况如下表：

名字	红球数	蓝球数	绿球数
小强	5	4	3
小刚	6	5	1
小华	7	3	2
小明	8	3	1

281. 猜职业

由题干"甲和推销员不同岁，推销员比乙年龄小"，可推知丙为推销员。

由"丙比医生年龄大，推销员比乙年龄小"，可知乙为律师，甲为医生，故答案为C。

282. 逻辑比赛

刘、吴在同一小组；

李、张在同一小组；

王、郑在同一小组；

钱、孙在同一小组；

赵、周在同一小组。

283. 拆炸弹

可以确定的顺序是D，C，x，x，B。

因为D挨着E，而E和A又隔一个按钮，所以只能E在D的后面，而第一个不确定的x处为A，第二个不确定的x处，只能是F了。

所以，六个按钮上面的标号是：D、E、C、A、F、B。

284. 逻辑顺序

前3个条件排除了120种可能的排列中的118种。最后一个条件在剩下的两种可能中确定了一种。

285. 男孩吃苹果

男孩丙说："我和男孩丁共吃了3个苹果"，如果丁吃了1个的话，丙无论吃了1个还是2个都不会说这句话，所以丁吃了2个苹果，说谎话；

由男孩丁说的两句谎话可以知道：男孩乙吃了1个苹果，说真话；男孩丙剩下3个苹果；

由男孩乙说的真话知道：男孩甲剩下4个苹果；

原来四个男孩分别有4、5、6、7个苹果，在每个男孩吃掉1个或2个后，剩下的苹果数还是各自不同，因为已经确定乙吃了1个，丁吃了2个，所以剩下的苹果数只有两种可能：2、4、5、6和2、3、4、6；

因为男孩丙剩下了3个苹果，所以排除"2、4、5、6"，得到答案。

男孩甲最初有6个，吃了2个，剩下了4个；

男孩乙最初有7个，吃了1个，剩下了6个；

男孩丙最初有5个，吃了2个，剩下了3个；

男孩丁最初有4个，吃了2个，剩下了2个。

286. 买酒之谜

学文秘的甲买了果酒。列一个简单的表格即可求出。

287. 都是做什么的

程菲是体操运动员；张宁是羽毛球运动员；刘国梁为乒乓球运动员；孙鹏为网球运动员。

因为刘国梁在张宁对面，所以在孙鹏对面的只能是程菲，这样，程菲就是体操运动员。因为刘国梁在张宁对面，同时刘国梁右边是女的，所以程菲就在刘国梁右边。程菲在刘国梁右边，张宁在刘国梁对面，所以张宁在程菲右边，题目中"羽毛球运动员在程菲右边"，张宁就是羽毛球运动员。程菲就在刘国梁右边，张宁在程菲右边，那肯定的孙鹏在张宁右面，刘国梁就在孙鹏右边。而"乒乓球运动员在网球运动员右边"，所以刘国梁为乒乓球运动员，孙鹏为网球运动员。

288. 团圆的中秋节

（1）三男四女；

（2）小明称呼他们为爷爷、奶奶、爸爸、妈妈、姐姐、妹妹。

289. 录取研究生

本题运用代入法。A项代入甲得到"录取小方"，代入丙得到"不录取小方"，显然矛盾，C项代入丙即可推出矛盾；D项代入乙即可推出矛盾。故正确答案为B。

290. 谁是冠军

本题可假设小李的说法是真，那小张、小王的说法都正确，与题干"只有一个人的看法正确"矛盾，所以小李的说法错误，同时小王也不对，再由小王的说法可知冠军就是C。故正确答案为C。

291. 扑克牌

选C。首先看（3），由于有三种牌共20张，如果其中有两种总数超过了19，也就是达到了20张，那么另外一种牌就不存在了，这是与题干相矛盾的，由此可见（3）的说法正确，这样可以排除选项A；（1）的论述也不正确，可以举例来说明，假设三种牌的张数分别是：6、6、8，就推翻了（1）的假设，所以（1）不正确，这样B、D都可以排除了。

292. 辨认图片

因为每个人都说对了一个，所以假设2号是泰山，那么3号就不是华山。而戊所说的2号是华山，5号是泰山就都不正确了。所以甲说的后半句是正确的，也就是3号是华山。根据丁的话，确定4号是恒山。根据乙的话，确定2号是嵩山。再根据戊的话，确定5号是泰山。最后1号是衡山。

所以，1、2、3、4、5号分别是衡山、嵩山、华山、恒山、泰山。

293. 六个兄弟

以老三为例，他旁边不能坐老二、老四和老五，所以只好坐老大和老六了。也就是说已经有三个人的位置固定了。还剩下老二、老四和老五，老四和老五是不能相邻的，所以一定要由老二隔开。挨着老六那边坐老四，挨着老大那边坐老五。这样就可以了。

294. 谋杀案

选D。

295. 拿错了书

甲拿乙的语文书，乙拿丙的语文书；丙拿丁的语文书，丁拿甲的语文书；

甲拿丙的数学书，丙拿丁的数学书；丁拿乙的数学书，乙拿甲的数学书。

296. 公寓的房客

三家房客的名、姓和所住的层次如下：

罗杰·沃伦和诺玛·沃伦夫妇住在顶层；

珀西·刘易斯和多丽丝·刘易斯夫妇住在二层；

吉姆·莫顿和凯瑟琳·莫顿夫妇住在底层。

297. 分别在哪个科室

骨科医生和内科医生住在一起，说明骨科医生和内科医生不是一个人。内科医生和丙医生经常一起下棋，说明丙不是内科医生。外科医生比皮肤科医生年长，比乙医生又年轻，说明皮肤科医生最年轻。甲医生是三位医生中最年轻的，所以甲医生是皮肤科医生，且不是外科医生。三人中最年长的医生的家比其他两位医生远，住得最远的医生是乙，且不是骨科医生和内科医生。从而，我们可以推出以下答案：

甲：皮肤科、内科。

乙：泌尿科、妇产科。

丙：外科、骨科。

298. 老朋友聚会

"乙和丙的车是同一牌子的；丙和丁中只有一个人有车"，说明甲、乙、丙三个人有车，丁没有车。

因为"有一个人三种条件都具备"，而"只有一个人有了自己的别墅"，所以有别墅只能是有车的甲、乙、丙三人中的一个。

这样丁就没有车也没有别墅了，因为"每个人至少具备一样条件"，所以丁有喜欢的工作。

因为"甲和乙对自己的工作条件感觉一样"，而"只有两个人有自己喜欢的工作"，所以丙和丁一样，有喜欢的工作。

既有车又有喜欢的工作的只有丙，那么他就是三个条件都具备的人了。

299. 留学生

首先看，德国人是医生，而D没有当医生，所以排除德国人是D。

C比德国人大，可以确定C不是德国人，那么德国人不是A就是B。而题目中表明，B是法官，德国人是医生，那么德国人就只能是A。

同时，根据第二个条件，也可以排除C是美国人，因为美国人年纪最小，怎么可能比别人大？B是法官，而美国人是警察，也可以排除美国人是B的可能性。这样，美国人就只能在A和D中选择。A已经确定为德国人，那么D就是美国人。

353

B是英国人的朋友，那么也可以排除B是英国人。

A是德国人，D是美国人，而且又肯定B不是英国人，那么，C就只能是英国人了。

300. 谁击中的

这八个人的谈话可以分成三组：第一组是A、H和E、F。A、H的说法一致，E、F的说法和A、H矛盾。因此要么A、H猜对，要么E、F猜对，这组必有两人是猜对的。第二组是B、D。这两人的说法矛盾。因此要么B猜对，要么D猜对，这组必有一人猜对。第三组是C、G。G的说法包含了C。如果C击中，则两人都猜错；如果G击中，则两人都猜对；如果别人击中，则一对一错。因此如果有三人猜对，就说明第三组都猜错，也就是C击中的。

如果有五人猜对，就说明第三组都猜对，也就是G击中的。

301. 谁的狗

主人及狗的名字如下：

主人	黄黄	花花	黑黑	白白
狗	花花，黑黑，白白	黄黄，黑黑，白白	黄黄，花花，白白	黄黄，花花，黑黑

由（4），白白的狗不叫花花，得：

主人	黄黄	花花	黑黑	白白
狗	花花，黑黑，白白	黄黄，黑黑，白白	黄黄，花花，白白	黄黄，黑黑

1.若白白的狗叫黄黄，则：

主人	黄黄	花花	黑黑	白白
狗	花花，黑黑，白白	黑黑，白白	花花，白白	黄黄

如果黑黑的狗叫花花，由（3）知白白的主人是黄黄，这样花花的狗是黑黑，和条件（1）矛盾。

如果黑黑的狗叫白白，则花花的狗叫黑黑，黄黄的狗叫花花，和条件（2）矛盾。

2.若白白的狗叫黑黑，则：

主人	黄黄	花花	黑黑	白白
狗	花花，白白	黄黄，白白	黄黄，花花，白白	黑黑

由黄黄的狗并不和叫黑黑的狗的主人叫一个名字，得：

主人	黄黄	花花	黑黑	白白
狗	花花	黄黄，白白	黄黄，白白	黑黑

由黑黑的狗并不和白白的主人叫同一个名字，得：

主人	黄黄	花花	黑黑	白白
狗	花花	白白	黄黄	黑黑

所以，黄黄的狗叫花花，花花的狗叫白白，黑黑的狗叫黄黄，白白的狗叫黑黑。

302. 体育项目

甲和乙抽到的都是踢球，丙抽到的是骑马。

303. 答题卡

我们观察甲和乙的成绩，他们只有第3第5第9三题答案不同，而得分差了10分。说明这三题中，甲做对了2道，乙做对了1道，而剩下的7道题中，甲乙有同一道题做错了。再看甲和丁，他们的3，5，9三题答案完全相同，而丁只得了20分，说明丁做对的2道题目都在3，5，9题中，即其余7道题都是错的。从而可以确定这7道题的正确答案分别是：

题号	1	2	3	4	5	6	7	8	9	10
正确答案	√	×	未知	√	未知	×	√	×	未知	√

再看丙，2，4，6，8四题都对了，也就是说其余的题都是错的，从而可以确定3，5，9的答案。

题号	1	2	3	4	5	6	7	8	9	10
正确答案	√	×	×	√	√	×	√	×	×	√

304. 卓别林智斗歹徒

卓别林对歹徒说："这些钱不是我的，是我们老板的，现在这些钱被你拿走，我们老板一定认为我私吞公款。所以拜托您在我的帽子上打两枪，证明我遭打劫了。"歹徒心想，有了这笔巨款，子弹钱算便宜了，于是便对着帽子射两枪。而卓别林再次恳求："可否在衣服、裤子再各补两枪，让我的老板更深信不疑。"头脑简单、被钱冲昏头的抢匪，统统照做，所以发出了6声枪响。

305. 黑老大被暗算

金发女郎是作案者的同谋，电话机的听筒被她做了手脚。她趁黑老大去卫生间淋浴之机，悄悄地和歹徒接通了电话。然后，用打火机把听筒支起来。这样，对方就可以通过电话来录音了。不知道的人乍一看，好像电话机挂断了，实际上电话机的两个按键并没有压下，所以处于通话状态。他俩说话时发出的声音，便通过听筒传到了另一头，被录了下来。金发女郎趁黑老大不注意，从电话机上取下打火机，听筒便落回原来的位置，歹徒随之打来了威胁的电话。

306. 电梯里的故事

那位法国地下组织的成员吻了他自己的手，然后狠狠打了纳粹军官一记耳光。

307. 小丫头搬救兵

小丫头来到后院，即刻敲石引火，将靠近围墙的一垛稻草堆点燃。顿时，火苗呼呼地往上蹿。火借风势，风助火威，那后院小半个天空就变红了，村上的人们纷纷给惊醒了。一下子，人群包围了那家富户：拎着桶的，擎着扁担的……

308. 死而复生之谜

这名自杀的男子开枪击中自己脑部，临死之际身体抽搐时，手指痉挛，又扣动了扳机，导致了第二枪响起。

309. 智认偷鸡贼

其实只是很简单的一句话："贼也敢起来走啊！"偷鸡贼由于做贼心虚，在出其不意的威喝下，往往会表现得很惶恐，从而露出马脚。

310. 咖啡毒杀案

贝克将两人共用的糖壶中的糖换成了盐。布朗喝了加盐的咖啡之后不由得咳嗽起来。实际上这时候的杯子里尚无毒药，在场的人不过是事后回忆起来以为是因中毒而出现的痛状，而真正掺毒的是贝克递给布朗的那杯水。他大概是佯装吃药弄了一杯水，再偷偷将毒药放入杯中溶化。至于布朗杯子里的毒毫无疑问是布朗死后贝克趁众人慌乱之际将剩下的毒药放入布朗杯中的。所以，从溅到稿纸上的咖啡沫中没有化验出毒物。正是这样，而且为避免生疑，他自己肯定也喝了加盐的咖啡。

311. 空罐头盒

凶器是装有东西的罐头盒子。腹部受到猛击的杨杰，由于剧烈的疼痛而呕吐，他吐出来都是尚未消化的菠萝。杨杰正是用菠萝罐头猛击被害者的头部，使其当场毙命的。此后，他立刻打开罐头，把里面的菠萝狼吞虎咽地全部吃光，使之成为一个空罐头盒子。

312. 无字状纸

孟温舒叫聋哑佣人游街是一计，他派差役混在人群中，听得议论，获得了事情的真相。

313. 狡猾的通缉犯

女子本是男人，是游泳好手，假扮女子声音以引起别人注意，引起警探追逐。虽然他的身份被揭露，但他仍轻而易举地游至浮台外面，乘救生员不觉，立即潜入水底，除去假发，脱掉比基尼上衣，穿回泳裤，游回水面。当见快艇驶近，立即把假发、比基尼泳衣抛给运动员驶出太平洋弃掉，自己却悠然游回海边。至于脸上的化妆，则趁潜入水中时抹去，当然可逃之夭夭了。

314. 小木屋藏尸案

警方经细查，断定凶手是洪海。他假装正午离开小屋，等1点30分李迟和赵山都离开后，再等马友与山庄老板通过电话，便进入小屋杀了他，凶器为登山用的攀岩锤。

洪海行凶之后离开小屋之时为2点10分，随即从东边往下跑，跑到半山腰，便偷了赵山放在那儿的滑板，一口气滑向山庄，所以4点40分就到达了目的地，因此1点30

分出发的赵山5点到达半山腰时，找不到滑雪工具。

315. 绣鞋风波

胡聪马上让严阿大回家拿一双那妇人的绣鞋，交给捕役。捕役们遵令把那双绣鞋随便搁在路旁，潜伏在附近看哪一位来拾。胡聪交代得极明白："有人来拾鞋，你们尾随而行，准能找到妇人，和尚死因马上可弄清。"

316. 农夫做了个什么动作

农夫的妻子针对地主贪财的心理想了个办法：农夫把一篮鸡蛋悄悄放在地里，当地主放了鸡过来时，他提起篮子，做了捡起最后一个蛋的动作，然后匆匆地往家走去。地主虽未看清，但估计是自己的鸡在那里下了蛋，非常后悔，再也不把鸡赶到农夫的地里去了。

317. 智斗奸商

阿格依夏一把抓住商人的手腕，举起斧头就要往下砍。商人吓得脸都变了颜色："你这是干什么？"阿格依夏说："你不是说拿手给我吗？既然已经定了，全部柴火换你一只肮脏的手，我自认吃亏算了！"片刻间发生的事，证人俱在，商人只得忍痛愿以1000块的代价买回他的手。

318. 试胆量

原来那个年轻人的长衫下摆钩住了木柱的尖头，被打进土里去了。这样，当然想逃也逃不了啦。

319. 奇怪的算式

101×5算出了是505，但在计算机上显示的是：SOS，福尔看到它后立即做出反应：乔治遇难了。所以他才拨打报警电话。

320. 毛拉解难题

毛拉幽默地笑道："我见他在地上画了个西瓜，便果断地'一刀两半'，告诉他两人各分一半；第二次他又画了个西瓜，我就不客气，把它分成四份，自己要三份，给他留下一份；后来他做手势，表示肚子饿了，想吃抓饭，我就做手势说，最好再添点葡萄干、甜枣和阿月浑子果之类的食物。我的回答与他的解释完全风马牛不相及，哪里是什么关于地理学的知识呢？"

321. 数字信

打电话怕数字听错，0读成"洞"，1读成"幺"，2读成"两"。这封全是数字的信，读起来，原来是这样的：

舅舅

不要吃酒吃酒误事

吃了二两酒不是动怒就是动武

吃了酒要被酒杀死

一点儿酒也不要吃

322. 林肯的推理

记账员被逼到门前时，背着门站立，他此时把拿笔的右手绕到背后，在门板上写下凶手姓名的头两个字。手放在背后写的字上下左右都会反过来，NW就变成MN了。

323. 秘密通道

米勒的画与开关没有关系，那么，这"米勒"会不会是别的意思？是不是音符1234567中的3和6的谐音呢？"米"是3，"勒"是6。戈赫这么一想，就打开钢琴按了一下3和6的琴键，终于找到了秘密通道。

324. 织布匠智破哑谜

织布匠解释道："这使臣用宝剑在大王的宝座四周划一个圆圈，这是告诉说他们国家的军队要来围攻我们。我向他扔了几颗玻璃球，意思是说你们的军队跟小娃娃一样，你回去告诉他们好好做游戏，打仗的事趁早别想！可是来使扔出一大把小豆，这是说他们的军队数量非常多。我放出大公鸡回答他，我们的每一个战士都像这只大公鸡一样，一个能消灭你们几百个。"

325. 十四字状

万砍有董卓之淫。

326. 接货时间

"朝"拆开为"十月十日"，又有早晨之意，所以警长判断，接货时间为"十月十日早晨"。

327. 找到了6位数

如果把它译解为21时35分15秒，就变成了6位数，即213515。

328. 河畔谋杀案

被害者是颈骨折断后当场死亡的，他根本不可能在地上留下字迹。所以，"Y"字是凶手写的。可以肯定不是拉维尔，因为拉维尔根本不认识这三位考古者，当然不可能知道"Y"这个字母。亚瑟也不是凶手，如果是他，就不会留下自己名字的符号。不错，凶手是斯特劳，他将三人中的一个杀害，嫁祸于另一个人，目的是将三个人的研究成果据为己有。

329. 徐文长的"心"字

徐文长要店主把缺的那一点改成红的。"心"缺一点，既引人注目，又使人有空腹的感觉，来吃点心的人就会多。加上一点，就变成了实心，而且黑漆给人有黑心的感觉。黑点改成了红点，就是说店主改正了错误，生意自然会变好了。

330. 包公招贤捉罪犯

等灯登阁各攻书。

331. 刀笔吏妙拟奏折

第二句是：大清一统，何分江北江南。这两句点睛之笔的意思是：统一的大清难道不如纷争的列国吗？为什么要自订规约，自缚手脚呢？

332. 不求人

县令四句暗喻"蒸馒头"。农夫第二天给县令送去的就是一篮子馒头。（古时多用毛竹做的箅子做蒸屉）

333. 问路

"要女的走开"，"要"去掉"女"，就是"西"，就向西边走。"吓得我不敢开口"，"吓"字去掉"口"，就是"下"，于是就向山下那条路走去。

334. 项链被窃

窃贼是伯爵夫人。她趁停电时，把项链偷去，戴在哈巴狗的脖子上，用毛盖好。哈巴狗的毛很长，加上又是白色的，所以就成为隐藏珍珠项链的最佳"处所"了。

335. 可口可乐提供的线索

从冰箱取出的可口可乐接触室温后，铁筒外凝聚的水珠会消融，洇湿那压在下面那张信纸上的钢笔字迹。而这半听混有氰化物的可乐铁筒外是干的，绝非取自冰箱。

336. 狡猾的走私者

自行车。

337. 验查焚尸案

如果活着被烧死，即使是酒醉也会因烧痛而将手指伸开护住胸部。死者双拳紧握，显然是死了之后被烧死的。

338. 脸上的谎言

年轻人声称他昨天刚刚刮去了长了几个月的络腮胡子。但他面孔黝黑，下巴呈古铜色。如果他真的在阳光下待了数月而未刮胡子，那长胡子的地方就应显得白净些。

339. 破窗而入

保安说他在玻璃打碎前拉上了窗帘，如果真的是那样，小偷打碎玻璃时，碎玻璃被窗帘挡住，就不会落得满地都是了。所以福尔摩斯判断这个人在说谎。

340. 农场主遇害

年轻人声称自己是刚到现场的，但他却知道炭块已经凉到可以把手伸进去而不会被烫伤的程度。

341. 伪造的遗书

墨水的颜色会随着时间的推移而改变。时间久了，墨水的蓝色就会减少并且略带黑色。但警方看到刚写的遗书和以前的日记账字迹颜色几乎是同样的，故而揭穿了伪装笔迹的真相。

342. 撒谎的情人

炉子上的开水不可能从昨晚10点到今天中午仍在沸腾，否则水壶早就烧干了。

343. 侦探的头发谁来剪

镇上既然只有两个理发师，他们也必然互相给对方理发，第一家理发师的发型好，那证明第二家理发师的技艺高超，故答案已经很明显了。

344. 月季花阴谋

花圃里的花清晨有露水，警长找到那盆没有露水的月季花就是罪证。

345. 智识假现场

第一，小梁看到了死者脚上的新皮鞋，但没有注意到鞋底的花纹为何那般清晰可辨。这说明死者并没有穿着新皮鞋在泥地上行走，这也就不存在死者在泥地上滑倒摔伤的可能了。第二，现在死者的手指搭在电线的断头上，仿佛在告诉人们，此人是触电而亡。这是假象的制造者恰恰忘了一点：人的手指背触电是不会致死的，因为指背一触电，手的筋会向里收缩，即可脱离电线。所以，由此推断死者是被凶手杀害后弄到此处，而且故意弄脏了衣服，制造了这么个假现场。

346. 奇诗

巴黎人把诗分成上下两截来读。此诗的真正读法为：

让我们敬爱，永恒英吉利；让我们诅咒，世上的纳粹。我们要支持，海上的儿郎；唯我们应得，胜利的荣光。元首希特勒，是不配生存，那海外民族，唯一将永生。德国的元首，将断送远征；公正的责罚，唯军队有份。

347. 智查走私犯

该女子不是真正的金发女郎，而是戴上了由黄金丝编成的假发。

348. 一副对联

上联缺"六"，下联缺"九"，谐缺肉缺酒。横联五字，组合起来为"吝啬"两字。难怪前来贺寿的绅士名流无不窃笑。

349. 猎人临终出难题

人的眼睛大。因为人的眼睛能看见世界上的一切。不论牛大腿、老鸹、羊，最后还不是都装进眼睛里去了吗？

350. 稀罕的菜肴

原来，小林将一条活鲤鱼洗净，只把身子油炸，留着头没炸。再用一条活泥鳅放进鱼鳃里，活泥鳅一动，鱼嘴巴便也跟着一张一张了。小林知道汉奸是来"豆腐里寻骨头"的，自然不会把那鱼头也吃掉。至于"南北和"，是用南方特产竹笋和北方特产黑木耳合烧而成。"大闹龙宫"都是用河里的东西做主料，再用一只活闸蟹，用酒糟一醉，趁闸蟹还在挣扎，放进汤里。这样，蟹就在汤里"大闹"了。

351. 让轮胎瘪一点儿

罗尔警长马上打开轮胎的气门放掉了些气，让轮胎瘪一点儿，卡车就降低了高度，能穿过立交桥底下了。

352. 女作家遇强盗

阿加莎·克里斯蒂保护项链是假，保护耳环是真，她刚才的表演只不过是为了把强盗的注意力从耳环上引开而已。因为，她的钻石耳环价值几百万英镑，而强盗抢走的项链，是玻璃制品，仅值几英镑。

353. 豪宅里的谋杀

管家认定女仆必须对罗密欧与朱丽叶的死负责。因为没有其他人在房间，而水缸是不会自己翻倒的。女仆立即被解雇了，因为她太不小心，致使两条金鱼意外死亡。这两条金鱼——罗密欧与朱丽叶都是主人最心爱的宠物。

354. 夜半枪声

凶手在行凶时，手枪是放置在门孔上，当罗德先生想要看清楚是谁时，凶手就扣下扳机，一枪要了罗德先生的命。

355. 是否被"调包"

暴发户拿起真钻石假装端详的样子，趁店员不注意，迅速用口香糖将它粘到桌子背面，然后取出假钻石故意掉在地上，好让店员去捡……

356. 烧香命案

因为有毒的香湿气重，孙小姐要点着它时需花很大气力去吹。碰巧小和尚来帮忙，正好面对面地被吹个正着，吸了毒气也不知道。

357. 保龄球命案

约克在莲娜发第五球失准后，把毒针插在球的指孔中，运回球轨，待莲娜再打补中后，又偷偷把针拔去，又运回球轨去，所以警探没有在球中发现任何针状物体。

358. 毒菜单

毒药是放在冷冻饼干后的那道海螺里面。由于布里达连吃了两份冷冻饼干，嘴里被冻得发麻，于是再吃海螺肉时，就不会察觉出毒药的苦味。

359. 顾维钧巴黎声明

既然牧野先生也承认孔子是东方的圣人，那么东方的孔子就如同西方的耶稣，孔子的出生地山东也就如耶路撒冷是东方的圣地。因此，中国不能放弃山东正如西方不能失去耶路撒冷一样。

360. 烧烤谋杀案

袁卫兵一向妒忌庄静的才能，故早已有谋杀他的计划。经细心观察得知庄静最爱吃肉类后，决定买只白兔，喂它吃有毒的蔬菜和果实。而白兔免疫力强，即使吃了有毒的东西，对身体并无影响。把兔喂肥之后，借着公司举行烧烤旅行的机会，算准各人吃饱离开后，袁卫兵才带着兔子出现，庄静因未吃过兔肉，见到白兔，自然垂涎三尺，所以将兔烧烤来吃，兔子肚内的毒素侵入庄静身体，故此中毒死亡。

361. 郑板桥怪法惩人

很多人都慕名来看郑板桥的画，把盐店围得水泄不通，卖盐生意就无法做下去。这人在盐店门口待了十多天，盐商感到这样损失太大，就恳求郑板桥把那人放了。

362. 刘伯温救工匠

"这两人一个是聋子，一个是哑巴，既听不见，也说不出，请皇上开恩饶他们一命吧！"刘伯温及时制造假象，扰乱朱元璋的心智，造成他的错觉，达到了救人的目的。

363. 钱到哪里去了

在彦一身上呢。彦一让村民把钱都集中到他身上，每人口袋里只留下一些零钱，强盗们当然不会去搜那个"小偷"彦一的口袋。

364. 图书馆里的黑影

A. 被窃的钱是各种票面的，而且散乱放置。罪犯在停电的黑夜里，不可能从容地将钱偷得分文不剩。具备如此从容作案条件的唯有值班员张强。

B. 张强报警时，电话里说："收款员抽屉被撬"，而警长勘查时却发现小英的抽屉未见撬痕，也没上锁，可自然拉开。由此说明张强心中有鬼，报案时在说谎话。

365. 电梯里的飞剑

凶手就是画家杰伦先生的秘书。这幢房里原来就只有杰伦先生和他的秘书。秘书预先在短剑的柄上系了一根长而粗的橡皮筋，使它穿过电梯的通风孔，将橡皮筋的头结在通风孔上，短剑悬空吊着。当杰伦先生乘电梯从4楼下降时，由于橡皮筋弹力的作用，短剑就像箭似的落下，刺中坐在手摇车上的画家。在狭窄的专用电梯上，手摇车上的人只可能坐在固定的某一位置上，凶手就能使短剑落在预定的目标上。

366. 愚蠢的徒弟

被杀的电视播音员段民，实际上根本不会开车。不会开车的人，无论怎么醉，也是不会盗车去兜风而从山崖上掉到海里的。警方随便调查一下段民的同事、朋友就会了解到这一点。

367. 盯梢失败

女职员就是另一犯罪集团的接头人，而广播只是掩饰而已，其实他们已在交谈中互通了消息。

368. 第二现场

既然能录进枪声，那么也能录进屋里挂钟的报时声。这说明罪犯是在其他现场一边录音一边把被害者杀死，然后与录音机一同移至这第二现场的。

369. 密室奇案

福尔摩斯说："让我来描述一下罪犯作案的过程吧——十几天以前的一个深夜，这4个印度人悄悄爬上屋顶，趁男爵熟睡之机，从屋顶的窗格隙里，偷偷垂下4条带钩子的长绳子，把男爵连人带床吊到15米的空中。男爵醒来后，发现自己被吊在半空中，吓得半死。他四肢瘫软，根本不敢从15米的高处往下跳。他或许喊叫过，但健身房周围又无人经过……就这样一天又一天过去，吓瘫在床上的男爵终于饿死了。罪犯发现男爵死后，就把绳子松下，将床放回到原处。但是，尽管他们很小心，4只床脚还是偏离了原来的位置。我刚才仔细观察过地上的灰尘，在床脚旁又发现四个床脚印痕。当然，也可以这样理解，是罗斯先生自己移动过铁床，但按常理，人们移动床一般只是"拖动"，没有必要把整个床搬起来再放到需要放的地方去。再说，地上没有拖痕，罗斯先生一个人也根本搬不动这个铁床……"

370. 谜一样的绑票犯

转移钱其实是计程车司机和女子策划的。女子从公园把皮箱拿走，在车上把里面的钱拿出来之后把杂物放进空的皮箱，然后女子再将皮箱寄存，伺机脱身。

371. 枪响之后

一场橄榄球赛需要80分钟，还不包括比赛时的中间休息，再加上60分钟的路程时间，那么B教练在17：20之前是不可能到达P家的。足球比赛全场是90分，即使加上中间休息15分钟，这两位教练也完全有可能在作案之前到达P家。再分析下去：A教练的队参加的是锦标赛，当他们与绿队踢成3：3平局时，还得延长30分钟决胜时间，再加上10分钟的路程时间，就是不加上中间休息时间，他也不可能在17：10前到达P家。所以，只有C教练才有可能杀死P先生，因为比赛时间90分钟，中间休息15分钟和路程20分钟，这样，他可以在17：05，即在枪响之前1分钟到达。

372. 两个案子一支枪

在名古屋的哥哥作案后，立刻赶到名古屋车站。把枪放在皮包里，然后把皮包放在新干线快速列车的行李架上。快速列车直达东京，所以途中这两个小时，不必担心皮包会被人拿走。弟弟就在东京车站等候，列车一进站，他马上把放在行李架上的皮包拿走。哥哥事先从名古屋打电话告诉他，皮包放在第几号车厢的行李架上。

373. 雪茄烟之谜

在天体望远镜的粗筒里，只放着一个长焦距物镜。凶手杀害了被害人后，在烟灰缸里又放上一支雪茄烟，在桌子和窗户之间架上天体望远镜，并调好了望远镜，让从窗户射进来的阳光通过天体望远镜在下午3点50分焦点正好照在烟头上，然后于下午1点半左右离开现场。这样一来，下午3点50分左右，阳光的焦点就照射到雪茄烟的烟头并点燃了它，所以当下午4点发现尸体时，燃着了的烟灰就多了，让人看起来作案就发生在这10分钟之前。这样，在这段时间，没有作案时间的凶手自然就会被解除嫌疑。

374. 救生筏上的疑团

乘客用匕首刺死飞行员时，刀尖刺破了橡皮筏的空气管儿。一有窟窿压缩空气就会跑掉，船也就会很快沉没，而且海里有吃人的鲨鱼，所以凶手用手指拼死抠住这个洞以防止漏气。这样，他就动不得半步，也就无法拿到有食品的罐头而活活饿死了。即便手指松开，迅速拿过罐头，也没有时间把罐头打开，因为这工夫橡皮筏的空气会跑得一干二净。或者是船沉了，自己成了鲨鱼的食饵，或者是饿死，二者必居其一。

375. 她在暗示什么

A. 金珊临死前用手指在大理石浴缸的外壁上写下了杀人凶手的姓名，因为当时卫生间正好有热气。当刘浩打开煤气淋浴器，卫生间重新充满热气后，浴缸外壁上的字就清晰地重现出来。

B. 金珊死时右手指着浴缸，有可能在暗示杀人凶手曾与她共浴，浴缸内有凶手的毛发、皮屑等遗留物。

376. 生日酒会之谜

医生以自己生日开酒会为名将姜威骗来，使其过量饮酒，再加上其睡前服用安眠药，酒精与药物的作用造成其心力衰竭而亡。警察前来询问，医生不承认那天是为自己生日而开酒会，因为警方一查其出生日期便可知其在说谎。医生肯定知道过量酒精与安眠药作用会造成死亡，故其所谓"生日"酒会纯粹是为自己杀人提供一个机会。

377. 突破封锁线

铁路线也是一条路因所有道路都被封锁，窃贼在单行铁路支线的无人道口，将赛车开上铁路线沿铁路逃跑了。虽然赛车骑着两条铁轨，底盘车轮跨度不够，但可让一侧车轮压着铁轨走，另一侧车轮在枕木上走。虽然跑起来上下颠簸，但没有任何障碍。因为是跟在末班车之后，所以即便是单行线也不必担心会与列车相撞。警察只封锁了公路各路口，窃贼恰恰就钻了警察的空子逃掉了。

378. 两名嫌疑犯

凶手是五楼的那个人。他用来复枪朝上射击七楼的罗丝，也就是说，子弹是从下往上发射的。因为射击时，被害人正在做健美，身体倒立。因此，胸部在下，子弹就由下向上射中胸部。毛衣退到胸部，露出肚脐，嘴含十字架项链。这些都是她倒立的证明。

379. 总经理老婆之死

杀人凶手：死者妹妹的男朋友。

动机：争夺遗产。

事件过程：

（1）凶手为男性。总经理有不在场证据，先排除。

（2）心理医生性别未知，加上心理医生都具有良好心理素质，一般不会为情杀人；试想一下又要发电报，发电报必然要到死者母亲所在地，而心理医生是和死者一起去医院的，时间上不允许，结尾处总经理和心理医生的约会并不能证明他们之间存在暧昧关系，只是病人和医生的关系罢了——又有谁会在死过人的地方约会呢？应该是总经理死了老婆，心里难受才约心理医生出来的。

（3）最重要的一点，凶手显然是已经在路上等待多时的，熟悉环境的人。死者妹妹的男朋友比心理医生概率要大一些；如果电报的内容为真的话，动机就出来了——为了遗产。

380. 中断的足迹

小偷得手后，随即离开现场。当他沿来的路线走到一半时，突然灵机一动，踩着来时的脚印向后退，逃离现场。

381. 电梯上的疑影

罪犯声称自己从未听说过约翰，却又知道他是15楼牙科诊所的男性医师，还知道是个老头。警长由此断定电梯工说的那人就是曾受雇杀人的迈克又在重操旧业。

382. 酒窖中的机械表

由于酒窖四周无窗，迈克若真的失去知觉，醒来后就无法知道外面是白天还是黑夜，就是有老式手表，他也无法知道到底当时是中午12点还是夜里12点。而按照安卡平时的习惯，总是在中午12点左右到家的，这样迈克听到安卡回来时就会以为是中午，而不会催安卡到车站去追赶午夜列车的盗匪了。

383. 绑票者的真面目

这绑票的凶犯是赎金寄达地点邮局的邮差，因为除他以外，没有人能够收到，而且也不会引起怀疑。办理邮包业务负责人也可能拿到赎金，但问题是无法确定董事长在哪一个邮局投寄赎金，所以能够收到的人只有收件当地的邮差。

384. 发黑的银簪

银簪发黑便是证据。患皮肤病的罗伊的手因涂硫黄剂进行治疗，再用涂药的手握银簪时，就使银簪的柄发黑。这是银接触硫黄后发生的化学反应。

385. 骨灰盒里的钻石

钻石是夏尔太太的女友弗路丝偷的。

要知道是谁作的案，就必须推断出谁有时间、有条件作案。我们不妨这样来推算：

设水流速度为u，船在静水中的速度为v，那么船顺流时速度为v+u；逆流时的速度为v−u；再设投下骨灰盒的时间为t1。

因为小木盒漂流的路程加上船逆流赶上小木盒所走的路程，等于船在10点30到11点45分这段时间内顺流所走的路程，即：

$(v−u)(10:30−t_1)+(11:45−t_1)u=(u+v)(11:45−10:30)$ 解此方程得 $t_1=9:15$，因此，投下骨灰盒的时间是9点15分，而此时安娜正在与夏尔太太争吵，她不可能作案；因此作案的是弗路丝。

386. 失算的惯偷

是那个穿迷你裙的小姐将惯偷的钱包偷走了。因为如果是其他二人之一的话，他（她）必定连惯偷最先偷的那个小姐的钱包一起偷走。就算没有将两个钱包一起拿走，他（她）们也不知哪一个是惯偷自己的钱包。

387. 大提琴手之死

因为大提琴手不会穿着短裙演出的，所以说劳拉要参加演出的彼得一定在说谎。

388. 武彦三郎的疏忽

是由于没有打开电灯而知道的。如果川崎文子真是昨晚9点到11点之间入池后猝然死去的，那么浴池里的电灯一定是开着的，只要不是盲人，夜间就不会不开灯进到浴池里。当武彦三郎把尸体送到别墅时，天已大亮，因此，他根本没想到要开灯。

389. 火车抢劫疑案

主要有3处自相矛盾：门很厚，列车疾驰时声音很大，警官A敲门B听不到，却能清清楚楚听到劫匪敲4下门；劫匪戴着手套，不可能用戒指划破B的脸；劫匪既然都蒙着脸，根本不可能抽烟。

390. 谁杀了蒙面占卜师

凶手是隆山太郎。因为和占卜师一起喝咖啡的人有：占卜师的妻子、弟弟和隆山太郎。无论占卜师的长相多么难看，他的妻子和弟弟总是看到过的。也就是说，占卜师没有必要在他俩面前蒙着面。既然占卜师需要蒙着面与来人喝咖啡并被毒死，用排除法得出结论，凶手除了隆山太郎之外，没有别人。

391. 国际刑警的难题

先从第一个助手开始去的那个晚上计算。如果7个恐怖分子头目能同时碰面，他们之间间隔的天数一定能够被2、3、4、5、6、7整除，现在我们可以很方便地得出这个数字是420。因此，在他们开始会面的第421天，7人将首次同时出现。而他们已经在M国住了一年，所以离这一天的到来已经不会太远了。

392. 无情的船长

船长让船员们排成一个圈的一列队，从数字1开始，每数到第九的船员被扔下水。多格尼亚船员的数字是：1、2、3、4、10、11、13、14、15、17、20、21、25、28、29。不幸的卡塔尼亚船员所站的位置则是：5、6、7、8、9、12、16、18、19、22、23、24、26、27、30。

393. 背上的子弹

陌生人是无罪的，真正的罪犯是艾佛利。因为当艾佛利和警长来到医生家时，那个陌生人正穿着医生的干净衬衫，艾佛利怎么知道陌生人背部中弹呢？除非他参与了枪战。

394. 无赖的马脚

因为龙南点燃了壁炉里的干柴，烟囱必然冒烟，屋里没人，而烟囱却冒烟，一定会引起巡逻警察的注意，必然进屋看个究竟。

395. 迷幻药与色盲

亚森知道哈利是色盲，便嫁祸于他，故意将许多这种颜色的鞋子和那种颜色的鞋子混放一箱，但因太整齐划一，反而露出了马脚。

396. 拖延了的侦破

福尔怀疑送奶工是凶手，打匿名电话的是送奶工，他以为警察接电话后很快就会开始侦破，因此他不必再送奶了，因为现场有两份报纸，却连一瓶牛奶也没有。

397. 聪明的看更人

看更人知道安妮的习惯。安妮因为双目失明的关系，所以每晚都是走楼梯的，停电与否对她影响不大，上下楼梯是轻而易举的，不用人帮助，所以看更人一听便知那男子在说谎。

398. 凶器藏在哪儿

凶器就是挂在墙上大钟内的长针。因为长针是用铜片制造的，前端锋锐，可以刺穿喉咙。只要凶手杀人后，将针上血迹拭去，再把它放回原位便可。

399. 鞋子的秘密

原来三个月前当汤逊买鞋的时候，李察也偷偷买了另一双完全相同的鞋子。他利用这双鞋子换给汤逊；两双鞋子轮流穿着，故磨损情形完全一样。案发当日，李察穿着其中一双鞋子前往杰姆家，把他谋杀了；又故意在后院留下鞋印痕迹。第二天，他再与汤逊的鞋子对换，然后把换出的鞋子丢弃，所以现场的鞋印和汤逊的鞋印完全相同。

400. 遇害的寡妇

柯南说："我的根据是他的脚印太深，他的体重那么轻，而雪地上原先留下的脚印却和我这个庞然大物差不多，那么他一定带着很重的东西到被害人家去的。据我测算，这画家的体重加上个女人尸体刚好和我差不多。所以，毫无疑问，杀人的凶手就是他。"

401. 冒牌丈夫

福尔发觉，除了对"不想更正死亡消息的误传"没讲出原因之外，他说自己在死亡消息传出的第二年把商行转卖给彼得格勒的大商行，这是个破绽。1911年彼得格勒叫圣彼得堡。

402. 白纸破案

老太太在生命垂危时，用缝衣针在白纸上用盲文刺上了杀害她的凶手的名字和原因。

403. 推理作家破案

这起投毒杀人案的同谋犯就是艾姆夫人的保健医生。他受麦吉的重金收买和色情诱惑，成了这一罪行的帮凶。在每周的定期检查时，将无色无味的毒药涂在体温计的前端。在当时，体温计是口含的。这样，每次都有微量毒素通过嘴进入了艾姆夫人的体内，日积月累，终于有一天达到了致死的剂量。奎因在了解到艾姆夫人的周密防范措施之后，认定毒药只能从口中进入，而且只能经由测试体温这一途经。

404. 鉴貌辨凶

警察审视来人，发现对方在悲哀中带有惊慌的神色。死者的姐姐提供：妹妹早就怀疑丈夫有外遇，夫妻间经常吵闹，而近几个月来夫妻又和好如初，想不到妹妹会突然死亡。原来丈夫为达到同勾搭的女人结婚的目的，蓄意杀妻，先假意和好，使妻子解除戒备。一天，他暗地将山萘放进食物里，让妻子吃了下去。

405. 一无所获

安妮使了个"调包计"。她把珠宝藏在玛莎夫人的衣箱内，因为她断定侦探们不会检查受害人衣物。等夫人到列车靠站后，全部行李堆放在月台上时，安妮便用一只一模一样的衣箱调换了玛莎的衣箱，珠宝便到了安妮的手里。

406. 香烟的联想

凶手就是那个来推销商品的推销员。因为推销员不会衔着香烟进屋推销商品的，那是很不礼貌的，因此那支只抽了一两口就捏灭的香烟蒂应该是推销员丢弃的。可能他在按响门铃之前点着香烟，等那位女子来开门时，他出于职业习惯熄灭了香烟。至于为什么杀害那位女子，这还需要进一步调查。

407. 列车上的讹诈案

乘警赶到里克先生的包厢，发现里克先生正在悠闲自在地抽着雪茄，雪茄上留着一段长长的烟灰。乘警据此断定：在三四分钟前，里克先生是在抽雪茄，而并不是像那女人说的那样把她强行拉进包厢企图非礼她。

408. 照片的破绽

利用底片反洗来做不在场的证据。照片上西装胸部的口袋,纽扣都是左右颠倒,所以警长立即肯定这张照片是伪证。因为男的西装口袋是在左侧,纽扣也是位于左侧,照片上的口袋和纽扣却都在右边。犯人是把9点在海滨公园照的照片利用反洗使上午9点变成了下午3点。事实上他是在下午3点杀了他姨妈,然后以这张反洗的照片作为不在场的证明,不过百密一疏,他忽略了西装上左右颠倒的口袋和纽扣了。

409. 杰克有罪吗

在这个案子里,杰克肯定是有罪的。可以这样来分析判断——如果汤姆无罪,那么,罪犯就或是杰克,或是鲁森。假如杰克就是罪犯,那他当然有罪。而假如鲁森是罪犯,那他一定是和杰克共同作案的(因为他不伙同杰克是决不作案的)。所以,在汤姆无罪的情况下,杰克是有罪的。如果汤姆有罪,那么他必定要伙同一个人去作案(因为他不会开汽车)。他或者伙同杰克,或者伙同鲁森。如果伙同杰克,那么杰克当然有罪。如果伙同鲁森,那么杰克还是有罪,因为鲁森只有伙同杰克才会作案。或者汤姆无罪,或者汤姆有罪,总之,杰克是有罪的。

410. 谁是罪犯

乙、丁的口供相矛盾,必有一真一假,那么甲的口供是假话,所以甲是罪犯。

411. 猜牌辨兄弟

他是小头弟弟。如果说话的人讲的是真话,那他会是大头哥哥,应持有一张黑牌,但是他绝不可能既讲真话而又持有黑牌的。因此,他必然在说假话,所以他不会是持黑牌的大头哥哥,而一定是持有黑牌的小头弟弟。

412. 查出真相

先把四人的证词列表如下:

发言者	铁君	秀君	政君	龙君	
凶器	手枪	刀子	刀子	手枪	2
地点	河堤上	大桥上	河堤上	熊本家	2
时间	10时	9时	11时	12时	1
尸体处置	投河	投河	掩埋	装箱	2
凶手	秀君	政君	龙君	铁君	1

由表可知,关于谁是凶手,四人的说法互不相同,因而其中最多只能有一个人是对的。关于作案时间,同样也最多只能有一人的说法是对的。关于作案地点,如果大

桥上或熊本家是正确的话，则正确的证词只有一个，如果河堤上是正确的，则正确的证词就是两个，可见关于这一项证词，最多也是各有两个是正确的。同样，关于凶器和尸体处置的证词，最多也是各有两个是正确的。各项正确证词的最多个数写在了表的最右一列中。由以上分析可知，在全部的20个证词中，最多只有8个是正确的。

　　另外，题目告诉我们四个人每人都提供了两条正确的证词，因而在上表中实际上要有8个证词是正确的。这与上述的正确证词的最多可能个数相一致，因而表右列给出的正确证词的最多可能数就是正确证词数。

　　由此出发进行分析，不难得到：作案地点是在河堤上，尸体的处理方法是投入河中。由此还可以继续推断出凶器是刀子，作案时间是12时，凶手是铁君。

413. 嫌犯的房间号

　　很明显，想从史密斯回答琼斯提的三个问题去寻找答案是毫无用处的。起始点应该是琼斯说的"如果我知道第二位数是否是1，我就能讲出你那所房子的号码"那句话。

　　分析一下琼斯是怎么想的会对题目的解答很有用，尽管他的数字和结论是错误的。琼斯的想法是他认为他已将可供挑选的号码数减少到了两个，其中一个号码的第二位数是1。

　　如果琼斯认为这个号码是个平方数而不是个立方数，那么供挑选的号码就太多了（从4到22各数的平方数是在13—500之间；而23—36之间各数的平方数在500—1300之间）。看来他一定认为这是个立方数。

　　有关的立方数是27、64、125、216、343、512、729、1000（它们分别是3、4、5、6、7、8、9、10的立方数）；其中64和729也是平方数（分别为8和27的平方数）。

　　如果琼斯认为这个号码是小于500的平方数和立方数，那么他便没有其他可选择的号码——只有64。如果他认为这个号码是500以上的平方数和立方数，那一定是729。如果他认为这个号码不是平方数而是500以下的立方数，那么就有四种可能性（27、125、216、343）；但如果他认为这个号码不是平方数而是500以上的立方数，那么只有两种可能性：512和1000，前一个号码的第二位数是1。

　　这个号码就是琼斯所想到的。

　　但从某些方面来看他想的并不对。他认为这个号码不在500以内，而史密斯在答复这一点时骗了他，所以它是在500以内。

　　琼斯认为这个号码不是个平方数；关于这一点，史密斯又没有向他讲真话，所以它是个平方数。

　　琼斯认为这是个立方数；关于这一点史密斯向他讲了真话，所以它是个立方数。

所以史密斯的门牌号是个500以下的平方数，也是个立方数（不是小于13）。所以它只能是64。

414. Bal和Da是什么意思

他向这个土著提的问题是："你是总说真话的人吗？"或者是："你是总说假话的人吗？"根据这个土著的回答，就可以确定"Bal"和"Da"是什么意思。因为对于"你是总说真话的人吗"这个问题，无论是对岛上哪一种居民来说，都只能有一个回答："是。"既然这样，"Da（或Bal）"就是"是"的意思了。对于"你是总说假话的人吗？"这个问题，唯一的答案是"不是"。这样，"DA（或Bal）"就是"不是"的意思。

415. 并非办案干练

根据（3）和（5），如果甲非常聪明，那她也多才多艺。根据（5），如果甲办案干练，那她也多才多艺。根据（1）和（2），如果甲既不办案干练也不聪明，那她也是多才多艺。因此，无论哪一种情况，甲总是多才多艺。根据（4），如果丙非常漂亮，那她也多才多艺。根据（5），如果丙办案干练，那她也多才多艺。根据（1）和（2），如果丙既不办案干练也不漂亮，那她也是多才多艺。因此，无论哪一种情况，丙总是多才多艺。

于是，根据（1），乙并非多才多艺。再根据（4），乙并不漂亮。从而根据（1）和（2），乙既聪明又办案干练。再根据（1），甲和丙都非常漂亮。于是根据（2）和（3），甲并不聪明。从而根据（1），丙很聪明。最后，根据（1）和（2），甲应该办案干练，而丙并非办案干练。

416. 祸起萧墙

根据（3），最年轻的家庭成员不是被害者；根据（4），也不是同谋；根据（6）也不是凶手。根据（4），只有以下三种可能（a代表同谋，v代表受害者，k代表凶手，w代表目击者）：

```
            1 2 3
最年长的成员  a a k
次年长的成员  v k a
次年轻的成员  k v v
最年轻的成员  w w w
```

根据（5），父亲是年长者；从而母亲是次年长者。根据（2）和上述的这些可能，最年轻的家庭成员是女儿；从而次年轻的是儿子。于是，从最年长的家庭成员到最年轻的家庭成员，上述的三种可能就是：

     1 2 3

父亲 a a k

母亲 v k a

儿子 k v v

女儿 w w w

根据（3），1不可能成立。根据（1），3不可能成立，因此只有2是可能的，凶手是母亲。

417. 警车去向

要分析第一个警员司机的目的地，必须抓住："恰有两辆开往A市，有三辆开往B市"，以及第二、第三个警员司机都说"不知道"这些关键条件深入分析。

根据第三个警员司机说自己不知道开往何处，说明第一辆和第二辆车不是都开往A市，否则这第三辆车的警员司机应该知道自己是开往B市的，即：

1. A B B

2. B A B

若第一辆车是开往A市的，则第二辆车的警员司机应能够判别自己是开往B市的，但由题设第二辆车的警员司机不知道自己开向何处，所以第一辆车不是开往A市的，故第一辆车的警员司机应该断定自己应开往B市。

418. 警局的作息规则

每个人上班的天数不一定一样多，每天上班的人数也不一定一样多。按题目规则分析各种出工的可能情况，给出一个每天不同的出工安排。七天上班安排是：AE、ABD、AB、CD、BCE、BCD、BC。

419. 毒酒和美酒

智者可以向两个侍者中的任意一个，不妨向侍者甲提出如下这个问题：

"请告诉我，侍者乙将如何回答他手里拿的是美酒还是毒酒这个问题？"

如果甲说乙回答他手里拿的是毒酒，则事实上乙手里拿的肯定是美酒。因为如果甲说真话，则事实上乙确实回答他手里拿的是毒酒，又因为此情况下乙说假话，所以事实上乙拿的是美酒；如果甲说假话，则事实上乙回答的是他手里拿的是美酒，又因为此情况下乙说真话，所以事实上乙拿的是美酒。也就是说，不管甲乙两人谁说真话谁说假话，只要智者得到的回答是乙手里拿的是毒酒，则事实上乙手里拿的肯定是美酒。

同理，如果甲说乙回答他手里拿的美酒，则事实上乙手里的肯定是毒酒。智者设计的这个问题，妙就妙在他并不需要知道两个侍者谁说真话谁说假话，就能确定得到的一定是个假答案。因为如果甲说真话，乙说假话，则情况就是甲把一句假话真实地告诉智者，智者听到的是一句假话；如果甲说假话，乙说真话，则甲就把一句真话变成假话告诉智者，智者听到的还是一句假话。总之，智者听到的总是一句假话。

420. 琼斯警长的奖章

珍妮是这样推论的——凯瑟琳举手了，这说明我和汤姆两人中，至少有一个人是戴红帽子的；同样，汤姆举手了，这说明我和凯瑟琳两人中，至少有一个人是戴红帽子的。

如果我头上不是戴红帽子，那么，凯瑟琳会怎么想？她一定会想："汤姆举了手，说明珍妮和我至少有一个人头上戴红帽子，现在，我明明看到珍妮不戴红帽子。所以，我一定戴红帽子。"在这种情况下，凯瑟琳一定会知道并说出自己戴红帽子。可是，她并没有说自己戴红帽子。可见，我头上戴的是红帽子。如果我不是戴红帽子，汤姆会怎么想？他的想法和凯瑟琳是一样的："凯瑟琳举了手，这说明珍妮和我两人中至少有一个人头上戴红帽子。现在，我明明看到珍妮头上不戴红帽子。所以，我一定戴红帽子。"在这种情况下，汤姆一定会知道自己戴红帽子，可是，汤姆并没有这样说。所以，我头上戴的是红帽子。珍妮的推论是完全合乎逻辑的。本章题记所举的例题也可用类似的思路来分析。该题以同样的问题先后问了A、B、C。A、B均说自己猜不出。据此，聪明的C猜到自己头上戴的是红帽子。C的推论如下：A猜不出，说明B和我两人中至少有一个人戴红帽子；B猜不出，说明A和我两人中至少有一个人戴红帽子。如果我戴白帽子，A和B肯定能判断自己戴红帽子，他们都猜不出，可见我戴的是红帽子。

421. 嫌疑犯与真凶

（1）假设一甘是绝对不说谎话的嫌疑犯之一，则他所说的话都是真话。也就因此，二静是嫌疑犯，五玛也是嫌疑犯。但如此一来，便有三个嫌疑犯与题目不合。所以，一甘不是嫌疑犯。

（2）假设五玛是绝对不说谎话的嫌疑犯之一，则他所说的话都是真的。也就因此，二静不是嫌疑犯，三心也不是嫌疑犯。如此，再加上由（1）所推知的：一甘也不是嫌疑犯，一共已有3位不是嫌疑犯。因而，剩下的四忆便应该是不说谎话的嫌疑犯。然而，四忆所说的话"五玛说谎"，欲与本假设自相矛盾。所以，五玛不是嫌疑犯。

（3）假设三心是绝对不说谎话的嫌疑犯之一，则四忆不是嫌疑犯。如此，再加上由（1）、（2）所推知的：一甘、五玛都不是嫌疑犯，一共已有3位不是嫌疑犯，因而，剩下的二静便应该是嫌疑犯。但二静所说的话"三心说谎"，却与本假设自相矛盾。所以，三心不是嫌疑犯。

（4）综合前面所述，可知二静、四忆两位是绝对不说谎话的嫌疑犯。而一甘、三心和五玛是有时说真话，有时说谎话的真凶。

所以答案是：嫌疑犯：二静、四忆

真凶：一甘、三心、五玛。

422. 谁是哥哥

现在是上午，胖的是哥哥。假设：现在是上午，那么哥哥说实话，也就是较胖的是哥哥。那么没有矛盾，成立。假设：现在是下午，那么弟弟说实话，而两个人都说我是哥哥，显然弟弟在说谎话，所以矛盾。

423. 狱卒看守囚犯

2519个囚犯。

2519÷3=839张桌子，剩下2个人；

2519÷5=503张桌子，剩下4个人；

2519÷7=359张桌子，剩下6个人；

2519÷9=279张桌子，剩下8个人；

2519÷11=229张桌子，刚好。

424. 吹牛大王的破绽

照片中杰克骑的是双峰骆驼，但双峰骆驼只在亚洲有，非洲的骆驼都是单峰的。

425. 大丽花

大丽花意味着背叛。有些花草是有特定含意的：

石竹——爱慕　　　　　菊花——真实

八仙花——见异思迁　　君引草——幸福

紫花地丁——诚实　　　水仙——自爱

大丁草——拒绝　　　　月桂冠——荣誉

橄榄——和平　　　　　牡丹——忘恩

银莲花——追思　　　　紫苜蓿——幸运

樱花——希望　　　　　香豌豆花——喜悦

426. 脆弱的防盗玻璃

犯人是制造玻璃的人。这种钢化玻璃，尽管很硬，但是只要上面有一个小小的裂缝，再照着那里用点巧劲儿，就会像瓷碗一样碎掉。知道这种常识的人应该不多，而且这明显是有预谋的，普通人不知道，知道也不会去砸这种玻璃。而知道这种常识，又能制造这种漏洞的人，就只有玻璃的制造者了。

427. 排除假象取情报

亚当斯说把图纸放在沙发下面，那两个陌生人一定会四处寻找，把屋里翻得很乱，但是亚当斯的屋里却没有被翻过的迹象。亚当斯说那两个陌生人来的时候就把电视机关掉了，可那件事发生在一个小时以前，电视机应该早已散热完毕，可是杰克摸到电视机还有微热。因此，杰克断定亚当斯是在说谎。

428. 蜜蜂杀手

蜜蜂刺中了艾娃颈部的神经中枢。

429. 毒酒

毒酒是温酒温出来的。锡壶大多是铅锡壶，含铅很高。酒保把铅锡壶直接放在炉子上温酒，酒中就带上了浓度很高的铅和铅盐。黄酒上浮的那层黑膜有种金属的暗光，多饮几杯，就会出现急性铅中毒。

430. 锡制纽扣失踪案

锡有个特性，在零下13.2摄氏度时，锡的体积骤然膨胀，原子之间加大，变成另一种结晶形态的灰锡，因此就会慢慢变成松散的灰色粉末。而当时气温已到了零下30摄氏度，怎么还能期望锡纽扣不失踪呢？

431. 识破假照片

梅花鹿只有雄性长角。鹿角春天脱落，然后又开始长出新茸。新茸包在皮里渐渐地长大，到深秋才从皮里裸露出来。若照片是夏天拍的话，不会拍出长角的梅花鹿。

432. 墓石移位

这个地方冬天非常冷。由于下雨落雪，使坑里积了水，到夜晚就结成冰。白天，这坑里南面的冰因受太阳的照射，又融化成水，而北面由于没有太阳照射，仍结着冰。这样，北面的水结成冰，而南面的冰又融化成水，沉重的球面便渐渐地出现倾斜，从而非常缓慢地向南移动。其正面的十字架，必然也会渐渐地被隐埋起来。这种物理现象，就是男爵的墓石之所以移动的原因。

433. 被残杀的鸵鸟

犯罪团伙利用鸵鸟的胃走私钻石。鸵鸟有个与众不同的特殊的胃（能吞小圆砾石或小石子），杂食性的鸟因没有牙齿，所以用沙囊来弄碎食物帮助消化。这种小石子不排泄，永远留在胃中。因此，罪犯在从非洲出口鸵鸟时，让其吞了大量的昂贵钻石。这样一来，便可躲过海关的耳目，走私钻石了；而且在入境成功后，再杀掉鸵鸟，从胃中取出钻石。

434. 黑色春天

事件应是意外，并没有嫌疑人。在密封的小屋内烧起炭炉。一氧化碳就会不断产生，但又没法流通的话，室内的人必会中毒，而此毒气由于无色无味，使人防不胜防。陈同学因取水而出去，总算逃过了灾难。领队是"末日教"信徒，但灾难并非他所为，而是不经意中完成了他"集体自杀"的心愿。所以说，所住的地方如果要生炉火，必须保持空气流通是必要的常识。

435. 玻璃镜中的凶手

卡罗说自己从镶画的玻璃中看到歹徒的长相，这是他的漏洞，因为有些美术常识的人都知道，油画从来不用玻璃框镶。

436. 熔珠破案

用激光显微光谱仪一照，残留在裤腿里的熔珠露了原形。激光谱仪用激光器作为发光源，通过透镜聚焦把激光集中在极小的区域内，直径只有十至几十微米，激光本身具有能量高度集中、方向性好等特点，经聚集后，可在极为短暂的时间约万分之一秒内，使样品表面温度升到了1万摄氏度左右。在这样高的温度下，样品气化成为等离子体蒸气，受激发光。经光谱分析，便可判定样品的化学成分。

437. 音乐家之死

罪犯趁被害人外出家里没人时，悄悄地溜进屋里，往火药里掺上氨溶液和碘的混合物。如在氨溶液里掺入碘，在湿着的状态时是安全无害的。但一干燥其敏感度甚于TNT炸药，哪怕是高音量的震动也会产生爆炸。所以，被害人在用小号吹奏高音曲调的一刹那，声音震动了烧杯里的炸药引起了爆炸。

438. 汽车的声音

狗不叫就是证据。如果真的有强盗潜入，受过严格训练的狼狗就会大声吼叫。然而，西边邻居家准备考试的学生只听到了汽车的声音，这说明凶手是狼狗熟悉的人，也就是狗的主人文彬。

439. 姐夫遇害

因为上校在电话中并未提名，而雷利却说出了被害人的名字。而在面谈中，上校又了解到雷利不止一个姐夫。所以上校断定雷利就是凶手。

440. 揭穿谎言

根据一般门的厚度，透过锁孔不可能看到房间里面的两侧，所以刑侦队员判定女佣说的是谎话。

441. 录音机里的证据

这个人是木原久子，因为只有她穿着没有声响的球鞋，所以录音机里开始什么都没有录下来。

442. 难做的动作

人紧闭两眼，猴子也两眼紧闭。可是，人什么时候睁开眼睛，猴子是永远不知道的。题目中所举的是指一只眼的情况，猴子只要是一只眼不闭着，始终能够看到它跟前所有人的一举一动。

443. 认马妙法

法官让工作人员在那匹马身上做了记号，放进马群里，再让A、B农场的主人去辨认，如果真是这匹马的主人，很容易就会从众多的马匹中认出自己的马来。

444. 虚假的证词

人是背对着前进方向摇船的，所以背对着前面桥的方向摇船的男子是不可能亲眼看见桥上所发生的事情的。

445. 间谍小说家的离奇死亡

警官因为看到熄灭的蜡烛而断定小说家A不是自杀。如果A真是因为太沉湎于小说的情节，精神紧张，而导致心脏停搏致死的话，那么第二天早晨发现尸体的时候，蜡烛应该还在继续燃烧至烧尽了熄灭才对。

446. 纰漏

劳伦右手臂一个月来都打了石膏，他的常用物品不应该放在右裤袋里。

447. 借据丢失后

加伊回信说只欠2000金币，阿桑因此重又得到了借款的证据。

448. 糊涂的警员

因为死者双手放在被单下面。如果是自杀的，则头部中枪后，不可能还有时间将双手放回被单下面。

449. 失窃的名画

摩斯警长说的是真话。一个用右手的人，脱裤子时通常先脱左腿的。而摩斯警长进到福克的卧室时，福克的右腿在裤腿里，而左腿还在外面。说明他当时正在脱裤子，不是像他自己说的是在穿裤子。

450. 来过的痕迹

原来，波洛在敲门前就验过了门铃键，发现了杰米的指纹，并且波洛只敲门不按门铃，这样杰米的指纹完整地保留在上面，使汤姆无法抵赖。

451. 手电筒的光

报案人就是罪犯。因为既然是停电，漆黑一片，报案人怎么知道失窃的东西和钱数呢？另外，手电射进门缝时，报案人如果往外看，是根本看不见什么的。所谓看到脸上伤疤，是不可能的。

452. 银碗中的头像

依据凹镜成像原理，在大水果碗中看到的映像，营业员不可能认定持枪者是谁，因为碗中反射出来的影像是个倒影。

453. 宝石藏在哪儿

冰块应浮在水面。警长看到窃贼杯子里的冰块有两块沉到杯底，推测一定是藏有钻石。普通冰块一般是浮在水面，而冰块里藏有钻石肯定要沉入杯底，因其比重大于冰块。

454. 不翼而飞的纸币

原来，约瑟夫咖啡馆门口有一个邮筒，乔治当时把钱投进了邮筒，由邮递员给他送到家里去的。当乔治拿到邮件时，警察刚好出现在他的家里。

455. 失车之谜

在汽车的玻璃上放上"违例泊车"的牌子，然后再用拖车将汽车拖走。

456. 话中有话

福尔警官是琳达的朋友之一。所以他知道，琳达没有哥哥。当琳达得知门外是警官时，便故意说她哥哥也问福尔好，他就明白是怎么回事了。

457. 豆腐能打伤人吗

喝醉酒的男子说的是真话，因为这块豆腐是冻豆腐，冻成像石头一样硬的豆腐当然可以打伤人。如果是一块普通的豆腐，地毯也决不会湿一大片。

458. 富翁的财产

柯南是根据那张照片找到富翁的弟弟的。因为照片摄于60年前，两个男孩又都是12岁，所以两人是一对孪生兄弟。

459. 求救信号

先将冰箱移至窗户前，再将冰箱开开关关，利用冰箱内的灯光来发信号出去。

460. 移形换影

侦探福尔手上的纸包，里面装的原来是马粪。因为马粪与牛粪一眼就能分辨出来，所以盗牛贼可以在马蹄上装上牛蹄，但是却不能让马拉出牛粪来。

461. 帅哥失踪了

其实，杰卡就是管房尼克。他化名杰卡欺骗玛莎，使她和他一起私奔，目的是为了骗取玛莎的钱。

462. 免费辩护

那位律师是女性，也就是"妻子"。

463. 珠宝抢劫案

珠宝被扔到了流沙上，迈克忘记了这回事。但汤姆费了好大劲找到了珠宝。迈克也去找过，结果陷进流沙中死了，没有留下任何痕迹。警察甚至不知道迈克已经死了。

464. 车号谜团

被车撞后仰面倒在路上的男子，将逃跑车辆的号码看颠倒了，"6198"的数字如果上下倒过来看就成了"8619"，也就是说，罪犯的真正车牌号是"8619"。

465. 木条的含义

暗示凶手姓"林"。

466. "腊子桥"

温阳镇上只有解放桥，因此"腊子"可能是接头时间。子是子时，就是深夜12点。当时是腊月，而且一半是"昔"，按解谜离合法拆解为21，因此可得腊月21日深夜12点接头的暗号。

467. "好好"的故事

其实和"好"字拉关系的两个人应无问题，就是名字叫刘好人的和老友李浩东因为被称为"老好人"也是胡乱拉扯的。只有玛花有最大的可能。明白好字的含义，就明白和肯定她是疑凶，因"好"字拆开是"女""子"的称谓。全句是："小心女子，女子是杀我的凶手。"

468. 马克·吐温的道歉

国会中有些议员不是狗娘子养的。

469. 少尉破密函

"援队一时到。"破解的方法是逢五字抽一字，标点不算。

470. 报警的数字

比利留下的这串数字指代了7月、8月、9月、10月、11月这5个英文单词的词头：J–A–S–O–N，这说明绑匪是JASON（加森）。

471. 警长看到了什么

警长看到床上很整齐，由此推断：主人是为了获取保险公司的大笔赔偿费，有意制造了这一"盗窃案"的。因为如果主人是睡下后起来与强盗进行搏斗的话，那么床上就会很乱。可是，他从观察中发现，床上却很整齐。这就证明主人是在说谎。

472. 绸被破案

船尾上晒着一条新洗的绸被，绸被上聚集了很多的苍蝇。要知道，人的血迹虽然可以洗掉，可血腥气难以洗掉，那么多的苍蝇聚在上面，很可能是上面有血腥气。再说，船家即使再怎么富裕，也不会用绸被，而且，绸面不是另外拆去洗，而是连同布夹里一起洗，这就证明船上的不是正派人，只有强盗才会这样大手大脚。

473. 鱼缸的证言

玻璃鱼缸里面养的是热带鱼。刑警看到热带鱼欢快游动，便识破了这个女人的谎言。因为在下大雪的夜里，若果真停了一夜的电，那么鱼缸里的自控温度调节器自然也会断电，到清晨时，鱼缸里的水就会变凉，热带鱼也就会冻死了。

474. 邮票失窃

邮票贴在电风扇的叶片上。

475. 深夜劫案

A.易拉罐啤酒未经剧烈震荡或摇晃不会产生大量泡沫，警长正是从这点上看出了抢劫犯的破绽。

B.既然是朋友遗忘的包，他怎么知道里面有啤酒，还随便地拿出来请别人喝。警长是从这两点上看出破绽。

476. 刺客

这位女子是某医院的护士，凭借特殊的身份知道H公司经理患了心脏病，并且知道他最多能活3个月，等到H公司经理一死，这位女子理所当然得到丰厚的酬金，而杰克却被蒙在鼓里。

477. 珍珠被偷

西蒙探长在搜查时根据那颗散落的珍珠检查了吸尘器，发现地毯被吸尘器清扫过，并且吸尘袋不见了。于是他故意将棉絮弄了一地，以观男仆在打开吸尘器时的反应，谁知他却默不作声，这就证明他本人是罪犯。

478. 郁金香之谜

因为月季花和玫瑰花都是带刺的，而郁金香却没有刺。这正是玛格丽特对阿尔芒的暗示：选择这朵爱情之花吧，它不会扎你的手。

479. 宿营地命案

柯南说："如果这咖啡是1小时前暴徒来时就煮好了，那么现在早就干了，不可能溢出来。一定是你先杀了路易，然后才开始煮咖啡做假现场。"

480. 捣鬼的秘书

海鸥是逆风起飞。海鸥起飞时足迹的方向证明风是从大海吹来的，而不是从陆地，所以那张邮票决不会被穿堂风吹进大海。

481. 奇怪的脚印

由于杜芙是芭蕾舞教师，因此案发当日，她是穿着芭蕾舞鞋，利用脚尖走路的方法来到网球场，然后将死者杀害，再坐在尸体上换回高跟鞋，顺着现场遗留下的芭蕾舞鞋的印迹走回去。

482. 阿凡提愚弄国王

阿凡提说："高贵的陛下！我犯的这个罪不正是比您想象的严重一些吗。"

483. 聪明的柯尔

柯尔发给他们的草棒长度一样，拿手表的侍者做贼心虚，自己折短了一截。

484. 登山队员

凶手拿录音机作为凶器，在上游某积雪处，开大音量引发雪崩，死者在下面没有防备，就被雪吞没了。事后凶手只要扔掉录音机就行了。

485. 致命晚餐

罗梅先在饭菜上加了很多盐，再把毒药倒在冰上，并通知女侍应在雪柜中取出冰放在水中。付洪感到口渴，然后女侍应就送上加了毒药冰的清水，当付洪喝光了第一杯冰水后还再要一杯而女侍应在送上第二杯水时，罗梅就把第一个水杯迅速冲洗干净，所以警方找不到下毒的证据。

486. 谁偷了玉项链

原来那女窃匪以偷龙转凤的方式，把玉项链交给横巷内的盲眼女子。她们两人是同党，该女子偷了玉项链后，在附近走了一圈，转入横巷，交给盲眼的女子，她是假装失明的，看见女子被捕，立即将项链交给小孩玩耍，以掩人耳目。

487. 暴露的罪行

从东南亚回来的龙建，是霍乱的带菌者，其尸体解剖结果，发现了霍乱菌。正在这时，接到医院报告发现有霍乱患者，刑警马上乘救护车赶到医院，逮捕雷春菊，将其隔离。雷春菊是吃了盗窃龙建带有钻石的奶糖而染上的霍乱。

488. 劫机恶作剧

劫机者就是那个中年人。他因为没有足够的钱买机票飞往迈阿密，只好预先购买一张飞往纽约的机票。登机后，往洗手间贴上一张便条，直至飞机起飞后10分钟左右，假装去洗手间，看到这张便条，立即通知空中小姐，为了乘客的安全，加上时间紧迫，飞机只好依循指示去做，中年人就到达他的目的地了。

489. 消失的脚印

凶手作案时留在沙滩上的脚印被海水冲走了。姑娘死于晚上落潮时，凶手在海水边上作案，杀死姑娘后原路返回。第二天早晨，姑娘的尸体被冲上岸。凶手由海里潜水而来，作案后又潜水而去。

490. 消失的手枪

手枪被男子缚在他所穿的木拖鞋上扔下了河，因木拖鞋是浮在水面上的，故手枪已随水流漂离了桥边水域。

491. 羊和自杀者同谋

布朗神父的推理是这样的：西姆由于爱妻的早逝，完全丧失了生活下去的勇气，这是他的自杀动机。但是，基督教是禁止人们自杀的，作为教徒的西姆如果自杀，教会将不会允许他与自己的妻子葬在一起。于是，西姆决定把自己的死伪装成他杀。要做到这一点，必须把枪弄远一点。西姆在临死前发挥了他的聪明才智，利用了羊的嗜好。羊是关在圈里的。为了实现自己的计划，西姆自杀的前一天晚上，就不给羊喂食，使羊处于非常饥饿的状态。第二天，西姆把小手枪同一根长长的纸带联结在一起，另一端放在羊圈的栅栏口，然后朝自己的头部开枪……纸带是羊非常喜欢的食物，饥饿状态的羊跟人一样，并不十分挑剔。当羊一口一口地吞食纸带时，手枪也就一点一点地被拖了过去，直到纸带完全被羊吃完，最后落到羊圈的旁边。

492. 指纹破案

警方发现遗书有擦过的痕迹，铅笔末端的橡皮也曾被使用过，但铅笔上却只在王海握笔处有指纹。按照常理，曾用铅笔写遗书，又曾用橡皮擦，指纹不应只有一处，起码在铅笔上下两处都有指纹。这证明王海的指纹是被人杀死后印上的。

493. 大作家的遗书

现场的电脑的电源插销没插。这就是说用的是内存电池，但是就目前的技术，不用外接电源机器可连续工作两天这是不可能的。最长充其量10个小时。大概是罪犯预先将掺有毒物的葡萄酒送给大作家，约莫大作家喝了酒已中毒死亡时再潜入别墅，用自带的软盘调出遗书留在画面上，时间恐怕也就是尸体被发现的数小时前。键盘上所以没留下除死者外其他人的指纹，是因为软盘是罪犯自己带来的，只用调出功能将文件调出即可。

如果这样，戴上手套只按几个键就可以了，指纹也不会留在上面，而其他键上的指纹都是大作家自己留下的。

494. 柯南智难刺客

柯南所说的"决定性证据"就是刺客的指纹和唾液。柯南将保险柜的钥匙和刺客用过的玻璃杯放进保险柜，关上了柜门。在那只玻璃杯上，留有刺客喝威士忌时的唾液和左手的指纹。

495. 故布疑阵

阿B从商店橱窗里面拿走钻石戒指，然后又用那只钻石戒指去割破橱窗玻璃，故意造成有人盗窃的假象，欺骗警方。

496. 作案时间

短针的一个刻度间隔，相当于长针的12分钟。短针正对着某一个刻度时，长针可能是0分、12分、24分、36分或48分中的任一位置上。分析了这种情况，就可以得到只能是2时12分。

497. 推理作家

这起投毒杀人案的同谋犯就是B夫人的保健医生。他受麦吉的重金收买和色情诱惑，成了这一罪行的帮凶。在每周的定期检查时，将无色无味的毒药涂在体温计的前端。在当时，体温计是口含的。这样，每次都有微量毒素通过嘴进入了B夫人的体内，日积月累，终于有一天达到了致死的剂量。奎因在了解到B夫人的周密防范措施之后，认定毒药只能从口中进入，而且只能经由测试体温这一途经。

498. 不同的时间

12点零5分。计算方法很简单，从最快的手表（12点15分）减去最快的时间（10分钟）就行了。或者将最慢的手表（11点40分）加上最慢的时间（25分钟）也可以。

499. 飞出窗外的手枪

富豪用橡皮筋缚着手枪的一端，开枪以后，枪被橡皮筋的弹力弹出窗外，等蜡烛烧尽橡皮筋后，现场看起来就像是富豪被杀了。他之所以这么做，原来是富豪已濒于破产，死前又曾买下巨额保险。

500. 芝加哥美术馆的失窃案

东西海岸相距甚远的美国，虽是同一国家但有4个标准时间。即东部、中部、山岳地带及西部标准时间。芝加哥与纽约有一个小时的时差。福尔看了神偷的手表，发现比纽约时间（东部标准时间）慢一个小时，便知道了他去过芝加哥（中部标准时间）。神偷从芝加哥驱车，进入东部标准时间带后，忽略了手表慢了一个小时。

501. 三个嫌疑人

老二的回答暴露了他知道父亲是被枪托打死的，而不是被射杀。

502. 偶遇凶手

开锁匠的确是凶手。马克原本是约好了开锁匠上来开锁的，但锁匠见马克家里布置豪华，财迷心窍，于是杀了马克；而且马克死时手是指着大门的，正好给了很大的启示。开锁匠嘴里喃喃有词，只是自我掩饰而已。

503. 谁的伪钞

是考纳。因为杰姆收款时，考纳给他一张100马克的钞票，没有其他钞票对比，所以杰姆没有识别出来。若是其他两位旅客付两张或三张100马克，真假混在一起，杰姆就很容易发现。

504. 聪明的债主

因为债主知道李先生在说谎，这一切根本是一个自编自导自演的骗局。债主在替李先生松绑时，发现捆绑方法非常简单，他轻而易举地便解开了，就连李先生自己，相信也能自己解开。但如果真的是劫匪捆绑的话，绳子绝对不可能这么轻易地被解开。否则，他可真是一个笨贼了！

505. 深夜入侵者

注意荧光涂料。那个闹钟表盘上的数字及指针等涂有荧光涂料。荧光涂料如果受到灯光的照射，在光消失后的少许时间内，荧光涂料依旧发光。窃贼在卧室安装窃听器时打开了台灯，而在听到大门处有动静时又关掉了台灯。这样，闹钟表盘及表针上的荧光涂料，就会在一段时间内发蓝光。来到卧室的侦探在昏暗中发觉闹钟有蓝光，便知道刚才屋里开过灯，肯定有坏人来此。

506. 侦探的疏忽

大楼正门在1层，警长上3楼，只要再爬2层就行了。而侦探的地下3层是要下3层楼。也就是说，侦探上下要比警长多爬一层楼，当然要输掉喽。

507. 录音机里的留言

假如你熟悉盒式录音机就会知道，约翰如果进入房间，那时哈克已经停止录音了，磁带应一直没有倒过。真正的凶手必定听过几次这个录音，确信声音相像，又将磁带倒回开始之处，这一举动使他留下了疑点。

508. 欲盖弥彰

因为赵某在与营业员谈话的过程中，只字未提电报，如果女营业员不曾给赵某打过电报，那她怎么知道有人给赵某打过电报呢？

509. 凶手是谁

凶手是周云自己。他自知身患癌症将不久于人世，想要嫁祸王滨，所以用刀子割伤左腕，再把沾血的刀子丢到窗外，然后把门窗关好，拿竹片自杀，并写下他所憎恨的王滨的名字。左腕伤口的血已经凝固，血字却未干，可见从割腕到写血字已有一段相当长的时间。

510. 为什么不开枪

鱼缸里养的是锯脂鲤鱼，咬住了他的手指。

警长左手刚一伸进鱼缸，数尾凶猛的锯脂鲤鱼便咬住了警长的手指，疼得警长叫着，竟连右手的手枪也丢掉了。趁此机会，窃贼迅速地逃掉了。

锯脂鲤鱼是野生在南美洲亚马逊河流域的食肉型的凶猛鱼种、专门袭击渡河的大群牛羊，转眼间就会将牛羊吃得只剩下骨头和皮。

511. 一定不是猫叫

如果杰森确实是10分钟前才开车回家的，车底下的沙土地应该是湿的，然而情况恰好相反。这说明他3个小时内根本没出去。

512. 真假修女

那个修女是假扮的。柯南看到了"她"在咖啡杯子上留下的唇膏痕迹。因为真修女是不会擦口红的。

513. 神秘的凶案

凶手是A——哈里希特，只有他带有可致人死命的凶器，只要把狗链绕在手上，就是一击可致人死命的硬物。

514. 珠宝被劫

烛液全部淌落向门一侧说明，如果门真的如玛丽夫人所述敞开那么久，烛液就不会如此逆着风口向一边淌。

515. 西餐店的谋杀

投毒的凶手是迈克。他的作案工具是那只吸了毒液的老式钢笔。

516. 教师之死

死者未穿上衣就去开门，所以凶手与他一定十分熟悉，因此凶手是他弟弟。

517. 扑克占卜师被杀

凶手是宠物医院的院长。扑克牌里的方块仅是女王，也就是女人。3个嫌疑犯中只有宠物医院院长是女性。职业棒球投手和演员都是男性。被害人为暗示凶手是女人，临死前抓到了方块Q这张牌。

518. 三名拍戏的疑犯

疑犯与死者在沙堆打斗后，必先要洗净头发上的泥尘，而恐怖分子及侠士都有头发，他们要在半小时内完成洗头、吹头、穿衣服等程序，所用时间要多于和尚，所以三名疑犯当中，就以饰演和尚的临时演员嫌疑最大。

519. 林肯的亲笔信

林肯的手迹是伪造的，漏洞在于其中"国歌"二字。《星条旗永不落》在林肯时代是一首很流行的美国歌曲，但直到1931年才正式被定为美国国歌。所以林肯执政时美国还没有国歌。

520. 日本刀杀人案

是用弓箭射的。如果留意凶器日本刀上没有护手，谜也就解开了。也就是说，凶手是将日本刀当作箭，在25米以外用力拉弓射出来的。

521. 摇钱树

老人说的"摇钱树"是"双手"。

522. 审讯嫌疑犯

甲是无辜的，不然他的四句话中就会有三句是谎言。所以他说5月12日和瑞利一起在P市度过的是谎言。

丁说与甲在P市是谎言（因与甲的谎言一样）。所以其余三句是真的，他是无罪的。

丙说甲帮助乙盗窃是谎言，因为甲说过对犯罪过程一无所知。所以他说乙是罪犯，自己是无罪都是真的。

而乙则只有说自己是清白无辜的这一句是谎言，其余都是真的。因此，他就是盗窃犯。

523. 河水能喝吗

河水能喝。"风和日丽"一词表明那天是晴天。所以如果那个居民是真话部落的，他回答"是个好天气"这句话时，说的就是"是"，那么回答"这水能喝吗"时，说的就是"可以"。如果那个居民是谎话部落的，那他回答"是个好天气"时，说的就是"不是"，回答"这水能喝吗"时，说的就是"不能"，但是他说的是谎话。所以那个人无论是真话部落还是谎话部落，那泉水都是可以喝的。

524. 火灾逃命器

假设两只篮子分别为A、B。

（1）婴儿放入A，B篮空，则A降，B升；

（2）狗放入B，则A升，B降；

（3）婴儿出值班员进A，则A降，B升；

（4）狗出，婴儿放入B，值班员出，则B降，A升；

（5）狗入A，则A降，B升；

（6）狗出，则B降，A升；

（7）值班员，狗，婴儿都进入B篮，老婆进入A篮，则A降，B升；

（8）值班员和狗出，老婆出，则B降，A升；

（9）狗入A篮，则A降，B升；

（10）狗出，则B降，A升；

（11）狗入B篮，值班员入A篮，则A降，B升；

（12）婴儿入A篮，值班员出，则B降，A升；

（13）狗出B篮，则A降，B升；

（14）婴儿出，大功告成。

525. 律师们的供词

供词（2）和（4）之中至少有一条是实话。

如果（2）和（4）都是实话，那就是柯蒂斯杀了德怀特；这样，根据1，（5）和（6）都是假话。但如果是柯蒂斯杀了德怀特，（5）和（6）就不可能都是假话。因此，柯蒂斯并没有杀害德怀特。于是，（2）和（4）中只有一条是实话。

根据2，（1）、（3）和（5）中不可能只有一条是实话。而根据1，现在（1）、（3）和（5）中至多只能有一条是实话。因此（1）、（3）和（5）都是假话，只有（6）是另外的一条真实供词了。（6）是实话，所以确有一个律师杀了德怀特。

根据前面的推理，柯蒂斯没有杀害德怀特；（3）是假话，即巴尼不是律师；（1）是假话，即艾伯特是律师。从而，（4）是实话，（2）是假话，而结论是：是艾伯特杀了德怀特。

526. 阿凡提猜珍珠

在现实生活中，任何事情都遵循一个规律，要么是这，要么是那，不可能两者都是，这一规律叫排中律。如果珍珠在红盒子中，自然珍珠便不在黄盒子中，那么红盒子上的话和黄盒子上的话都是真话，这与"只有一句是真话"相矛盾，所以这是不可能的。如果珍珠在蓝盒子中，自然珍珠就不在红盒子和黄盒子中，那么蓝盒子和黄盒子上的话也都是真话，因此，这也是不可能的。因为珍珠在3个盒子中的一个盒子里，既然不在红盒子和蓝盒子里，那么一定在黄盒子里。

527. 三个珠宝箱

无论哪个打开一个就行。比如，打开贴着钻石标签的箱子，如果里面放的是蛋白石，那么钻石就一定装在贴着红宝石签的箱子里。因为如果钻石装在蛋白石签的箱子里，那么剩下的红宝石就只能装在红宝石签的箱子里了，这是有悖于试题题目的。这样，如果知道了，蛋白石签的箱子里装的是红宝石，那么就可以把3个标签换到与各自箱内东西相符的箱子上。

528. 藏宝图

乙箱。

假设甲箱上的字条是真的，那么"乙箱上的字条是真的，而且黄金在甲箱"的两个陈述都是真的。如此则乙箱的字条说的是真的，看看它上面写着什么：

"甲箱的字条是假的，而且黄金在甲箱"这边的"甲箱的字条是假的"则违反了最初的假设，因此不成立。

如此可推论甲箱上的字条是假的，即其中至少有一个陈述是假的，可能是：

（1）乙箱的字条是假的。

（2）黄金在乙箱。

若（1）乙箱的字条是假的，则表示甲箱的字条是真的（已经证明不成立的），或是黄金在乙箱。无论如何，黄金一定在乙箱。

529. 黑老大的行踪

（1）当天不可能是星期天，因为根据提示，星期天两人都会说真话，则胡梭应该会说他昨天（星期六）说真话才对。

（2）当天不可能是星期五或星期六，因为那两天巴道说谎话，则他应该说他昨天（星期四或星期五）说真话才对。

（3）当天也不可能是星期二或星期三，因为那两天胡梭说谎话，则他应该说他昨天（星期一或星期二）说真话才对。

（4）当天也不可能是星期一，因为当天胡梭说谎话，巴道说真话，则胡梭应该说他昨天（星期天）说谎话，而巴道应该说他昨天说真话才对。

（5）所以，答案就是星期四。

因为当天巴道说谎话。胡梭说真话，则巴道应该说他昨天（星期三）说谎话，而胡梭应该说他昨天（星期三）说谎话才符合题意。

530. 红色运动车

罪犯把侦探停在A公寓停车场上的车轮胎卸了下来，换到自己的红运动车上，作案后再把轮胎换了回来。这样一来，罪犯即使使用自己的车去作案现场，现场留下的轮胎痕迹也是别人的车留下的，所以无须担心自己的车会露出破绽。

531. 史前壁画

这位失业青年一点儿生物学常识都没有，那些所谓的古人类壁画一看便是伪造的，因为恐龙不可能被古人类追赶，地球上的人类是在恐龙绝迹数千万年后才出现的。

532. 土人的笛声

食人族传递信息的方法，主要是靠笛声。因为这些笛声的音波，比人类耳朵所能听到的音要高，只有狗才能听到。他们利用这一原理追捕汤米和乔治。

533. 吹牛侦探

在池塘中如果看到人的倒影，那么水中的影子除了自己外，就是比自己更接近水塘的人，而不会是身后的人。再者，当侦探转身想向疑犯袭击时，自己早已被推入池塘内，试问怎能制服他人呢？

534. 奇怪的狗吠

因为北京狗对陌生人向来是不吠叫的，甚至懒得连眼睛都不睁开。当它张嘴吠叫时，是因为见到熟人了。因此当照顾狗的佣人潜入寝室时，狗才叫唤不已。

535. 埃菲尔铁塔的谜团

埃菲尔铁塔是钢铁结构的，由于热胀冷缩，它必然要随着温度的冷暖而变化。白天，因为光照的角度和强度是变化的，塔身各处的温度也是不一样的，热胀冷缩的程度也是不一样的，所以上午和下午不仅出现了倾斜现象，倾斜角度也不一样。夜间，铁塔各处的温度是相同的，所以就恢复了垂直状态。冬季气温下降，塔身收缩，所以就变矮了。

536. 跑步脱险

所有人一起从左舷跑到右舷，再从右舷跑到左舷，就这样，搁浅的潜艇很快就左右摆动起来，慢慢脱离浅滩。

537. 毁灭证据

朱衡施放了满屋的煤气，再打电话惊动左右的邻居，目的是想制造混乱。当人在逃生时，下意识中都会呼唤左右隔壁的人一起逃生，只要一按电铃，朱衡的目的将会达到。因为电铃的火花是点燃煤气的好工具，若屋内发生爆炸，证据必然尽毁。

538. 非同一般的狗

因为所有的狗都是色盲，所以，牧羊犬梅森不可能知道信号旗或秋衣是红色的。其次，狗很难知道人类即将要做出的动作和意图。

539. 黑人姑娘的知识

斯通没有成功。这是因为电冰箱冷藏室中的冷却是利用液体制冷剂汽化时吸收电冰箱内的热量，再向外散发的。因此，如果把窗子关严，电冰箱散发的热量散不到室外去，只能全部积留在室内，再打开冰箱的门，冷气、热气混合在一起，室内温度丝毫不会降低。相反，由于电冰箱内不容易冷却，压缩机就得不到休息，就会反复进行正、负、零的恶性循环，尸体反倒得不到冷却。

540. 女画家被刺之谜

穿和服的日本女子疑点大，因为只要看看地上的脚印就知道了。日本人进到屋子里都习惯于脱掉鞋子，只穿袜子，而西方人则没有这个习惯。

541. 珠宝失窃

如果玛丽真的是刚进房间就被打倒，她端着的牛奶肯定就打翻在地了，不可能还安然地放在床头柜上。

542. 智辨凶器

无赖的镰刀上集满了苍蝇。镰刀是用来割稻子的，洁净无油腻，无腥味臭味，苍蝇不会聚集在上面；现在别人的镰刀上都没有苍蝇只有无赖的镰刀上有苍蝇。这就是他刚杀过人的证据。

543. 谁偷了文件

窃犯是刘杰。因为机密文件失窃只有保密员一人知道，刘杰不但知道发生了窃案，竟还能说出文件的编号，不是太奇怪了吗？

544. 意外冷箭

陈董事是死于意外，造成这次意外的是黑社会分子史密思。

当陈董事所驾之车子途经"射趣俱乐部"的外围高速公路时，素来箭法较差的史密思以惊人臂力射出一支箭。

箭正好插在开车奔驰着的陈董事的头上，汽车跑了100千米后撞山才停止，事实上陈董事早已死在车内，总之这是一场不必要的意外。

545. 没有双臂的特工

尼古斯有一双经过刻苦训练的双脚，这两只脚能翻文件，当然也能开车。

546. 驯马师之死

罪犯是金发女郎。根据细节描写，我们可以判断出案发时间是冬季。金发女郎自称血迹是"刚才在他身上蹭到的"，实际上那时彼特已死了8个小时，他的血已结成冰，不可能会蹭到她袖子上去。

547. 谁报的案

报案者正是和许晶通电话的人张福。当凶手敲门时，被害者曾在电话中讲："请等一下，有人按铃，我去开门。"而对方在等电话时，听到话筒中传来"救命"的呼声，就立即向警方报案。

548. 一毛不拔

艾伦是伪造遗嘱进行讹诈。遗嘱不可能签署于11月31日凌晨1点，因为11月只有30天。

549. 大胆的窃贼

原来窃贼扮作搬家公司的工人，所以才敢在白天把阿D家的所有东西都搬走，而不会引起任何人怀疑。

550. 伪造的自杀现象

我们其实都有这样的生活常识。当我们插入钥匙，转动钥匙开锁时，我们用的确实是大拇指和食指。但是我们用的却不是食指指尖，而是用食指关节的部位夹住钥匙动的。因此，钥匙上即使留下了大拇指的指纹，但决不会留下食指的指纹。既然钥匙上留有杰逊的食指指纹，那只能说明有人故意将被害人的拇指和食指指纹按在钥匙上，造成自杀的假象。

551. 破案线索何在

邱志锋的敲门动作是在提醒吴小凡：我进来时为何不按门铃而用手敲门？吴小凡很快明白：汤四海在门铃的按键上留下了指纹，邱志锋为保护其完整性才不按门铃而改用敲门。这指纹就是汤四海来过的依据。吴小凡后悔自己粗心，没有擦洗按键。一招不慎，满盘皆输。

552. 失火还是纵火

A.少妇是撒谎的纵火犯，因为铁锅内油着火后，浇一桶水与浇一桶油情况恰恰相反。油比水轻，若浇水，反令火势更大，而浇一桶油，则火会因缺氧而熄灭，决不会火势更大。因此，少妇所述与实际情况不符。

B.少妇是纵火犯。窗外有铁栅，而门外无铁栅，其公婆和丈夫可以从门口逃生，可见门被锁了。火灾后，门被烧毁，证据也被烧毁。少妇所述隐瞒真情。

553. "王朝"疑案

A.张克荣酒杯里尚存的酒比现场遗留的"王朝"酒瓶里能够倒出的还多，因此警察判断现场还应当有一个盛酒的瓶子，可现场找不到第二只酒瓶。由此推断该酒瓶被人带走了，而此人定是投毒者。

B.张克荣的大高脚酒杯里的酒是满的，喝了一口还有大半杯酒，若张想自杀，按常理推断，应是一干而尽，不会剩下大半杯酒。由此推断有人投毒杀害张克荣。

C.张克荣倒毙时，碰翻了"王朝"空瓶，瓶里剩余酒液溅到了张的衣服上，将衣服上的酒液去化验，结果里面没有氰化钾。由此推断，张在喝掺入氰化钾的酒前喝过"王朝"。这与常理相违，想自杀的人是没有心情先喝没毒的酒，再自杀的。

554. 谁割断了油管

罪犯是亨利。根据有两条：

（1）亨利是药店老板，竟然不知道款冬这种常用的药草具有的疗效。这说明亨利并不是真正的药店老板。

（2）在5点02分时，吉力尔船长见屋外有人影一闪，这肯定是一名游客，因为除了游客以外，四位工作人员都在屋内。待吉力尔等人回到古堡时，九名游客全在。在短短的8分钟内，这位游客要跑过杂草丛生的小路去上船把发动机的进油管割断，然后再回古堡，一来一回奔跑约一千四百米，这只有26岁的亨利这样身强力壮的年轻人能做到。

555. 火灾逃命器

假设两只篮子分别为A、B。

（1）婴儿放入A，B篮空，则A降，B升；

（2）狗放入B，则A升，B降；

（3）婴儿出，值班员进A，则A降，B升；

（4）狗出，婴儿放入B，值班员出，则B降，A升；

（5）狗入A，则A降，B升；

（6）狗出，则B降，A升；

（7）值班员、狗、婴儿都进入B篮，老婆进入A篮，则A降，B升；

（8）值班员和狗出，老婆出，则B降，A升；

（9）狗入A篮，则A降，B升；

（10）狗出，则B降，A升；

（11）狗入B篮，值班员入A篮，则A降，B升；

（12）婴儿入A篮，值班员出，则B降，A升；

（13）狗出B篮，则A降，B升；

（14）婴儿出，大功告成。

556. 旧爱的陷害

火车经过时，在车身周围会形成一个低压区，气流只能将人吸向火车，而不是"吹得向后倒去"。这就是致命的谎言，因而被识破。

557. 聪明的化妆师

原来，女化妆师是仿照街上张贴的一张通缉犯人的照片来化装的。她把杀人犯的那张脸型，移到这个逃犯的脸上，怪不得警察一下就盯住了他。

558. 博士的遗产

罪犯是利祥。他从叔父家回去前，最后进入书房，这便是证据。

他从书房出来时，关上灯头上的开关，或者摘下电灯泡。侄儿走后，博士进入书房，他按下墙上的开关，电灯不亮。于是，他便去打开灯头上的开关，或者换上新的灯泡，把电灯弄亮。这时，不管怎样，博士都站在电灯的正下方。所以，从书房的窗户看到电灯亮的瞬间，被害人肯定在电灯的正下方，即使窗上没映出影子，罪犯也能瞄准射击。当然，书房的电灯在什么位置，则是事先已测定好的。

559. 火柴盒子上的地址

小玻璃瓶中装的是王勇吐到大门外的口香糖糖渣，而上面有他的唾液及齿型。何况，那糖渣上还没落上灰尘，很清楚地表明是非常新的糖渣。李进在灭迹时疏忽了王勇来时嚼着的口香糖。

560. 特异功能

流浪汉华德所听到的悲鸣声，其实是由李警探发出的，因为李警探是一位腹语专家，能利用腹语术发出不同类型的声音。他模仿女童的悲鸣声，迫使凶手俯首认罪。

561. 煤气自泄之谜

罪犯成卫东戴着手套打开煤气灶开关后，用冰激凌堵住煤气出口，过一段时间后，冰激凌融化，煤气就泄出，完成延时自泄。

562. 绝妙的圈套

首先，用铁钳把手枪固定在2楼书房窗边的桌子上，枪口瞄准院子里的大松树下。只要哈丽小姐一站到松树下的指定位置上，枪就会对准她。为此，罗麦洛大使装着照相的样子让哈丽小姐站到松树下的位置。大使夫人故意将酒杯摔到地上为暗号，麦克鲁一听到酒杯的破碎声便扣动扳机，子弹自然就击中了哈丽小姐。尽管看不见目标，但因为手枪是固定的，只要一动扳机就行了。然后，把手枪从铁钳上卸下来放在桌子上。

563. 熟悉的声音

原来那个陌生人就是出现在侦探社的绅士。他与绅士妻子有着不寻常的关系，恐怕被绅士知道，特假扮为绅士，往卡尔侦探社求助，并捏造年轻小姐与法籍情夫两人的奸情。当晚，绅士妻子先打开窗户才离去，制造不在场证据，让中年人潜入，把绅士杀害。要是被害者的脸保护完整时，他的计划就会失败，故把被害者的脸毁容，及放下一份法文报纸，假装自己是个法国人，以扰乱警方的侦查视线，两人企图开始"幸福"的生活。谁知，因为他的声音，终被识破。

564. 天衣无缝的谋杀

A.行乞者的手伸到石棉纤维中取暖时醉倒了，石棉纤维是阻燃材料，行乞者的指纹保留下来了，与李强的指纹不一样。

B.李强在短短三个星期内，先是投保人身意外事故险，后是失火被"烧死"。其中必有诈。

C.根据小屋里留下的酒瓶的数量和酒杯的数量，推断出失火前，小屋里曾有两个人。

565. 煤气爆炸之谜

利用电话来做杀人放火的工具。李督察做了如下的推理：

煤气爆炸时，住在旅社的侄儿一定在打电话，这点只要问一下旅社的总机小姐，事情的真相即可大白。先让被害者服用安眠药，待她熟睡之后，再在被害者的电话上做些手脚，让电话线短路，然后打开煤气的总开关，迅速逃离现场，回到旅社，过了一阵子，当房间充满煤气，熟睡的老妇人也差不多快死了时，凶手从旅社打电话来，这时，电话机就会有电流通过，让电线短路爆出火花，这火花就会点燃室内的煤气起火爆炸。电话用电和电力公司用电不同，所以即使电力公司停电，电话还是照常通电。

566. 拉肚子的功劳

是在厕所的手纸上。被害人逃进卫生间后，把手纸拉出几米长，用自己的血写下凶手名字的大写字头，然后再把手纸卷好。这样即使凶手拉开卫生间的门，也不必担心那血写的字母被发现。过后谁用手纸时就会发现血书而报告警察的。警察勘察现场时，没有检查手纸这是个疏忽。

567. 力士之死

不管一个人的力气有多大，也不能把自己掐死。因为，当一个人把自己掐昏后，手就会自然而然地松开了，用不了多久，他还会缓过气来的。

568. 单身女郎与金发男子

因为那天晚上大雪纷飞，现场瓦斯炉烧得火红，在这种情况下，室内当然是很暖和呀！所以，室内有热气，玻璃就会蒙上一层湿气，变得朦胧不明。透过朦胧的玻璃，纵然窗帘全部打开，也无法看见室内人的脸；就算看见室内有人，那也只能看见一个轮廓而已，怎么能看出他是金发，而且蓄有胡须呢？由此可见，是这位年轻人在行凶后，拉开窗帘，然后匆匆离去。

569. 拖延了的侦破

哈莱金怀疑送奶工是凶手，打匿名电话的是送奶工，他以为警察接电话后很快就会开始侦破，因此他不必再送奶了，因为现场有两份报纸，却连一瓶牛奶也没有。